山东高速

明村至董家口

公路工程品质建设探索与实践

山东高速明董公路有限公司
《中国公路》杂志社 主编

人民交通出版社
北京

内 容 提 要

本书由山东高速明董公路有限公司和《中国公路》杂志社共同组织编写，内容涵盖项目文化、设计创新、技术创新、施工管理、安全生产、廉政建设等方面，系统总结了明董高速公路的建设经验，具有一定的理论性、创新性、典型性和实践性。

图书在版编目(CIP)数据

山东高速明村至董家口公路工程品质建设探索与实践 / 山东高速明董公路有限公司,《中国公路》杂志社主编 . 北京 : 人民交通出版社股份有限公司,2025.8.

ISBN 978-7-114-19975-2

Ⅰ. U412.36

中国国家版本馆 CIP 数据核字第 2024WL9352 号

书　　名: 山东高速明村至董家口公路工程品质建设探索与实践
著 作 者: 山东高速明董公路有限公司　《中国公路》杂志社
责任编辑: 陈　鹏
责任校对: 赵媛媛
责任印制: 张　凯
出版发行: 人民交通出版社
地　　址: (100011)北京市朝阳区安定门外外馆斜街 3 号
网　　址: http:// www.ccpcl.com.cn
销售电话: (010)85285857
总 经 销: 人民交通出版社发行部
经　　销: 各地新华书店
印　　刷: 北京交通印务有限公司
开　　本: 787×1092　1/16
印　　张: 15.5
字　　数: 341 千
版　　次: 2025 年 8 月　第 1 版
印　　次: 2025 年 8 月　第 1 次印刷
书　　号: ISBN 978-7-114-19975-2
定　　价: 90.00 元

谨以此书献给为交通事业
不懈奋斗的广大建设者们！

编 委 会

绿色品质明董路

冬日的胶莱平原，蕴含着无限希望；繁忙的董家口港，充满了勃勃生机。作为“十四五”规划开局之年的山东省首个开工建设项目，明村—董家口高速公路（简称“明董高速”）在2023年年底迎来全线通车。

2021年3月底，明董高速在诸城市百尺河镇举行了启动仪式。这条途经青岛平度市，潍坊昌邑市、高密市、诸城市和青岛西海岸新区五个县市区的高速公路，全长130.52km，起于青岛平度市明村镇以西，终于青岛黄岛区泊里镇岭前头村西北，顺接规划疏港二路。它是山东省高速公路网“九纵五横一环七射多连”中“连四”线莱州至董家口公路的主要组成部分，建成后为潍坊—青岛再添一条南北高速“大动脉”。

明董高速的正式建成通车，也标志着山东建成全国首条“生态富氧”高速公路，“绿意正浓”的山东高速公路为交通强国建设开辟新路径。如今，来往驾乘人员眼里的明董高速、航拍下的明董高速，其宽阔的六车道路面两侧，各种花卉争奇斗艳，雷达感知设备各就其位。项目建设过程中，明董高速经历诸多探索与实践，数十种新设备、新材料在省内首次应用，“青蓝工程”在建设成果和人才培养上结出创新硕果。三年辛勤建设，“绿色品质明董路”顺应绿色低碳高质量发展之势应运而生，明董人秉承“高速高效、尽善尽美”的建设理念，终于建成了一条浩荡坦途。

文似看山不喜平，一路坦途梦如愿

“在漆黑的凌晨时分，无数明灯来回穿梭，照亮了河道，也点亮了明董人的信心。”这是2022年10月底明董高速主线二合同店子河取土场的施工现场。

“太难了，高密段全是平原地带，整个高密段缺1400万方填土。”作为山东第一批高速公路建设者，明董公司董事长姜竹昌同志清楚记得当时面对的困境：“图纸有了，工人来了，机械进场了，可是没有土，怎么办？前期确定的取土场都是农田，批不下来，怎么解决？”那时候，明董公司、监理单位、施工单位的决策者们天天开会研究，跑遍了高密周边村村户户，连三十六计都用上了！最终，经历煎熬、斗争后看到曙光，甩开膀子不分昼夜地干，终于修成了明董高速！

艰难困苦，玉汝于成。这三年，这条路，工艺再难，明董人也坚持打造品质工程；工期再紧，明董人也牢记安全就是红线。

明董高速项目取得了许多成绩，回溯过往三年，明董高速始终引领高速公路建设板块向前，折射出多样的光彩——明董高速达到了桥梁建设的先进水平。在泊里枢纽白马河大桥顶升工程，全桥共顶升17跨，顶升长度为425m，最大顶升高度283.8cm，因下穿河道地基，基础情况复杂，施工现场地势低洼，夏秋季节受雨水影响较大，且现场临时结构较多，结构受力较为复杂，桥梁顶升现场施工难度大。但是明董人以坚定的信念克服环境困难，坚持大雨不停干，小雨干不停；坚持以问题为导向，积极开展科技攻关，从施工力学行为、施工关键技术、基于数字孪生的大坡度宽断面桥梁整联顶升智慧管控三方面开展研究，为“卡脖子”难题提供技术“良方”，极大缩短了建设工期，自封路至顶升就位仅用时47天，并有效节约了建设成本。明董人自主研发的多项新技术、新装备，让这项工程难题从图纸变成了现实。

明董高速是集艺术之大成。明董高速3个服务区在设计阶段，充分依据所在地的人文历史进行顶层艺术功能设计。明董公司和设计团队对当地文化进行了深入的研究，提取主要文化元素作为设计灵感，打造接地气的、具备浓厚的当地文化色彩的高速服务区，是服务区所在城市以及明董高速的门户。其中，桃园服务区设计方案荣获2023美国缪斯设计奖（Muse Design Award）铂金奖，该奖被誉为艺术设计界的“奥斯卡奖”。

明董高速是绿色品质路的代表。明董高速在设计过程中，以新发展理念为根本遵循，提出建设生态之路、风景之路、文化之路、品质之路的规划思路，着力将该项目打造为绿色低碳高速公路，为助力加快建设交通强国和美丽中国作出更大贡献。明董高速在建设过程中通过减排、清除等措施，运营后直接、间接排放的碳可实现自我中和。

2024年11月初，中国公路学会相关专家对“基于高延性混凝土的负弯矩结构性能研究与应用示范”等3个科技项目成果进行评价。在实地观摩后，由多名行业专家组成的评价委员会给出评价：明董高速基于高延性混凝土的负弯矩结构性能研究与应用示范成果总体达到国际领先水平，提出的相关高速公路建设技术体系与管理机制，为现代高速公路建设与技术发展提供了强有力的支撑。

“跑在前面的人看到的才是风景”

从设计之初,明董高速项目借助以往高速公路的修建经验,创新性地提出了完整的概念和设计思路,不断提高建设水平。从优化平纵设计到降低路基填土高度,从普通路面到长寿命路面,从传统伸缩缝到智能伸缩超高变形弹性体材料(PUC)无缝伸缩技术,从传统边坡防护到抗沙性极强的植物纤维毯,从普通水泥急流槽到玻璃纤维加强混凝土(GRC)一体化玻璃钢复合材料急流槽……一项项新理念、新设计以及新科技成果在明董高速得到了高效应用,使该项目在工程建设中节约资金近6000万元。

明董公司设在山东省潍坊市诸城市,这里是中国共产党创始人之一、山东党组织最早的组织者和领导者王尽美烈士的故乡,我们由“高速高效、尽善尽美”的党建品牌延伸出“高速高效、卓越明董”的建设品牌。明董高速不仅在工程质量上树立典范,在其他领域也都成绩斐然:在安全生产管理上,全线未发生一起有责安全事故,连续两年被评为省级典型工地、青岛市“平安工地”创建活动市级示范工程荣誉称号;明董高速全线打造山东省内第一个“智慧安全督查系统”“手指口述法标准系列视频”“明董安全晨会七步法”,多次得到各级安委会领导的高度赞赏,被赞誉为“明董安全铁闸”;积极开展“青蓝工程”,明董青蓝创新工作室和青蓝青年突击队均得到山东省交通运输厅和山东高速集团有限公司(简称“高速集团”)表彰及省级媒体连续事迹报道,11月明董青蓝创新工作室获评山东省交通工会劳模工匠创新工作室。

明董公司创新性地提出了“尊重差异、包容多样、反求诸己、和谐共事”的工作理念,总结出了“永不放弃、未雨绸缪、满怀期待、竭尽所能”的“蚂蚁精神”,独创了“心中要清、不会要学、不懂要问、实践要勤、本上要记、嘴上要说、电脑要存”的“新‘七要’工作法”;制定了“六定位、六防止”廉政准则,建成了山东省首个高速公路项目“廉政展厅”,该展厅入选山东省廉政教育宣传阵地;开创了工程动态管理的新形式,建设了明董智慧管理平台,融合了信息公开、投资管理、质量监督、进度控制、文化宣传、信息沟通等一系列功能,真正实现了工程建设全过程的信息化和透明化,不仅极大地推动了项目建设进度,还为提高工作效率,确保工程质量和进度起到了重要作用。

领导的赞赏和沿线群众的肯定,让明董高速的万千建设者深受鼓舞。今天,当我们深情回想这条由我们亲手铺筑的绿色品质之路时,总觉得应该为它留下些什么。总结实实在在的经验,将明董高速建设中的项目文化、科学管理、技术创新、廉政建设的宝贵经验等都收录起来,或许应是我们该做的事。

本书收录的全部文章,皆出自明董高速的建设者和管理者之手,内容涵盖项目文化、设计创新、技术创新、施工管理、安全生产、廉政建设等方面,且具有一定的理论性、创新性、典型性和实践性。其中的部分观点还有待商榷,但我们愿意以此抛砖引玉,为山东省乃至全国高速公路建设，提供有益的参考和借鉴。

罗马不是一天建成的，绿色品质之路的打造亦是如此。

“但愿人长久，千里共婵娟。”一千年前的苏轼站在超然台上，看着一轮皓月，想到自己无法与胞弟苏辙团聚，内心百感交集，于是写下千古名篇《水调歌头·明月几时有》。苏辙当时担任齐州（今山东省济南市）掌书记，苏轼因为思念弟弟，来到密州（今山东省诸城市）任知州，因为300km的路程，兄弟俩5年未见！今天明董路全体参建者建成了明董高速，我们也来到了超然台，高呼“终于通车了……”

深深的激动伴着深深的不舍。当终于卸下了工程的重担，向党和人民群众交上一份满意的答卷之后，“分手”成了一种煎熬。因为，这一路走来，朝朝暮暮的伴随早已刻骨铭心。

“聚是一团火，散是满天星。”明董高速通车了，明董人将带着“高速高效、尽善尽美”的明董精神，永远在路上迈步向前！

本书编写组

2023年12月

CONTENTS 目录

第一章

项目概况

第一节　建设背景

2018年9月批复的《山东省综合交通网中长期发展规划(2018—2035年)》提出了“九纵五横一环七射多连”的山东高速公路网规划布局,规划总里程为9000km。明村至董家口高速公路项目(简称“明董项目”)是山东省高速公路网中“连四”线莱州至董家口公路的主要部分,北接新潍高速(S21)和荣乌高速(G18),南至青岛董家口港区。

明董项目位于沈海高速(G15)和潍日高速(G1815)之间,涉及青岛、潍坊两市。青岛、潍坊是山东半岛蓝色经济区和青岛都市圈的主要城市;青岛是“一带一路”建设中新亚欧大陆桥经济走廊的主要节点和海上合作战略支点城市,也是山东新旧动能转换综合试验区的核心城市;潍坊市部分地区是黄河三角洲高效生态经济区的组成部分。

董家口港区是青岛市“环湾保护、拥湾发展”战略实施的核心组成部分,是山东半岛蓝色经济区、环渤海经济圈经济增长的重要引擎,是东北亚国际航运中心的重要依托。随着董家口港区的建设,急需一条直接进港的山东半岛南北疏港通道。

第二节　项目概况

明董高速起点为平度市明村镇,途经青岛平度市、西海岸新区和潍坊昌邑市、高密市、诸城市5个县市区,终点为西海岸新区泊里镇,工程全线长130.52km,概算投资214.8亿元;采用高速公路标准,双向六车道,设计速度120km/h,路基宽度34.5m,主体工程包括大桥19座、中桥28座、小桥5座、涵洞193道、主线上跨分离立交37处、主线下穿分离立交77座、桥式通道94座、涵式通道186道、天桥31座、与铁路交叉4处、服务区3个、养护工区2处、监控通信分中心1处、匝道收费站9处、主线收费站1处,其中主线有明村西(枢纽)、大牟家、大牟家(枢纽)、醴泉、阚家、柴沟、百尺河、辛兴(枢纽)、辛兴南、林家村、桃园、开城路、泊里(枢纽)互通式立交13处,董家口连接线信阳互通式立交1处。

明董项目的实施,为青岛、潍坊两市交通增加了一条南北大通道,对于进一步完善山东省高速公路网主框架、提升路网整体效益、助推山东半岛城市群建设和胶东经济圈一体化发展等,都具有重要意义。

第三节　公司简介

山东高速明董公路有限公司(简称“明董公司”)于2021年6月7日在潍坊市诸城市正式

注册成立,注册资本1亿元,出资人为山东高速建设管理集团有限公司(简称“建设管理集团”)、潍坊市城市建设发展投资集团有限公司、青岛董家口港城投资有限公司、青岛交通发展集团有限公司、平度市城市建设投资开发有限公司5家企业,持股比例分别为74.62%、20.09%、4.25%、0.52%、0.52%。

明董公司设董事会,由5名董事组成,股权比例低于30%的股东不委派董事,其中建设管理集团委派4名,明董公司选举职工代表董事1名,董事长由建设管理集团委派的姜竹昌同志担任。明董公司不设监事会,设监事1名,由建设管理集团委派。

明董公司共有正式职工22人,其中领导班子4人、中层管理人员5名;共设综合处、工程处、计划处、协调处、财务处5个职称处室以及高密、西海岸2处沿线工作站。明董公司主要职责是明董项目的投资、建设及运营管理等。

第二章

建设实践篇

第一节　聚焦质量根本，打造品质明董

一、把握一个“精”字，在细节中看工程质量

高速公路建设好比搭积木，要想搭得高，就得根基稳，各个环节都不容忽视。明董高速把握一个“精”字，推崇精细管理、精控过程、精抓现场。

（一）建章立制，理顺项目管理程序

强化统筹，精细管理。在项目建设之初定规矩、划界限，用制度护航明董品质工程建设。充分利用合署办公优势，做好监理服务工作。总监办进场后，要求入驻明董公司提供的办公大楼合署办公，利用地理优势密切配合，形成无缝沟通机制，借助总监办发挥专业监理工程师的优势，创新思路，提前策划，发挥各自优势互补作用，研究讨论各项管理制度的可行性，由总监办形成初稿，与明董公司多次研究讨论后定稿的综合考核管理办法、工程计量管理办法、农民工工资制度文件管理办法、集中采购材料等一系列行之有效的管理办法，以便提升质量、促进安全、降低成本、提高效益，为明董项目高质量建成通车提供制度保障。

（二）双标管理，明确项目建设标准

（1）高起点规划，高标准要求场站建设。坚持“走出去，引进来，落实好”的原则，组织各监理施工单位召开打造综合场站亮点的专题研讨会议，明确了综合场站建设的34项基本要求，设下限，不设上限，对综合场站、路面场站建设作出了明确规定，要求场站统一配备龙门式洗车平台，梁场采用智能张拉压浆设备，钢筋加工场配备钢筋焊接机器人、数控弯曲机等，形成了明董项目统一的场站建设风格，避免了盲目建设和随意建设，为明董项目开篇布局创造条件。按《山东省高速公路试验室标准化建设指南》进行验收和管理，保证试验仪器完好、操作标准、结果精确，先后两次开展试验室预验收工作，最终工地试验室在当年一次性高分通过山东省交通运输厅试验室备案验收（图2-1-1~图2-1-4）。

全线施工便道按照行车道路面顶宽6.5m修筑，部分便道在满足通行要求的情况下，根据现场和征地实际情况灵活调整，采用多种方式硬化，每2km配备至少1台洒水车，保证晴天不扬尘，雨天不泥泞，其中20cm铣刨料+40cm砖渣的临时路面结构形式，为土方运输项目大干打下了坚实基础。同时，对跨国省道等重要交叉路口道路连接的便道出入口，应采用不少于60m的C20混凝土硬化，并应设置洗车台、门禁设施和PM2.5扬尘在线监测设备，设值班室专人值守，保证便道使用满足要求。此外，为减少施工过程中外界因素对施工的影响，强化封闭施工，要求在永久（临时）征地完成后，及时在征地范围两侧最外侧边缘全线设置纵向隔离栅，明确项目永久占地界限，减少施工纠纷和施工干扰。

图2-1-1　标准化钢筋加工厂

图2-1-2　标准化泥浆池

图2-1-3　标准化工地试验室

图2-1-4　标准化钢筋加工区

（2）强化施工工艺标准，严格落实施工标准化。据明董项目的实际情况，明确了首件认可制度的内容，制定了施工临时便道、模板质量标准、场站建设标准等30余份技术性文件用于指导施工，对项目用大型模板、支架材料规格和质量标准进行了统一要求和验收，要求全部外露混凝土工程均采用不锈钢模板。并建立了微信验收群、质量外观群和班前交底QQ群（暨晨会制度）、实体项目验收周报表、原材统计周报表等，督促及时上传各单位施工信息，把控全局施工动态和质量。

在全线推行施工标准化、施工作业流水化，先后推行实施了桩基、台背回填、桥面系等20余份作业指导书。要求路面各结构层、混凝土防撞护栏、桥面铺装、混凝土墙身、墩柱首件全部验收合格后方可大面积施工，下发路床验收流程，增加水泥改善土路床前弯沉不超过240mm标准验收要求，避免因4%水泥改善土板结影响路床弯沉检测结果；大中桥的桥面铺装统一采用全幅三维激光摊铺机和人工驾驶磨光机，提升桥面混凝土的整体平整度；路面基层在双拌缸基础上，将其中一套拌缸配置为振动拌缸，确保水泥稳定碎石混合料拌和均匀。会同山东省交通科学研究院、山东高速工程检测公司路面服务组研讨路面基层、沥青面层作业指导书，明确路面检测指标，为路面施工提供技术支持。

在管理举措上，实行“亮点突出，样板引领”的管理思路。在路基、桥梁、场站等方面（图2-1-5，图2-1-6），打造15个高标准亮点段落，引领全线，并由点到面，逐步推广，其中四合同标准路面段入选建设管理集团星级示范现场。

图2-1-5　作业指导书

图2-1-6　水稳振动拌和机

(三)促动实体外观均衡提升,建设“内实外美”明董路

(1)对墩柱、箱梁、盖板涵、护栏、路面工程、附属工程,由首件工程认可制推广至班组件认可制,加强专项检查、逐个(段)验收,同时结合实体结构质量提升专项行动,实行班组动态淘汰机制,组织全线各合同段墩柱、盖板涵、墙身等76个班组进行了首件工程认可制活动,对连续两次首件验收不合格的班组给予清场。开展了以“质量铸魂、提质增效、劳模工匠”三大行动为抓手的推动全线混凝土外观质量提升专项活动。从原材料入手,建立原材料和模板准入制度,模板生产期间安排人员到厂家蹲守,进行现场测试,达不到标准的原材料和模板坚决不准入场。同时开展的“钢筋间距和保护层厚度专项整治”活动成效显著,通过对钢筋胎架制作、骨架绑扎、吊装、浇筑全过程严格控制,箱梁墩柱钢筋保护层和间距合格率分别由89.37%、87.47%提升到95.56%、95.19%,切实做到方案先行、措施到位、数据及外观质量明显提升。

(2)对软基处理、台背回填、混凝土工程施工、路面施工首件等施工质量进行重点检查,对重点部位、关键工序以及隐蔽工程的“三检”资料组织定期检查,保障隐蔽工程施工质量。对预制梁板采取整体液压行走模板,同时采用棚盖封闭喷淋保湿养护,避免因节段拆装带来的不利影响,使梁体外观平整密实,消除模板拼缝造成的错台问题。对通道涵洞台身类构造物墙身模板固定方式,由三段式止水螺栓代替传统预留孔式对拉杆,杜绝墙身漏水、对拉孔漏浆、封堵不规则影响外观质量。为避免融雪剂影响造成混凝土护栏脱落和露筋等病害,对全线混凝土护栏内侧喷涂硅烷浸渍(图2-1-7,图2-1-8)。

(四)营造高标严管质量氛围,不断强化质量管控措施

(1)严控原材料进场质量。明董公司组织对粗细集料、外加剂、支座等材料供应厂家进行实地考察,严格监督支座、伸缩缝等关键材料招标过程,通过组织专项检查、加大抽检频率、建立明董公司内部留样室(图2-1-9)等措施,严格落实不合格材料“来源追溯、清场处理、严肃问责”三个环节,同时在全线大力推行“检测单位批次负责制”“试验室主任每日带班巡查制度”,将外委材料“样品送检”改为“到场抽检”,将检测报告中“仅对来样负责”变为“对该

批次负责”，杜绝抽检过程中的弄虚作假等不良现象，确保进场材料合格率100%。

(2)强化闭环管理机制，持续推进双体系建设，强化执行考核，加强现场抽检和专项检查工作力度。以“专项检查为主，日常检查为辅，综合检查考核评比”的方式，定期、不定期地对全线各参建单位进行质量检查，针对质量管理责任不落实行为，综合运用违约处罚、内部通报、约谈法人等手段，加强对各项质量管理工作的督导，夯实工作责任，确保质量工作取得实效。项目先后开展了台背回填专项检查、混凝土施工质量专项整治、路面污染专项整治、路面施工质量专项检查等专项活动20余次，同时引入第三方检测单位，组织对已完路面工程100%覆盖式检测，对不合格工程坚决返工处理，并严肃追究相关人员责任(图2-1-10)。

图2-1-7　墩柱间距保护层质量提升活动

图2-1-8　水稳试验段摊铺

图2-1-9　留样室

图2-1-10　飞行检测

(3)组织建立网格化管理清单，依托“网格化”管理模式，将各级主要负责人定为本级“生产第一责任人”，在充分发挥“网格化”管理优势的基础上，实现施工创样板的目标，以优质、安全、高效的管理方式，完成该项目的施工任务。

针对结构物施工、台背回填(图2-1-11)、路床交验、沥青站建设等重点工序工艺，推行以事项、节点、责任人为基本要素的“一事一表”具体工作事项制度，强化事事有人管，事事有人抓。以半月为周期调度各合同段建设情况，以网格化分工为抓手，促进各项生产要素投入，盯靠控制性节点，达到上下联动、高效处置的管理效果。通过实现对单元网格的排查，查补网格化管理工作漏点缺点，抓好层级管控和压力传导机制，层层建立考核奖惩和压力传导机制。

(4)竞赛比武,对标学习,为切实提高参建人员技能素质,定期组织开展技术人员业务考试,通过每季度组织施工、监理单位进行业务能力考试,做到“全员参与,高质量通过”。首先,组织开展箱梁比武、测量焊接、电工技能竞赛、试验比武等一系列活动。搭建各合同段、技术人员之间学习、交流平台,通过班组长、施工队长介绍交流实践经验,共促发展。其次,以“现场专题会”和“班组观摩会”(图2-1-12)为措施,查找问题、分析原因、交流经验、以案促改,取长补短,提高一线管理人员质量意识和施工班组作业水平。先后组织开展了桩基工程、梁场建设、箱梁、墩柱、盖板涵、混凝土防撞护栏、桥面系及路面基层等现场观摩会和正反面现场会,同时成功承办了山东高速集团有限公司(简称“高速集团”)组织的现场观摩会,明董三标标准段、百尺河服务区施工现场在智慧高速建设、精细化管理、标准化施工、“四新”及“微创新”应用等方面,受到与会领导的高度肯定。

图2-1-11 台背回填检测

图2-1-12 冬季施工观摩会

二、原材料管理

(一)原材料全过程控制

1.事前准入

为强化关键材料进场控制,明董项目下发了《关键材料管理办法》等文件,实时根据工程进度列明关键材料控制清单,明确关键材料“进场准入批复制度”。首先由各施工单位物资部门联合工地试验室考察,初步确定拟选用厂家,并上报厂家信用资质、规模业绩、生产能力等相关资料,经驻地监理审核后报至总监办,最后明董公司联合总监办对上报厂家进行遴选,组织施工监理单位对审核通过后的材料厂家进行现场实地考察,最终确定入围厂家名单,施工单位可从入围厂家名单中进行招标采购。2022年7月28日,明董公司协同各有关参建单位组建考察小组,对青州莱钢绿建钢结构加工工厂(二合同项目部钢结构分包单位)进行考察。考察组一行首先对钢箱梁加工厂的规模、产能及钢箱梁制造区规划和布置等情况进行了解,同时考察了钢箱梁焊接工艺、涂装工艺试件,并随机检测了部分焊缝质量,最后针对钢箱梁生产工艺和生产进度进行了交流研讨。

明董项目先后对支座、外加剂、木质素纤维等22家生产厂家开展了实地考察,同时针对生产周期较长、生产过程控制繁杂的材料，要求监理施工单位驻厂家，厂家指派技术人员驻项目检测，确保关键材料来源质量可靠。

2. 事中控制

对于进场材料，要求各场站施工监理单位做好驻场检测，严格落实材料每车必检，全线试验室统一配置测定苯乙烯-丁二烯-苯乙烯(SBS)改性剂掺量的沥青红外光谱仪。场站内设置待检仓和材料AB库，进场材料在经过初步检测后，放置在待检区，待全部检测结果合格后方可使用；若检测不合格，则应及时将不合格材料清场或就地销毁。

引入二维码，动态标识材料状态，对材料实施动态管理。进场的每一批原材料，施工的每一片梁，现场的每一个分项工程，都在完成时生成唯一的二维码标识，工作人员可以扫码了解材料状态和每一个分项工程施工工序的全过程。

明董公司联合总监办建立了以“盲样送检，定期抽检，日常飞检”的原材料检查模式，针对砂石材料夜间进场集中的情况，组建质检专班，开展夜间飞行检测专项行动，同步引进第三方检测单位，落实外委检测材料按批次负责制。传统的外委试验，通常由施工监理单位委托送样，且检测报告仅对来样负责，因此送样可能不具有代表性。为避免此种情况，明董项目要求第三方检测单位要到场检测，并对原材料的批次负责，对所有涉及工程质量的重要材料和实体结构每月进行现场抽检，根据检测数据生成每月质量情况曲线，通过查看质量曲线波动与合格率较低的指标，有针对性地开展质量专项提升活动，确保建设过程中质量稳定可控。

3. 事后溯源

建立健全材料和检测台账，对于连续两次检测不合格的材料，将其厂商列入黑名单，并对驻站监理、施工人员进行处罚。此外，严格落实集团样品室建设要求，每个场站均建立样品留样室，对于集中采购材料及品质波动性较大的原材料进行留样，要求施工、监理、材料供应商共同见证取样，并张贴三方盖章签字的封条封样，做好材料溯源。

(二)疫情期间的原材料供应

1. 疫情期间组织备料

2021年冬期施工期间，受疫情影响，砂石材料仓库存量严重不足，冬期施工备料工作处于停滞或时断时续状态。针对上述情况，为防止材料价格上涨造成的建设成本增加，同时保障2022年度项目施工顺利进行，要求各施工单位切实制定有效措施，根据自身施工计划安排组织砂石等原材料进场。积极开拓合格料源，进一步加强冬期备料工作，确保如期完成备料计划，各监理单位要对进场原材料加强质量控制，做到每车必检，不合格材料及时清场。

2. 集中采购材料保畅工作站

面对疫情影响，在高速集团内首次设立集中采购材料保畅工作站，创新原材供应工作模式，由材料供应单位指派专人驻场、驻项目协调材料供应和物流配送事宜，建立各方联动协调机制，每半月进行集中采购材料的计划上报和供需情况调度，并下发了疫情期间允许自购部分集中采购材料的通知，切实保证原材料及时运至现场，避免因材料供应不及时导致工期延迟、机械人工成本增加。

三、通过开展QC小组活动提高现浇墩柱钢筋保护层合格率

目前，随着高速公路的快速发展，工程质量要求越来越高，提高墩柱钢筋保护层合格率成为越来越重视的一个话题。钢筋保护层厚度过小，钢筋过分靠近结构物边缘，易造成露筋或钢筋受力时表面混凝土脱落。保护层厚度不足，易加速钢筋锈蚀，导致保护层开裂，严重影响结构物使用年限。在墩柱施工中，为确保墩柱钢筋保护层合格率解决上述问题，驻地办集思广益将“提高墩柱钢筋保护层合格率”作为QC小组的活动课题，同时对混凝土结构物外观质量进一步提升。QC小组通过抽测复核北胶新河大桥墩柱工后钢筋保护层合格率情况，对影响现浇墩柱钢筋保护层合格率的原因进行了统计(图2-1-13)。

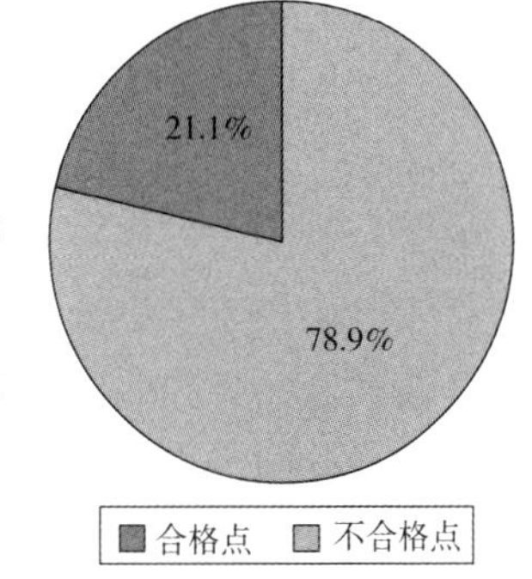

图2-1-13　钢筋保护层合格率点位分析

对北胶新河已完成墩柱钢筋保护层合格率情况共抽取点位336处，其中钢筋保护层合格265处，占78.9%，不合格72处，占21.1%。针对不合格的72个点位，运用分层法，进行统计分析，分析结果见表2-1-1。

合同段内现浇墩柱钢筋保护层合格率及原因分析　　表2-1-1

序号	单位工程	墩台号	合格率(%)	原因分析
1	北胶新河大桥	8-1	91.6	钢筋笼变形
2	北胶新河大桥	8-4	95.8	墩柱垫块未起到实际作用
3	北胶新河大桥	11-1	100	桩基及柱基钢筋笼的偏位
4	北胶新河大桥	10-3	100	桩基及柱基钢筋笼的偏位
5	北胶新河大桥	9-2	91.6	墩柱垫块未起到实际作用
6	北胶新河大桥	12-1	92.6	合格
7	北胶新河大桥	12-2	83.3	墩柱垫块未起到实际作用
8	北胶新河大桥	13-3	87.6	合格
9	北胶新河大桥	13-4	90.5	墩柱垫块未起到实际作用
10	北胶新河大桥	10-1	95.7	墩柱垫块未起到实际作用
11	北胶新河大桥	10-2	83 3	合格
12	北胶新河大桥	11-3	83.4	墩柱垫块未起到实际作用
13	泰青威石油中桥	3-2	87.5	钢筋笼变形
14	泰青威石油中桥	1-2	87.5	钢筋笼变形

QC小组根据调查数据统计分析表(表2-1-2)，绘制排列图。

调查数据统计分析表　　表2-1-2

序号	缺陷名称	频数	频率(%)	累计频率(%)
1	钢筋笼变形	27	37.5	37.5
2	墩柱垫块未起到实际作用	34	47.2	84.7
3	桩基及桩基钢筋笼的偏位	11	15.3	100
合计		72	100	100

通过排列图,分析得知:“墩柱垫块未起到实际作用”“钢筋笼变形”是影响现浇墩柱钢筋保护层合格率的关键。其中墩柱垫块未起到实际作用占47.2%,小组分析认为,通过本次活动将墩柱垫块安装数量不达标问题解决90%,那么墩柱钢筋保护层合格率将大大提高。预设合格率目标为:95%。

结合合同段内质量目标、设计及规范要求,小组设置合格率为95%:针对墩柱钢筋垫块起到实际作用前的47.2%,提升到墩柱垫块起到作用后的95%。

QC小组通过现场调查,全面结合工程实际,墩柱钢筋保护层合格率缺陷主要有钢筋笼变形、垫块起不到支撑作用、桩基及桩基钢筋笼偏位等。QC小组成员分别从人员、机械、工艺、材料、施工环境、测量等方面入手,对原因进行了分析,查找影响墩柱钢筋保护层合格率的因素,并绘制出因素分析“鱼刺”图。

通过因果图,找出了影响“现浇墩柱钢筋保护层合格率”的末端因素后,小组成员深入现场对因素进行逐一验证(见表2-1-3)。

现场因素验证表　　表2-1-3

序号	末端因素	确认内容	确认方法	确认标准	地点
1	管理人员施工经验不足	管理人员专业知识掌握情况	调查分析	管理人员对桥梁拼宽设计标准、施工规范熟识度达90%以上	办公室
2	垫块安装数量不足	施工前加强三检制管理,确认钢筋保护层垫块数量不少于图纸规范要求	现场验证	钢筋笼出场各项指标合格率均达到100%	钢筋加工场
3	测量设备存在一定误差	制作钢筋保护层专用试块对仪器进行校准	现场验证	以尺量法确定钢筋保护层测定仪误差范围,按照日期及时送检仪器	试验室
4	未对现场做钢筋保护层专项交底	组织桥梁施工队伍进行集中交底,并进行考试	现场测试	交底率达到100%,施工工人培训考核合格率达到95%以上	会议室
5	垫块连接质量较差	确定合适垫块连接方式,满足2m范围内垫块数量不少于4个	现场测试测量	保护层垫块出场、安装垫块未发生脱落现象	现场

钢筋笼变形、垫块起不到支撑作用、桩基及桩基钢筋笼偏位是影响墩柱混凝土钢筋保护层合格率的主要缺陷,针对这些缺陷,QC小组成员到施工现场实地查看并采用因果分析法进行系统全面的分析和讨论,找出造成墩柱混凝土钢筋保护层合格率较差的主要因素有以

下4个：

(1)管理人员施工经验不足。

(2)垫块连接质量较差。

(3)钢筋笼在运送及吊装期间发生形变。

(4)桩基及桩基钢筋笼的偏位。

加强质量管理体系学习与培训(图2-1-14)，严格按照岗位责任制度管理，针对施工过程中发现的问题，及时下发整改通知单，强制其进行整改，整改到位并经过验收检查合格后，方可进入下一道工序施工。

图2-1-14 质量管理培训学习

在整个二、三合同段内范围召开岗位制度落实会议(图2-1-15)，明确各工区、各工点负责人，采取“谁主管，谁负责，谁操作，谁负责”的方法，并形成逐级汇报制度。驻地办由驻地宋波带头联合项目部，坚持日常检查，防止走过场。

图2-1-15 岗位制度落实会议

为树立好“百年大计，质量为先”这面旗帜，由提高墩柱钢筋保护层合格率开始进行，坚持每周对墩柱进行抽查，每次抽查数量为10根。同时，落实整改决心，对未进行整改的进行加倍处罚。

施工现场方面，重点采取以下相应对策实施管控：

（1）改变垫块连接施工工艺，垫块采用与箍筋同尺寸钢筋焊接连接，将钢筋两端分别与相邻两主筋连接。如遇垫块损坏或脱落现象即可在钢筋场或施工现场快速进行加焊。降低施工难度，有效解决垫块易脱落不易修复问题，确保垫块入模合格率100%（表2-1-4）。运输及吊运前，在钢筋笼加强箍位置增设三角撑，钢筋笼内三角支撑筋，成120°三角形布置，两两之间与钢筋笼加强圈焊接，三角支撑筋能够提供横向束力，有效防止在运输过程及吊运中的形变。

钢筋笼安装导向架数据表　　表2-1-4

桩号	4-1	4-2	3-1	3-2	10-1	10-2	10-3	10-4
用导向架前偏心（cm）	8.6	11	9.3	10	6.7	8	75	8.5
桩号	7-1	7-2	7-3	7-4	9-1	9-2	9-3	9-4
用导向架后偏心（cm）	2	1	1.2	1.5	1.2	10	0.8	目标实现

（2）采用项目自制钢筋笼安装导向架确保桩基不发生偏位。

（3）实施效果检查：经过采用钢筋笼安装导向架，保障了桩基不发生偏位进而控制墩柱钢筋笼不发生偏位，经检验墩柱工后钢筋保护层厚度控制良好。

对策得到实施后，针对以上对策措施的实施情况，QC小组再一次组织检查，抽取北胶新河大桥及泰青威石油中桥钢筋保护层共计209处，其中墩柱钢筋笼现场制作控制不严3处，现场未进行补焊增加垫块3处，不合格点共计14处，占3.6%，合格率为96.4%，满足目标值95%的要求。

本次墩柱QC小组活动在采取以上措施后，经过实际验证和改进，完善了相关施工工艺，相应的问题得到解决，达到预期效果。后续工作中将继续加强QC小组的自身建设，选择其他课题开展QC活动，强化每一个成员的质量观念，并通过墩柱QC小组带动全驻地办成员活动效果示意图增强质量意识，将质量意识贯穿到每一项工作中，不断完善各种规章制度，健全质量保证体系，制定质量保证措施。通过运用PDCA循环的方法解决施工中出现的新问题。加强小组每个成员的责任心。通过学习，提高事故的分析能力和突发事件的应急处理能力。不断总结施工经验、教训，从中得出最佳施工工艺和参数，组织标准化、专业化施工，争取最大效益。

通过本次墩柱QC活动，有效地提高了墩柱混凝土钢筋保护层合格率，同时小组成员综合素质较之前有了明显提高，形成了稳定的QC氛围。小组成员的积极性和自主能动性得到充分发挥，发现问题和解决问题的能力得到明显提高，学会如何运用科学的QC方法进行总结分析，养成了良好的思维方式。

2022年春季大干期间，针对墩柱墙身混凝土外观质量，开展了混凝土外观质量提升活动。

活动开始之后，组织人力对已完工的桥涵结构物混凝土外观质量进行全面的检查、记录、打分和汇总，对检查出现的问题缺陷进行了数据统计。总的来看，问题多集中在蜂窝麻面与混凝土色差两方面。

针对以上问题,驻地办联合项目部,从模板、原材入手,加强落实模板、原材准入制度,严控混凝土拌合、运输、浇筑、振捣及养护全流程,严把质量关,具体措施如下:

(1)本项目严格实行模板准入制度,模板采用厚度6mm(5mm钢板+1mm不锈钢)的复合不锈钢办,模板由统一考察批复的厂家进货。

(2)严格控制搅拌时间,搅拌时间的控制直接影响到混凝土的均匀性和质量。正式施工前,通过试验形式根据混凝土的配合比和施工条件确定合适的搅拌时间。搅拌时间过短可能导致混凝土未充分混合,而搅拌时间过长可能引起过度混合,使混凝土流动性降低。倾倒方法:混凝土的倾倒方式也会对外观质量产生影响。应控制倾倒速度和角度,以确保混凝土顺利流入模板内,并避免过多的振动和冲击,导致混凝土的分层和气泡产生。调整混凝土外加剂成分,降低其中引气成分的含量,增加消泡成分的含量,引入适量小气泡增强混凝土和易性的同时消除大气泡,从而降低混凝土整体含气量,通过调整,混凝土含气量已从大于5%降低至约3%。

(3)针对不同季节的复合不锈钢板,采用专用脱模剂。模板使用前必须经过打磨、试拼,并经监理验收。模板安装前,逐片检查模板的打磨程度,必须利用钢丝刷进行板面打磨,用干净抹布清除污垢,均匀涂抹脱模剂后进行晾晒。

(4)改良振捣工艺,严格执行分层振动的原则。采用插入式振捣器振捣,振捣遵循快插慢拔,缓慢移动,充分振捣至混凝土表面不再冒泡和下沉,表面呈平坦泛浆为止。适当延长混凝土的振捣时间,并严格进行分层浇注,确保混凝土振捣密实。

(5)加强结构物成品混凝土养护和保护工作,严格落实一布一膜养护。

(6)邀请省内知名混凝土专家莅临现场指导,全面分析活动初期各种问题产生的原因,后续施工过程中加以改进提升。

通过实行混凝土外观质量提升活动,现场监理人员与施工单位技术人员的共同努力,混凝土外观质量有了较大的提升。墩柱和墙身混凝土外观质量有了较大提升。

第二节　坚持以人为本,建设平安明董

一、安全生产管控措施

(一)加强全员安全教育,提升安全生产意识

为贯彻落实山东省安全生产委员会、山东省交通运输厅、高速集团关于开好安全生产“开工第一课”的工作要求,扎实开展“开工第一课”活动。(图2-2-1)每月定期组织开展全线安全教育培训,以外部讲师系统讲、内部讲师专题讲和“考试+竞赛”相结合形式,传达上级相关安全文件精神,进行典型事故警示教育,为全体参建人员敲响“警钟”。根据山东省安全生

产委员会办公室(简称“省安委办”)《关于深入学习贯彻安全生产八抓20项系列创新举措的通知》工作要求,定期组织开展专题学习,将“八抓20项”创新措施试题纳入安全生产“大学习、大培训、大考试”专项行动之中,推动“八抓20项”创新举措的学习培训覆盖项目全员,督促各参建单位全体员工真学、真懂、真会、真用。

图2-2-1 加强全员安全教育

(二)强化安全隐患排查,实施隐患清单销号

坚持“管生产必须管安全”的基本原则,重点加强重要工序、关键部位、高危作业和节假日特殊时期的安全管控工作,组织全线安全负责人针对临时用电、高接高、涉铁、钢箱梁等专题专项开展整治行动。通过组织开展复工复产安全大检查、节前安全大检查、两会期间每日检查、重大隐患专项整治、互查互检等活动,制定隐患排查清单,根据清单制定应对措施,划分责任区间、责任人,从人、物、环、管四个方面进行管控,限期销号(图2-2-2)。

图2-2-2 强化安全隐患排查

(三)安全生产晨会

明董公司按照省安委办关于落实企业安全生产“晨会”制度的通知以及建设管理集团晨会范本内容,要求各合同段结合当日施工实际,由班组长负责对工人进行安全生产晨会宣讲

（图2-2-3）、对施工管理人员进行监督，重点对昨日安全工作进行总结，对今日工作进行部署和安全工作的提醒，对存在的风险点及预防措施、应急救援方式及注意事项、宣誓等内容进行重点讲解；切实将安全生产晨会工作落实到每一天、每一个人，通过潜移默化的灌输，使安全工作深入人心，时刻做到警钟长鸣，有效防范事故发生。同时，由总监办对安全生产晨会上传情况进行督促、审核，对未上传、流于形式的单位给予通报、罚款等措施，确保安全生产晨会工作落到实处。

图2-2-3　安全生产晨会宣讲

（四）安全生产网格化管理

明董项目全面推行安全生产网格化管理工作，各参建单位成立了安全生产网格化管理工作领导小组，明确了网格化责任分工、具体事项，并根据施工阶段、作业内容、安全要点等对施工现场进行网格动态规划，根据施工现场网格化管理单元的划分情况，建立以施工现场网格长、副网格长、网格员为层级责任人的三级网格安全管理体系，各网格人员按照职责分工，各司其职，做好各自网格范围内的安全管理工作，形成完善的安全保障体系，发挥各自在安全管理中的作用，使安全生产网格化管理体系有效运行，安全生产得到保障（图2-2-4）。

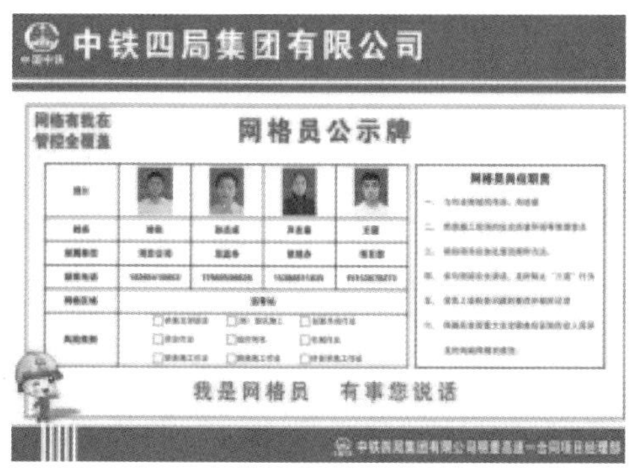

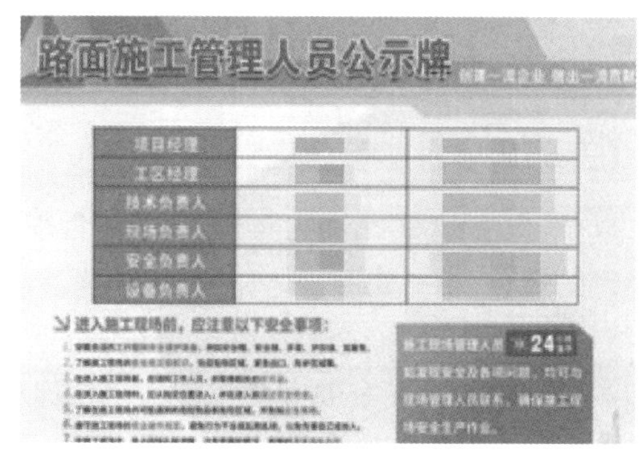

图2-2-4　安全生产网格化管理

二、“安全生产月”活动纪实

每年6月份是全国“安全生产月”，明董项目自进场后积极响应，连续3年开展“安全生产月”,每年都取得了一定的实效。在传达、落实上级单位活动要求的基础上,结合项目安全管理的思路及控制要点,积极组织全体参建人员参加各项安全活动,掀起了“人人管安全”的活动热潮,现场安全生产呈现出良好的效果。

(一)全员出动,方案先行

根据高速集团对“安全生产月”活动的部署安排,明董项目每年都会结合项目实际生产进度,制订具体的“安全生产月”活动实施方案;活动方案不仅要贯彻落实高速集团要求,还要激发全员的安全生产管理热情,确保活动走实、方案落地。每年的“安全生产月”活动方案都会提前集思广益,听取监理、施工单位安全管理人员对安全生产的看法,了解当下重点管控的施工作业风险点,使得重点风险作业管控和“安全生产月”活动齐驱并驾,最大限度地发挥“安全生产月”的作用,防止活动流于形式。

(二)安全生产月启动仪式

每年6月1日,明董项目都会隆重地举行“安全生产月”启动仪式,宣读活动方案、部署活动安排,并邀请青岛、潍坊两市交通运输局的领导来监督指导(图2-2-5),目的在于展现明董项目对“安全生产月”活动的重视,营造出“从上到下、从项目公司到施工单位”全员重视安全生产的活动氛围,从而激发一线人员抓安全生产的能动性。

图2-2-5 “安全生产月”启动仪式

(三)开展培训教育,强化安全意识

以“安全生产月”活动为契机,学习习近平总书记关于安全生产的重要论述,牢固树立安全生产的理念,正确处理安全和发展的关系,为安全生产打下良好的理论基础。认真组织学习《中华人民共和国安全生产法》《山东省安全生产条例》等法律法规;积极参加建设管理集团组织的工程管理人员安全及工程技术培训,提高工程管理人员的安全知识素养和专业技术水平;通过活动,以坚定的态度牢固树立安全红线意识,以务实的作风树牢安全理念;全线所有参建单位共计1000余人次参加培训(图2-2-6)。

(四)开展安全生产晨会整治,推动方案落实

为推行安全生产晨会制度,增强一线从业人员安全意识和提升安全素质、杜绝“三

违”行为，结合“安全生产月”活动方案落实安全生产晨会制度要求，通过勤教育、反复讲、多提醒等方式，推动开展安全生产晨会作为落实安全生产主体责任的重要措施。同时要求各参建单位主要负责人要带头严抓安全生产晨会，领导班子要轮值参加安全生产晨会，每人每周至少参加一次，并覆盖全部进场班组，把安全责任压实压紧，把安全措施落实落细(图2-2-7)。

图2-2-6　开展培训教育

图2-2-7　推行安全生产晨会制度

(五)我是安全吹哨人，查找身边的隐患

为进一步强化安全生产责任落实，坚决防范与遏制各类事故发生，全力抓好安全防范工作，明董项目各参建单位开展了“我是安全吹哨人”“查找身边的隐患”(图2-2-8)等活动，充分调动职工多参与、多排查、多汇报，盯紧身边职工反“三违”，当好安全“吹哨人”，发挥自身在安全生产中的“哨兵”和“监督”作用，为确保安全生产作出自己的贡献，全面形成“重安全、要安全、管安全”齐抓共管的良好氛围。

图2-2-8 查找身边的隐患

(六)强化安全检查,安全事故防患于未然

施工现场是一个动态复杂的工作现场,无论对安全多重视,管理制度多严格,安全教育多完善,在日常施工作业中依然会存在许多安全隐患及违规操作现象。必须高度重视施工现场的安全工作,防止意外情况的发生,把安全隐患遏制在萌芽中,全面形成“重安全、要安全、管安全”齐抓共管的良好氛围。深入施工现场,检查各项设备是否安全可靠,安全防火距离是否符合规范,消防器材配置是否符合要求;检测报警系统、保险连锁装置是否灵敏、可靠;检查安全生产经营过程中的劳动纪律、工作纪律和操作纪律;检查员工有无脱岗,串岗,有无不按规定穿戴劳动保护品,有无在施工区域内吸烟等(图2-2-9)。

图2-2-9 强化安全检查

(七)开展安全宣传活动

通过广泛布置安全标语、横幅、挂图、展板等方式,深入开展应急科普宣传活动,提高全员应急科普知识,强化应急处置能力,大力营造人人关注安全、重视安全、参与安全的良好氛围。全线共布置了80余条条幅和海报(图2-2-10)。

(八)开展应急演练活动

明董项目公司联合总监办连续2年组织了办公楼实战消防演练,促使员工提高火灾防控能力和突发事件应变能力,学会正确使用灭火器和各类消防设备设施,进一步提高员工的消防安全素质,增强自防自救能力,从而为员工创造一个安全舒适的环境。一旦发生意外,按照平时演练的经验和方法，可尽快地处理事故，减少损失。3年以来，明董全线各参建单位组织各类应急演练15次，应急预案修订12次（图2-2-11）。

图2-2-10　安全宣传活动

图2-2-11　应急演练活动

（九）开展安全内训师巡讲授课活动

围绕当前施工交通组织情况，通过邀请安全讲师对二合同项目各施工现场负责人、劳务班组长以及交通维护人员进行安全授课，重点对涉高速公路、国省道及路面施工交通安全进行培训。授课内容有高速公路及国省道涉路施工规范化作业、上跨县乡地方道路施工交通安全管控、路面各结构层施工交通组织等。同时还开展了安全生产“大家谈”活动，各现场管理人员结合各自施工实际情况，对跨路施工保通及路面安全进行交流发言，共有200余人参加培训（图2-2-12）。

图2-2-12　安全内训师巡讲授课

(十)开展模拟责任倒查分析活动

为进一步增强全员安全意识,落实全员安全生产责任和义务,明董项目各参建单位在安全生产月组织开展了模拟责任倒查分析会,利用PPT展开论述,结合项目实际,以相关事故案例分析、专项整治活动中发现的安全隐患以及施工现场可能发生的生产安全事故为重点,进行模拟责任倒查分析(图2-2-13);重点分析了因发生事故或安全隐患整治不力可能追究的相关单位责任人及各岗位有关责任人应承担的行政和法律责任,并将案例中的事故隐患和安全生产责任进行盘根究底的深挖,达到了互相学习、明确责任的目的。通过分析交流,切实提高了全员安全生产管理水平,有效监督和促进了各级岗位人员在安全生产中的工作,防止了日常安全生产管理工作中存在的问题并弥补了漏洞,逐步提高了全员遵章守纪的自觉性,从而更好地保证了生产安全。

图2-2-13　模拟责任倒查分析活动

(十一)参加安全知识竞赛和“逃生演练训练营”

管安全生产最根本的是对安全的敬畏心和守得住寂寞、耐得住性子的工作心态。明董项目始终以打造“平安百年品质工程”为标杆,3年时间内不断创新安全管理措施,以每个月都是“安全生产月”、每一天都是“安全生产月”启动仪式日的工作热情,抓生产、保安全,为项目保驾护航(图2-2-14)。

图2-2-14　安全知识竞赛和“逃生演练训练营”

三、明董项目安全亮点

(一)晨会七步法

为贯彻全省安全生产视频会议精神,落实建设管理集团晨会制度的通知,明董项目以全面开展班前晨会作为落实安全生产责任主体的重要举措,结合明董项目实际情况,在全省率先发布了“晨会七步法”标准化视频。同时编排晨会带班表,内部分工、全员参与,做到明董公司、监理、施工单位主要负责人每天都要参加班前晨会。通过传达上级文件、安全生产条例、安全会议精神和分析事故案例等方式,不断优化细化晨会内容,根据每个环节、每个工序、每个作业点等强调安全注意事项,勤教育、反复讲、多提醒,严抓细抓,做到了安全生产教育常态化、制度化、精心化,真正让安全事故预防深入人心,有效地减少了安全隐患排查数量。

(二)推行“手指口述法”,安全生产标准化

为促进施工技术人员操作行为规范化、标准化和程序化,进一步增强安全意识,项目公司创新实施“手指口述法”,同时此工作法荣获高速集团首届微课大赛三等奖,并在高速集团内学习平台上展播,目前已播放1.2万余次。

(三)加强“平安工地”建设

明董项目重视“平安工地”建设,切实扣牢各参建单位、各关键环节安全责任链条,从实、从细抓好安全风险管控和隐患排查治理,严格各项安全防范措施落实,保障项目生产形势持

续稳定。同时,明董项目还获得“山东省平安工地建设典型工地”荣誉称号。

(四)积极贯彻落实上级制度文件要求

明董项目积极落实安全生产大检查、“八抓20项”、大学习、大培训、大考试等等各项活动文件部署要求,增强全员安全意识和安全技能,强化安全生产责任落实,有效遏制了安全事故的发生,保障项目安全稳定形势。

(五)网上学安全

为了贯彻落实上级单位提出的安全生产“八抓20项”系列创新举措,明董公司结合“安全生产月”一系列活动,开展组织了线上安全答题活动。这种网上培训学习的方式,充分调动了全体参训人员的积极性,真正使安全学习活跃起来。

(六)组织开展“安全生产月”启动仪式暨应急演练活动

2022年5月31日,明董项目举行了以“遵守安全生产法、当好第一责任人”为主题的“安全生产月”启动仪式暨高空坠落和密集场所火灾疏散综合应急演练活动。明董项目将以此次活动为契机,以“平安工地”建设为抓手,全面布局,全员参与,高标准推进安全生产工作,不断夯实明董项目“平安百年品质工程”建设的安全基石,为高速集团“六型山高”建设贡献新的更大力量。

(七)开展健康体检活动

为切实保护劳动者身体健康,提高劳动者自我防护的意识和能力,维护劳动者的健康权益,明董项目本着“以人为本,爱护职工、维护广大劳动者的切身利益为出发点”,组织对一线职工进行“安全月健康体检”活动,从而让劳动者更清楚自己的身体状况,了解自身潜在的危害因素,认识到自身健康防护的必要性,确保劳动者的健康权益得到保障。

(八)“开工第一课”

组织开展了“开工第一课”活动。由明董公司董事长姜竹昌亲自授课,通过“开工第一课”教育和动员明董项目所有参建人员切实增强安全意识,落实安全措施,迅速恢复正常工作状态,坚决防范生产安全事故发生。

(九)组织各种安全专项活动

1.冬季施工安全专项整治行动

为落实山东省交通运输厅关于抓好冬季交通运输安全生产工作的要求,明董项目有针对性地组织开展了冬季施工安全专项整治行动,预防为主、综合治理,重点对项目冬季施工“八防”进行检查。

2.临时用电安全专项活动

明董公司联合总监办对明董项目全线进行了为期6天的临时用电的专项检查,共排查隐患126条,全部整改到位。同时,明董公司邀请建设管理集团质量安全部主任赵然对项目安全管理人员、电工进行了施工现场临时用电的专项培训，提高了员工临时用电的理论水平。

（十）人文关怀、送清凉活动

明董项目对施工现场“最美建筑人”开展人文关怀、送清凉活动，为在高温酷暑下坚持工作的一线员工送去藿香正气液、人丹、遮阳帽、矿泉水、西瓜等防暑降温物品，并针对夏季高温天气，加强对一线员工的关怀，合理安排员工工作时间，为更好地让一线员工平稳度过炎热的暑期，提供有力的保障。

（十一）组织各种消防宣传月活动

明董项目充分认识当前的消防安全形势，提高政治站位，抓好通知文件的贯彻落实，坚决遏制火灾事故，全力维护项目形势稳定，多途径、多方式做好消防安全“四进”工作，调动项目员工参与消防安全的积极性与主动性，加强风险防范，深入开展消防安全隐患排查治理，消除火灾事故发生，确保消防安全形势稳定。

（十二）“新安法知多少”网络知识竞赛等系列宣教活动

明董项目积极响应上级单位要求，组织开展了“新安法知多少”网络知识竞赛，以赛促学、学赛结合，全面增强了全员的安全生产意识、责任意识，把安全生产相关知识内容全面灌输给项目员工，提高员工安全水平，营造浓烈的安全生产氛围。

第三节　优化计划职能，开拓高效明董

一、“明董特色”的计划管理模式

明董项目具有路线长、投资大、参建单位多等特点。明董公司结合实际，在吸取多个项目计量支付、合同管理、招标管理经验教训、延续优良管理模式的基础上，探索出一条具有“明董特色”的计划管理模式。

（一）加强中间计量审核，建立全周期工作模式

（1）制订了计量工作“1目标3能力5步骤”的指导方针，1项目标是高效优质完成任务；3种基本能力包括认识项目计量周期和拆分组织的能力、发现和整合项目资源的能力、将工作构想变成成果的能力；5个实施步骤包括确定目标、计划分解、执行落实、检查考核、总结改进。

（2）确立了“规范可控”的基本原则，保证计量资金安全可控的同时，提高计量比例，为工程建设提供资金保障。

（二）树立正确的业务认识，强化合同管理制度

对于工程建设合同管理，不只是合同协议书，还应将招标文件、技术规范、计量规则和清

单、图纸、补充协议及会议文件等形成系统性认识，项目公司通过制作“一张图一表通”的方式，将合同流程、工作职责、额度约定等直观化，组织全员学习，更加方便严格履行高速集团制定下发的有关合同管理办法，有效解决了应招未招、重大合同、日期逻辑、日期空白等常见问题。

二、规范信息管控，高效协同办公

高速公路工程管理具有施工线路长、人数多、工序繁杂、分散性、移动性等特点。在传统管理模式下，生产效率普遍不高，因此高速公路施工迫切需要采取创新手段强化管理，从而打破生产低效率的陈旧局面。明董公司根据公路建设项目的特点，在项目建设实施阶段初期进行多次调研，对可能出现的问题进行事前预估，形成一个源头管控、以物联设备为载体、大数据支撑的智慧式监管服务系统，为项目管理工作提供了良好的支持与专业的服务(图2-3-1)。

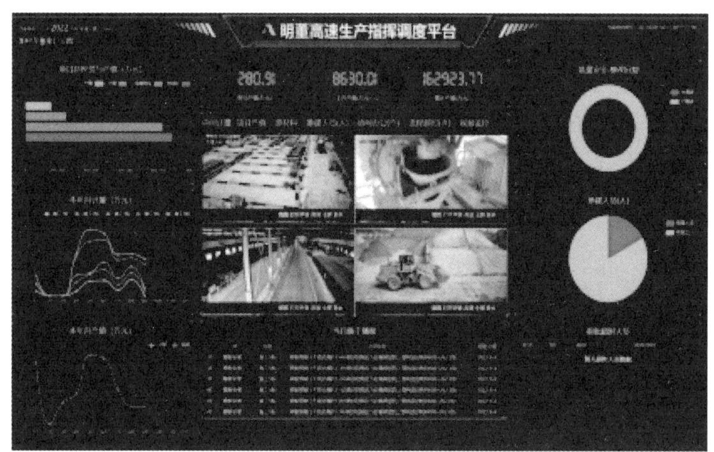

图2-3-1　生产指挥调度平台

(一)智慧信息管理系统

明董项目信息化管理系统主要通过“电脑端+移动端”(图2-3-2，图2-3-3)的双线协同方式，以模块化的数据应用为基础，实现工程进度、工程报检、工程计量、材料管理、质量安全管理、OA协同办公等工作数字化、智能化，该系统可针对不同的岗位人员设置特定的使用权限。

信息化平台具有以下优点：

(1)加快项目信息交流的速度

利用信息网络作为项目信息交流的载体，可以加快项目信息交流的速度，减轻各参建方管理人员日常工作的负担，使其能够及时查询工程进展情况，及时发现问题、作出决策。同时，项目管理信息化能够为各参建方提供完整、准确的历史信息，便于浏览，极大地提高项目管理工作的效率。

图 2-3-2　电脑端

图 2-3-3　手机端

(2)可以实现项目信息共享和协同工作

利用公共的信息化平台,既有利于项目参建方的信息共享和协同工作,又有利于内部各部门、各层级之间的信息沟通和协调。在信息共享环境下通过自动地完成某些常规的信息发布,可以减少项目管理人员之间的信息交流次数,并能保证信息传递的快捷、及时和通畅,不仅有助于提高项目管理工作效率,而且可以提高项目管理水平。

(3)可以实现项目信息的及时采集

项目管理信息化,能够适应项目管理对信息量急剧增长的需要,允许实时采集每人的各种项目管理活动信息,实现对各管理环节进行及时、便利的督促与检查,促进项目管理工作质量的提高。

(4)可以存储和分析项目全部信息

实现项目管理信息化,可以将项目的全部信息以系统化、结构化的方式存储起来,甚至可以对已积累的过往项目信息进行高效的分析,从而为项目管理的科学决策提供定量的分析数据。

(二)工程计量系统

工程量复核是计量系统运行的基础,通过对清单模板的设置,及时将工程量清单项及单价等信息导入系统,清单录入可通过手工录入,也可批量导入,同时结合施工图纸进行 WBS 划分,参照《公路工程质量检验评定标准　第一册　土建工程(JTG F80/1—2017)》划分为单位工程、分部工程、分项工程,并对分项工程进行工程量复核。

以 WBS 划分为基础,建立统一报检流程与规范,实现质检资料即检即签、程序步步留痕。通过现场报检 App 以分项工程为最小报检单元,上传施工图片,填报实时完成工程量,记录设备使用时间,验证人员的培训交底情况,实时统计实际进度,导入计量系统。同一个部位只能报检一个相同的流程,同时报检需具备三个条件:

(1)施工人员需要进行进场培训,产生每个人员的进场培训记录。

(2)施工人员需要进行三级交底,产生每个人员的三级交底记录。

(3)分项工程需要有开工申请,产生开工申请报告记录。

计量上报由施工单位在系统中进行填报,在计量提报前工程量复核必须完成,并且所有计量的工程实体均需通过工程报检后,方可添加计量单进行计量。每条计量单中均需上传相应的质检资料、工程量确认单、明细表等资料,审核人员在系统中可直接查看上传资料。

对于在审核过程中发现某一条计量单存在问题,审核人员可进行退回操作,而支付申请中的计量单数量、计算表号、确认单以及其他附件的修改,必须由上级单位退回后才能修改,未退回的计量单则不能修改。

计量系统与报检系统的结合,解决了超计、漏计、少计等情况,且能够同步查阅质保资料。计量数据通过系统的汇总,自动生成费用支付报表及工程计量台账,确保工程计量的及时性、准确性。有效简化、优化计量管理流程,使工程计量工作规范化、自动化,极大提高了工作效率,优化了业务管理流程,强化了过程控制。

第四节　共建生态高速,打造绿色明董

一、践行绿色交通理念,助力交通强国建设

2018年9月批复的《山东省综合交通网中长期规划(2018—2035年)》提出了"九纵五横一环七射多连"的高速公路网规划布局,明董高速是其"连四"线莱州至董家口公路的主要部分。该项目位于山东半岛西部,路线经由青岛平度市西,潍坊昌邑市东南、高密市西、诸城市东、青岛西海岸新区西南,项目区基本以农田为主。

党的十八大以来,我们党将生态文明建设作为"五位一体"总体布局和"四个全面"战略布局的重要内容,生态文明建设的战略地位愈发凸显。党的十九大指出,"建设生态文明是中华民族永续发展的千年大计"。

可见,绿色发展已经成为"十三五"和今后经济社会发展的基本理念。国家迈向生态文明的新时代,生态文明建设呈现了最严格的生态保护和最广泛的生态修复两大特征。伴随"双碳"目标明确,交通运输行业节能减排和绿色发展责任艰巨。交通运输部提出,要把生态环保理念贯穿到交通基础设施规划、设计、建设、运营和养护全过程,大力提倡推广公路边坡生态修复技术,提升生态功能和景观品质,支撑整体交通生态廊道的系统建设。

加快推动交通运输清洁低碳转型,在不断优化调整交通运输结构的同时,需要更多关注交通运输低碳转型和绿色交通基础设施建设,从科技创新的角度深挖能源、资源的利用效率。

面对绿色低碳领域转型发展要求,明董高速在设计过程中以新发展理念为根本遵循,

提出建设生态之路、风景之路、文化之路、智慧之路、幸福之路的规划思路，着力将该项目打造为全国首条“路域花园”式高速公路，为助力加快建设交通强国和美丽中国作出更大贡献。

二、构建路域生态系统，筑牢高速绿色屏障

高速公路的建设会对自然与生态环境造成一定影响，包括施工期和营运期对环境的污染。主要表现为建设工程对土地的占用、工程开挖造成水土流失，对水体、植被等生物造成影响，施工车辆噪声、汽车尾气、施工营地形成的污染对沿线环境的影响。具体如下：

（1）建设期施工过程中的施工、生活废水进入水体，或因降水而引起的材料冲失对地表水、地下水及土壤的不良影响。

（2）公路修建会形成对原有水分循环路径的阻隔，影响地下水、地表水的循环时空。

（3）公路建设中高填路堤、深挖路堑和处理水文地质不良路段，将造成植被破坏，水土流失和地质条件的不稳定。

（4）对物种的迁徙、交流有一定的阻碍作用。

（5）汽车尾气对环境空气质量的影响，项目的实施，将不可避免地形成一条空气污染带，并随大气的流动，对周边地区造成影响。

为解决工程建设对周边环境的不良影响，明董高速从规划设计阶段开始，直至整体施工阶段和运营阶段，贯彻以防为主、防治结合、综合治理的原则，积极探索低碳路径，大力推广应用公路边坡生态修复技术，最大限度地改善和提高公路工程环境质量，恢复并重新构建周边生态环境。

（一）共建边坡生态性

项目永久占地、临时占地破坏了原有植被，公路建成后进行绿化恢复植被以减少对环境的不利影响：①路基、路堑边坡、中央分隔带、护坡道及边沟、排水沟外侧路基用地范围进行绿化；②在路界外两侧适宜范围内营造林地、草地。对施工临时用地，按原有土地功能予以恢复；③荒地、闲置土地进行绿化，恢复植被。

大量应用公路边坡生态修复技术，打造绿色公路长廊。根据绿色公路设计理念，边坡防护尽量减少圬工防护数量，多采用本土植物防护方式。一般传统设计中，当路基高度小于3m时，采用植草防护；当路基高度大于等于3m时，采用预制块拱型骨架防护，骨架内植草。明董高速多以平原及丘陵地貌为主，地势起伏度低，边坡多集中于中等边坡高度。不同于传统防护思路，明董高速通过引进植物纤维毯边坡防护技术，对坡高3~7m的边坡设计由拱形骨架替换为植物纤维毯防护。这种更加环保、贴近自然的新型技术应用，不仅使建设对环境产生的负面影响得到高效控制，更产生了一条绿色公路走廊。伴随着明董高速的建成，在山东省南北之间打造了一条“生态环境呼吸带”，为沿途的当地生态环境增添了一抹生机。

(二)提升边坡景观性

据以往研究表明,22m²的草地即可自动调节空气中二氧化碳与氧气的比例平衡,保持空气清新。明董高速通过大幅提高边坡绿化面积,形成绿色植物廊道,可有效对冲公路路域运营期间来往车辆尾气造成的影响,提高空气中氧气浓度,达到改善环境的作用(图2-4-1)。

图2-4-1 明董高速

综合考虑当地地域特色,开展生态大循环圈层构建。以本地植物为调色板进行适当配种,通过模拟自然生态系统的特性和演化模式,恢复、重建受人类活动破坏或干扰的植被生态系统。通过特定的物种搭配,使人工建植能够适应当地的环境和物种结构,恢复当地植物群落的生态环境。同时,可提供野生动物走廊和绿地之间的连接。建成有益于周边湿地公园野生鸟类栖息的生态植被景观,可被纳为支持野生动物的场地或交互空间,受益于植被花卉建植的多样性和生物资源的增加,具备鸟类的食物链与自然栖息环境。

另外,使用有机维护方法,减少环境敏感性。建立植被群落体系初期,选用不封地面的除草剂与环保型病虫害防治农药,或采用环境无污染的物理防治措施,减少人工建植植被的危害,降低动物对有机和化学杀虫剂敏感性。

提供稳定的立地条件,利于生态圈长期维护。通过土壤、水文、植被的改善措施,形成稳定的立地因子,建成公路沿线的"小气候带",有利于长时期的生物多样性维护,提升公路边坡网络的"绿道"的质量。

(三)打造景观地域性

明董高速二标考虑途经地高密市"红高粱之乡"美称,在生态护坡植物选取中,结合高粱的植物特性,进行草、灌木护坡植被搭配。高密地处山东半岛东部,胶莱平原腹地,是胶河、墨水河、郭阳河、胶莱河、顺溪河的交汇处,气候属季风性暖温带大陆性半湿润气候,春秋常干旱,因地势低洼河道密集,每逢夏季,常常水涝成灾,故本地区种植更适宜高秆作物。高粱因其抗旱、耐盐碱等特性,由此成为高密最早种植的农作物,在20世纪70年代之前,一直是高密的主要粮食（图2-4-2）。自古有北宋文豪苏轼曾在《黍麦说》中记载：“吾昔在高密，用土米作酒”，今有莫言《红高粱》文学作品。明董高速二标在高密形成了公路护坡的特色植被景观带。

图2-4-2　高粱植被

明董高速途经潍坊市诸城市，本地因恐龙化石资源蕴藏丰富，而被命名为“中国龙城”，成为中国恐龙之乡。桃园服务区位于山东省诸城市林家村镇，服务区从恐龙骨骼化石汲取设计灵感，将诸城市“恐龙”文化融入服务区建筑造型，建筑立面设计提取了恐龙骨骼肋骨化石的元素，建筑顶部与建筑立面杆件组合起来宛如一幅巨大的恐龙骨架，整个建筑从平面上看就宛如一只破壳而出的恐龙蛋。另一个设计灵感取自于桃林，从人视角度看宛如一片桃林，符合了桃园村的历史，当到此的旅客看到这片桃林时便会想起桃园村的美景，形成与自然环境相融合的现代建筑景观（图2-4-3）。

图2-4-3　桃园服务区景观

明董高速做到了与地域文化相融合，与区域环境相协调，促进了自然生态圈的建设，有效贴合生态优先，是绿色行车的文化体现。

(四)增加生物多样性

在高密市蔡家庄村的植物纤维毯防护合同段同时观察到蜂鸟蛾(图2-4-4)觅食、停留,此区域临近北郊新河省级湿地公园与五龙河省级湿地公园,湿地环境内动植物种类繁多,是周边动物主要栖息地,本标段生态植被的恢复已成为鸟类的栖息的场所。在明董高速沿线除湿地公园外,还具有白马河、吉利河地表,地下水源地,水文资源与气候环境优越,在植物纤维毯防护区域建成的植被花卉景观带,引起周边蜜蜂、蝴蝶等昆虫觅食、驻足,丰富了高速公路路域的生物多样性,逐渐构成了自然生态圈。

图2-4-4　蜂鸟蛾

明董高速公路边坡防护中积极探索生物多样性保护与高速路建设相结合,充分利用了山东地区的丰富植物资源,描绘出高速公路建设的生态画卷,使生态边坡防护不仅成为生物衍生的载体,打造"路域生物多样性"保护理念。

(五)建设环境统一性

生态公路就是在设计过程中,公路建设要与生态学理论相结合,同时要遵守自然发展的生态规律,符合公路建设的可持续发展要求。根据整个自然生态系统的良性循环情况,考虑到公路设计、施工和使用以及管理等过程,从而实现生态效益、社会效益以及经济效益的统一,保证公路建设和运行能够可持续发展。同时利用各种工程、生物、农艺以及管理措施,不断降低公路建设的破坏程度,对于已经造成损失的进行恢复,实现生态环境系统和公路经济系统有机结合。在进行生态公路设计过程中,要进行合理的选线,保证公路路线能够适于观景,通过有效绿化和美化措施改善公路沿途景观,在很大程度不仅带来美观,而且维护了自然生态相互之间的平衡。另外,在进行生态公路设计过程中,要保证车辆运行安全,高效便利,保证能够为货客、能源以及信息等的流动提供必要的保障条件,要尽可能降低出现的经济损耗和减少对公路沿线的污染等。

助力万物之融、创造路域之美、建成生态之窗。通过生产方式的绿色转型,低碳水平持续上升,能源资源利用效率明显提高,明董高速在山东省内形成一道生态安全屏障,成为全国首条"高速花园"。

三、秉持生态恢复目标，共建护坡与景观效益

坡面植被恢复是边坡生态恢复的核心，首要目标是将受人类活动影响的生态系统恢复到自然状态，以实现生态系统的功能和稳定性，也是实现植物护坡的必要条件，以生态型技术手段替代传统工程措施可实现护坡与景观的共建。

（一）传统工程技术需提升生态兼容性

高速拱形骨架护坡模板制作出来的骨架护坡可以很好地避免水土流失的现象发生，使用模板制作出来的骨架护坡表面光滑度很好，而且很多道路建设工程会选择在骨架护坡中种植一些花草树木起到环保作用。高速拱形骨架护坡模板不仅强度高，而且生产时在模具内部进行了巧妙设计，使模具具有很高的稳定性，在承受巨大压力时不会变形。

高速拱形骨架护坡模板拼接式的构造保证了每块拱形骨架预制块之间对接的品质。

1.双碳时代背景下，水泥用量高

我国已经将"双碳"目标纳入生态文明建设整体布局，制定碳达峰行动计划，全力以赴实现"双碳"目标。我国水泥产量已经稳居世界第一，水泥行业碳排放比例已经在我国工业生产中排在前列，在双碳背景下的水泥行业降碳已经迫在眉睫。但传统拱形骨架防护的水泥用量偏高，现阶段需考虑降低水泥用量的其他出路。

2.施工人员身体素质要求较高

拱形骨架的设计需要考虑荷载、支撑点的分布、材料的选择等方面，需要在有一定的工程基础和设备支持的地方才能进行。面对复杂的工程施工环境、沉重的水泥预制件，需要提升施工人员的身体素质。现阶段用工成本普遍偏高，在降本增效的情况下，人工成本是无法避免的问题。

3.生态景观效果有待提升

拱形骨架会与植被建植相结合，但由于植物搭配、管理养护等问题的产生，造成公路边坡的生态效果达不到设计预期，伴随降雨易产生坡面侵蚀的问题，因此对于公路沿线的生态景观建设造成一定影响。

（二）生态修复手段弥补景观效果

营建坡面植物群落是坡面植被恢复工程的重点，在具体的实施过程中需要引入物质能量的生产者以及提供者，通过发挥植物光合作用的方式，让原本遭受到巨大破坏的生态系统得到丰富物质以及能量的支持，构建起强大的重建根基和基础，对食物链进行丰富和完善，使土壤质地迅速改善，坡面生物多样性增加，从而有利于坡面植被有序恢复，逐步实现边坡生态系统的恢复和动态稳定。

植物纤维毯是一项生态边坡防护和生态环境修复技术。它主要利用稻、麦等秸秆或大麻、椰壳纤维、杂草等作为基底机械加工形成毯状纤维网，用于控制坡面侵蚀并恢复植被，有覆绿"魔毯"之称。将植物纤维毯铺设于土壤表面，通过其发挥保水、保温、保种、抗冲刷等作

用，固土的同时帮助植物快速发芽成长，形成植物群落，起到生态修复和水土保持的效果。最终植物纤维毯完全降解为养料进入土壤环境，是一种造价低、施工快、效果好、纯生态的环境技术，可广泛应用于高速公路边坡防护、河道治理、矿区修复和沙漠复垦等方面。

2023年中国公路学会组织制定团体标准《公路边坡植物纤维毯防护技术指南》以规范施工，提升工程质量，明董项目作为重要试点参与其中。

植物纤维毯技术具备以下技术优势：

（1）生态环保。

我国是农业大国，每年产生大量的秸秆等农业废弃物，为了耕作方便，这些材料通常以焚烧的方式处理，污染环境。植物纤维毯以稻草、秸秆、椰丝等天然材料为原料，不仅能够大量吸收富余的秸秆等农业废弃物，还能增加农民收入，兼具生态和经济效益。

植物纤维毯采用的是生态原料，绿色可降解，替代其他拱形骨架防护等圬工防护形式，可有效助力实现"双碳"目标。

（2）施工高效。

植物纤维毯防护技术从两方面明显缩短工期：一方面，单位面积施工时间与传统防护相比明显缩短，该技术在平整坡面（刷坡）结束后，通过简单的坡面清理，施肥，撒种，就可以铺设植物纤维毯。只需将制成的纤维毯沿坡面铺设，上下两端埋入土中，坡面通过U形钉加固即可，工艺简单，施工难度低、速度快、效率高。而采用圬工防护，要提前预制混凝土块，混凝土质量大，运输效率低，因此铺设速度也比较慢。另一方面，可在不增加大型机械和额外投入的情况下实现全线同时施工，从而大幅缩短工期时间，具备其他任何防护技术无法比拟的效率优势。

（3）养护简单。

铺设植物纤维毯后，秸秆能够蓄水保墒，减少蒸发、减少灌溉频率和灌溉量，可以保证土壤水分含量在50%以上，有效促进植物的后期生长，减少杂草入侵，有效减少后期的管养。

（4）节约成本。

传统拱形防护技术所需的水泥原材料成本较高，现场搬运工作量大，消耗人工成本较高。而植物纤维毯技术所需综合原材料成本低，施工简单，可大幅节约造价成本。

四、生态边坡技术应用，植物纤维毯护坡"有术"

（一）植物纤维毯防护原理

植物纤维毯本身具有一定的抗拉强度，在铺设初期，植物纤维毯通过覆盖，经U形钉、上下填埋等操作充分固定后，可平整紧密地贴合在土壤表面，与边坡坡面结合，提高早期坡面的整体性，维持坡面稳定，起到抑尘作用。同时，植物纤维毯可在植被恢复前起保持坡面水土、促进保护植被恢复的作用。

植物对控制土壤侵蚀过程非常有效。植物冠层、根、茎能够截留降雨、降低径流速度、增加地表粗糙度等。然而，植被对侵蚀的有效控制建立在植被恢复一段时间之后，在地表挖掘裸露、播种之后至植被恢复之前这段时间，土壤容易发生剧烈侵蚀，植物不能够起到有效的保土效果，植物纤维毯作为一种辅助性措施则可以在该时段提供及时的防护，减弱土壤营养成分的流失，持续维持坡面稳定。

植物纤维毯的铺设可有效阻挡雨滴击溅、减缓径流，保护裸露种子，同时发挥平稳表土温度变化并保持水分的作用，为种子萌发和植被生长创造适宜的微生态环境，保证植被顺利恢复。经过一定时间，植物纤维毯发生降解可有效增强土壤肥力，从而起到改善土壤的作用。经分解后的植物纤维毯残体提高了土壤有机质含量，微生物活动增强，使土壤结构得到改善。有研究表明，覆盖植物纤维毯后，土壤的理化性质也向有利于成土作用的方向发展，土壤孔隙度明显增大，饱和渗透率显著提高，促进了成土过程。良好的土壤环境将提高植物成活率和覆盖率，以实现道路早期绿化，保水保土的目的。

（二）植被群落防护原理

植物依托坡面工程构筑物或应用建筑材料，在坡面覆盖土壤层或植生基质，并保持其稳定为植物提供适宜的生态环境；采用草本、灌木植物组合配置方式，使外来草本植物（先锋植物）在短期内先形成坡面被覆盖，发挥其减轻坡面土壤侵蚀的作用，并为后续灌木植物生长创造条件；其后适应性、抗逆性强的灌木植物逐渐生长，覆盖度不断增大，历经先锋植物群落向目标植物群落自然演替的过程，此间植物的护坡效应开始显现，坡面的稳定性也随之不断提高；随着坡面生态环境条件的逐步改善，当地的其他乡土植物（草、灌、乔）的种子经重力、风力和动物等媒介传播而成功入侵、定居，使近自然的坡面植物群落逐渐形成并不断完善，从而实现在较短的时期内完成人工群落到自然群落的过渡，让边坡生态系统真正地被重建起来，原有系统的功能以及作用得到有效发挥。

坡面植被恢复的过程本质上是人工干预与自然演替共同作用的过程，即以先锋植物为先导，随着坡面生境条件的改善及当地乡土植物的侵入，坡面植物群落逐渐形成并不断发生演替，最终使人工植物群落过渡为稳定的、近自然的植物群落，从而促进边坡生态功能的恢复以及系统生产力和自我维持能力的提高。

1.植被护坡效益

坡面植物产生的根系力学效应及水文效应，可有效减缓边坡风化、崩塌和水土流失，有效发挥植被防护边坡的巨大效用。

（1）根系力学效应

植物群落建立起深、浅根系结构层，主根可扎入坡体深层，通过主根、侧根及须根对周边土体起到加筋和锚固作用，形成根系与周边土壤的连接整体，共同增强坡面稳定性。灌木生长成熟后起到主要护坡及生态修复的作用，通过跟踪根系效果发现，生长良好的紫穗槐灌木在第三年的主根可长达1.4m，极大地提高固坡效益。

（2）植物根系锚固作用

植物的垂直根系可穿过坡体浅表的过渡层，锚固到深处相对稳定的岩土层上，起到预应力三维锚杆的作用。一般来说，禾草、豆科植物和小灌木在地下0.75~1.5m处有明显的土壤加固作用。根的直径越细，其抗拉强度和抗拔力越高，直径为2~5mm的各种类型的根，其抗拉强度为8~80MPa。穿过坡体浅层的松散风化带的植物根系，能够锚固到深处较稳定的岩土层中，依靠根系本身的抗拉强度将松软土层中的剪应力转化为拉力传递至深层土体中，从而增加土体抵抗力，抵挡边坡土体下滑，增强其稳定性。

(3)植物根系加筋作用

植物的水平根系(木本植物的散生根和草本植物的须根)在边坡表层土体中盘根错节，使表层土体在根系延伸的范围内成为根—土复合材料。根系分布可视为带预应力的三维加筋纤维材料，为土层提供了附加黏聚力，改良了土体的力学性质。根—土复合材料可视作各向异性的复合材料，由于根系的弹性模量远大于土体，此种情况下的根—土共同作用，包括土的抗剪力、土与根的摩擦阻力及根系的抗拉力，使土体整体强度明显提高，可有效防止坡面表层的溜塌。

2.植被水文效应

(1)降雨截留、削弱溅蚀

植被有着非常明显的截水作用，坡面生长大量植物，降水在下落到地面之前就会被植冠截留，进行短暂的停留之后再通过蒸发作用进入大气当中或者是掉落到地表面。地上的茎叶发挥着重要的缓冲效用，叶面脉络可以对水波进行有效的分割，让原本较大的水滴变小，而这些雨滴在经过了叶面分割之后，原本的体积以及动能会大幅减弱，在很大程度上缓冲了雨水对地表的冲击力。如果植被茂盛的话，可以完全消除降水对坡面带来的溅蚀作用。

(2)降低坡体空隙水压力

降雨极容易诱发滑坡问题。边坡稳定性下降和坡体水压力有着密切的联系。要想让坡体坍塌和滑坡的问题得到有效控制和缓解，做好排水处理是关键。植物根系在土壤层当中错综复杂，让原本的土层变得较为疏松，也在内部形成了排水道，雨水下渗之后可以利用丰富的排水通道自由的流动。植物本身存在着蒸腾效应，可以让植物从下层土壤当中获得水分，使土壤当中的含水量大大减少。植物的根系在生长当中会不断地向下延伸，可以到达有着不同含水量的土层当中，将渗入到土层当中的水分进行有效吸收利用。利用植物的吸收和蒸腾作用，能够让地面遭受到的较大孔隙水压力得到极大缓解，从而提高整个边坡的稳定性。下渗雨水会让土体的软化程度提高，但是由于植物根系的作用，土体的强度仍然处在较高的水平。虽然植被护坡的作用主要限于坡面的表层，但是植物根系水分吸收作用可以让深层土壤当中的水分同样可以得到有效的吸收和利用，使土壤的质量以及水压力大大减少，因而对边坡浅层甚至深层的稳定具有间接影响。

(3)抑制坡面径流

地表径流非常集中是导致表土受到严重侵蚀的主因。通过大面积植物覆盖的方式可以避免表土直接受到雨水的冲刷和侵蚀，使地表径流的速度大幅降低，原本带有的强大冲刷能量也能够在植被当中得到缓冲进而消减，使土壤流失的问题得到控制。同时，在植被群落当中拥有腐质层，有利于保持表土的多孔性和渗透性，可以让地表径流的侵蚀作用得到控制和减小。另外，草本植物不仅可以有效分散地表径流，还可以改变地表径流的形态，甚至是对其起到阻截的作用。在草丛的作用下，地表径流的流动线路是迂回的，所以流程大幅增加，流速和破坏力大大减小。所以，通过大面积覆盖草本植物的方式可以让地表径流的流程以及速度得到有效控制，使雨水下渗的速度提高。

(4)调节土壤湿度

植物发挥蒸腾以及吸收作用，可以让土壤当中的水分得到有效处理和消耗。土壤水分大幅减少的过程中，孔隙水压力也大大降低，从而提升土壤强度。所以说，植被不仅可以让土壤当中的水压力降低，强化土壤，还可以增加对变形或者是滑动应力的抵抗能力，对土壤当中的湿度进行有效的调节，使其能够维持植物良好生长繁衍的状态。这样不仅可以提高土壤的质量，还可以提升坡面的稳定性。

(三)植被边坡景观效益

1.植被边坡景观改善

坡面植被恢复也包括对景观的再造和改善，适应路域景观总体要求，兼顾坡面植物生态性与观赏性、景观性的协调。通过植物配置的美学设计和视觉效果营造赏心悦目、安全惬意的行车环境。道路植被景观既能让过路人感到愉快，在视觉上得到满足，又能影响行驶车辆安全。

通过生态功能的回归实现植物景观的优化，在植物群落设计中更多地考虑绿期、花期、形态、层次等美学因素，通常要求能达到层次分明、色相丰富、四季常绿、三季有花的观赏效果。首先尽量选择具有较高观赏价值且经济适宜的物种，增加边坡植物的外观美感；其次，考虑植物品种配置和种植形式，将灌木、草本、花植物合理配置，形成立体复合结构；最后，在考虑与周围自然环境协调一致的基础上，采用不同颜色植物种类的搭配，形成色彩、色带的韵律变化，实现既美化边坡景观，又增加行车愉悦性舒适性的效果。

2.植物群落的演变

植物纤维毯生态防护主要分为三个阶段：

(1)植物纤维毯防护期(图2-4-5)。植物纤维毯铺设完成后就可以起到抗土壤侵蚀、抑制扬尘、保水保墒的作用，有效减少雨水对于边坡土壤的冲刷侵蚀，同时为护坡植物提供良好的生长环境。

(2)设定植物群落防护期(图2-4-6)。由于植物纤维毯保温、保水的作用，可以帮助植物种子快速发芽生长，通过植物起到防护和修复作用。所选植物根据当地气候及土质进行合理搭配，以草、灌、花结合为主，合理选用冷季型和暖季型草以保证绿期，建立深、浅根系的根系结构层，形成植物群落起到护坡作用，同时适当选用野花增强美观效果。

(3)稳定植物群落防护期(图2-4-7)。植物生长一年至多年以后，植物纤维毯完全降解为养分进入土壤，植物逐年生长茂盛，灌木生长成熟后起到主要护坡及生态修复的作用。设计种植和原生草本植物与灌木形成稳定的生态植物群落，落叶型植物逐渐改善土壤的肥力和团粒结构，防护效果逐年增强，生态环境逐渐改善稳定，达到长期防护和修复效果。

图2-4-5 植物纤维毯防护期

图2-4-6 设定植物群落防护期

图2-4-7 稳定植物群落防护期

(四)植物纤维毯技术方案

1.明董高速路域分析

明董高速地处山东省东南部，位于东经119°97′~120°02′，北纬35°52′~36°77′，整体气候类型属于暖温带季风性气候，降水集中，雨热同季，自北向南临近沿海地区，气候逐渐湿润。光照资源充足，光照时数年均2290~2890h，热量条件可满足植物正常生长需要。整条高速沿线土壤环境主要以黏性与砂性土质为主，黏性土质保水性与保肥性能优越，在不发生内涝情况下，可满足于植被生长需求。砂性土质保水保肥能力薄弱，需通过特定的土壤改良技术，实现土壤理化性质的改善。其目的是在一定自然条件下土壤内部水、养、气、热的周期性动态和稳、均、足、适程度。高速沿线贯穿湿地保护区并且地表水资源丰富，动植物种类繁多,高速公路边坡的生态环境恢复的要求相对较高,不仅受破坏的土地需全面采取安全利用措施,保障土壤环境质量总体稳定,而且坡面植被恢复同样需营建适于立地条件的人工植被群落,并向稳定的、近自然的坡面植被群落过度,进而实现边坡生态系统的恢复和良性循环,维护路域生态系统的协调和平衡。

2.植物配种

(1)生态护坡植物的选用原则

根据山东高速公路边坡的特点和边坡种植的目的,边坡生态防护的植物一般应满足以下要求:

①适应当地气候,抗旱性强。

②根系发达、分生能力强。

③耐瘠薄、耐粗放管理。

④品种丰富,混播播种。

⑤绿期长,多年生。

(2)生态护坡植物的搭配

结合山东地区生态边坡防护对于植物种类和特性的要求,以及明董高速沿线的环境气候和土质,搭配使用以下几种植物品种,根据不同工况条件,选择不同的草种配比。

①草本植物:包括紫花苜蓿、沙打旺、高羊茅、披碱草、中华结缕草、早熟禾、白三叶、二月兰、狗尾草、狗牙根、高粱。

②灌木植物:包括胡枝子、紫穗槐、柠条、刺槐、胡枝子、沙棘、荆条。

③野花植物:包括波斯菊、大花金鸡菊、百日草、万寿菊、紫花地丁、黑心菊。

(五)植物纤维毯施工方案

1.施工前准备工作

植物纤维毯边坡防护施工前现场应符合以下条件:

①边坡(包括路肩土)完成上土,机械刷坡至坡度和夯实度达到设计要求并确保坡面平整无大的土包、凹陷。

②清除边坡安全隐患、碎石、杂草和工程垃圾。

③挡排水设施按设计要求安装完成,如急流槽、路缘石等。

④边坡土应确保适宜植物生长,不含灰土和其他毒害物质,不含建筑垃圾及生活垃圾等。

⑤如路基填料为碎石或土石混合,边坡表面覆盖20cm以上的包边种植土。

2.施工措施

①人工修整坡面,使用钉耙和铁锹将坡面修整平整,同时去除坡上大的石子、石块,松弛土壤。

②在铺设表土后已达到挂种条件的坡面上人工均匀播撒草籽。布种方法分为散播法或穴播法两种。散播法是把混合草籽均匀撒在坡面上,适用于坡度较小的坡,多用于草本类种

子;穴播法选用灌木或乔木种子,当坡度较大时,采用穴播法能保证种子不会因为重力作用滑到坡脚而造成植物在坡脚茂密而坡面上稀松的情况,所以穴播法适用于坡度大的坡面。

③根据土壤化验结果对边坡土壤进行适当改良,播撒相应肥料、保水剂、土壤改良剂等。

④沿着路肩开挖一条深20cm以上沟槽,将植物纤维毯折叠后用U形钉固定于沟底后填埋、整平,将植物纤维毯沿坡面铺设至坡底,保持植物纤维毯平整且贴合坡面,用U形钉固定植物纤维毯于边坡。两张植物纤维毯之间进行10cm的搭接(图2-4-8),搭接处和边缘应使用U形钉加强固定,铺设完毕后不允许随便揭开(临时或永久泄水槽位置除外),沿坡脚填埋植物纤维毯边缘。

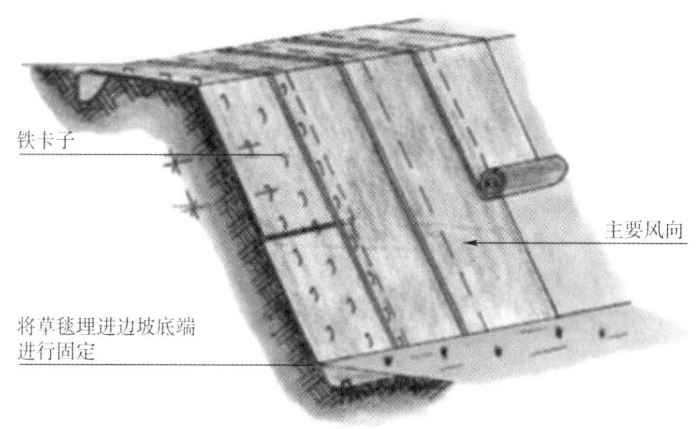

图2-4-8 搭接示意图

⑤分阶段养护,各阶段养护浇水频率如下:

a.出芽期:要求整体、全方位地浇一遍透水,以利种子萌芽,然后保持每天浇水两次至种子全部出芽。

b.幼苗期:视气候情况,每隔1~3d洒水养护一次,保证毯下20cm深度土层始终保持湿润,以利出苗和齐苗。

c.生长期:可逐渐减少浇水次数,并可根据降水情况加以调整。最好安排在下午浇水,一次性浇足浇透,浇水标准为达到湿透土层10cm以上。

定期观察植物生长情况,做好除虫、补肥工作。

(六)明董高速应用情况

明董项目全线应用于填方$4<H\leq 6$m的一般填方路段(表2-4-1、图2-4-9~图2-4-12)。

明董高速植物纤维毯应用统计表

表2-4-1

合同段	植物纤维毯应用段落心	植物纤维毯应用长度(m)	植物纤维毯应用工程量(万m^2)	替代拱形骨架工程量(万m^3)
明董一标	K16+000~K20+000	28384	28384	1.1
明董二标	K26+050~K47+950	18758	18758	1.0

续上表

合同段	植物纤维毯应用段落心	植物纤维毯应用长度(m)	植物纤维毯应用工程量(万 m^2)	替代拱形骨架工程量(万 m^3)
明董三标	K47+950~K78+500	22731	22731	0.7
明董四标	K78+500~K108+083	21130	21130	0.8
明董五标	K108+083~K130+508	9900	9900	0.4
合计	—	100903	100903	4.0

图2-4-9　明董四标10月份施工效果

图2-4-10　明董四标10月份施工效果

图2-4-11　植物纤维毯铺设现场

图2-4-12　浇水养护除杂草

五、利用生态防护技术手段，助力生态圈层形成

(一)生态优先、协调融合

明董高速边坡防护设计过程中，优先考虑生态景观带的生态功能，兼顾景观功能，注重与公路沿线林地、河流、农田、村庄等环境因子的协调。植物纤维毯防护技术是生态工程方法与公路工程方法的结合，在施工前期需充分了解和分析本地区的土壤气候特点，选用适应不同合同段的自然条件的植物物种，结合植物纤维毯的施工工艺特点，采取多种植物类型相结合的生长模式，采用“草灌结合、散从结合”的栽种方式，做到科学合理的绿化设计。在高速公路沿线形成“花海”景观，有效地提升边坡美感，同时兼顾边坡生态防护，形成配置合理的符合植物生态群落。

(二)地域特色、打造景观

为体现明董高速沿线地域自然和人文特色,重视特色地域植物在生态景观林带建设中的作用,营造特色公路景观。植物纤维毯防护技术的优势在于可以根据地域环境搭配植物品种,在高密地区公路沿线的植物群落设计中加入红高粱植物品种,在植物建植完成后,可以有效做到不同地域的景观与文化区分,提高了风景植被的多样性,做到公路建设与地域文化的有机结合,避免了景观设计的传统单一化,营造出形态、色彩和质地变化多样性的良好公路行驶环境。

(三)全面复绿,黄土不朝天

明董高速的边坡防护中运用多种边坡防护技术,植物纤维毯边坡防护做到了边坡植被全覆盖,有效避免了裸露土壤的出现。植物纤维毯防护技术施工速度快,景观效果形成好,植被管养方便,即使面临边坡破坏的情况,也可在短时间内恢复植被覆盖的自然景观。合理的施工工艺、植被搭配以及精细化的管理养护,保障了稳定的植被景观,有效地改善了公路沿线的土壤环境、水文环境以及自然环境,为生物物种多样性提供了必要的基础,增进了周边区域的物种多样性,促进生态循环系统的形成。

六、生态修复助力固碳增汇,打造明董绿色公路长廊

(一)生态修复的固碳机制

(1)植被固碳

通过光合作用促进植被吸收大气中的CO_2,将其固定在植被或土壤中,并通过自然演替将其转化为有机碳。这种生态机理和去除积累CO_2过程被称为植被固碳或植被碳汇。

(2)土壤固碳

进入土壤的有机碳是微生物降解植物残留物的剩余部分,植被凋落物是土壤有机碳的重要来源,天然植被70%的净初级生产力最终将通过分解流入地下,微生物大量繁殖, 并立即进入快速分解阶段, 形成土壤碳汇。

(二)减碳效益评估

明董高速采用的植物纤维毯的绿化方式,全线推广实施工程面积超100万m^2,替代了相关圬工防护措施,产生了巨大的环境、经济效益。

尊重自然、顺应自然、保护自然,是全面建设社会主义现代化国家的内在要求。明董高速将坚持绿色发展理念,充分发挥绿色廊道优势,打造以资源节约、生态环保、节能高效、服务提升为主要特征的绿色公路,为提高生态系统质量和稳定性,提升生态系统碳汇增量贡献力量。

第五节　强化党建引领，凝聚红色明董

一、2021年

（一）政治引领打造过硬党支部

2021年，明董公司党支部建立伊始，就明确党组织在企业治理结构中的法治地位，切实发挥领导核心作用，打造政治过硬、作风过硬、业务过硬的党支部。

（1）深入开展《中国共产党国有企业基层组织工作条例（试行）》“深化落实年”活动，分阶段分形式组织开展条例再学习。

（2）持续完善党建工作制度，建立“第一议题”、支委会议事规则和议事清单等多项制度，坚持按照制度开展工作。

（3）围绕生产抓党建，以品牌创建助推党支部建设水平，组织党员干部赴尽美党性教育基地，开展“学党史悟初心勇当先锋做表率”主题党建活动，感受红色精神洗礼；调动全体人员参与试验技能比武、测量技能竞赛等“尽美杯”系列活动，传承尽美精神，总结提炼“高速高效、尽善尽美”的特色党建品牌。

（4）严格规范党员管理工作，管理全过程录入“灯塔-党建在线”系统，不断夯实基层党建之基。

（二）推进党建经营深度融合

（1）推行“管理层级科学化”，党建工作融入决策。明董公司构建经理层契约化管理模式，支委会、经理层成员双向进入、交叉任职；各部门厘清职能、明确到岗、责任到人；同时，联合总监办开展合署办公，确保党建从顶层设计纳入生产经营轨道。

（2）推行“管理考核绩效化”，党建工作融入制度。明董公司建立完善党建工作制度，与生产经营制度同步修订；落实党建工作责任制考核，强化“一岗双责”，按制度管人；落实党支部千分制考核标准、评星定级实施方案，按制度办事，确保党建工作制度始终与公司实际紧密结合。

（3）推行“管理项目载体化”，党建工作融入执行。以党建“项目化”建设为统领，建立党员发挥先锋模范作用载体，通过党员干部亮身份、做表率、执行在一线，确保决策层意图在基层实现。

（4）推行“管理内容透明化”，党建工作融入监督。明董公司坚持党的群众路线，成立厂务公开领导小组、编制实施方案，设置意见箱、提供员工表达诉求渠道，设立现场监督公示牌、保障一线人员权益，确保党支部监督体系与企业监督体系深度融合，形成监督合力。

(三)党管人才建强队伍

(1)“选”——竞争与择优双剑合璧。在干部的选拔配备中,明董公司完善落实党管干部、选贤任能制度,编制干部管理办法,实行公开竞聘选拔机制,全力打造一支过得硬、扛得住、打得赢的干部队伍。

(2)“管”——教育、制度、监督三位一体。明董公司编发《干部管理办法》,全面落实经理层成员任期制和契约化管理制度;常态化开展廉政教育,完善廉政制度建设,成立党风廉政建设责任制领导小组、党风廉政建设和反腐败工作协调小组;设置监督管理意见箱、廉政监督哨,增强班子建设和队伍管理的针对性和有效性。

(3)“育”——机制与效果并蒂开花。明董公司通过开展“明董课堂”、谈心谈话、“师带徒、结对子”传帮带活动,助力青年员工在工程一线经风雨、见世面、壮筋骨、长才干。

(4)“评”——定性与定量全面考核。明董公司实行定性考核与定量考核相结合、领导评价和群众评价相结合的考核模式,坚持以经营业绩为导向,严在日常,考在平时,持续发力构筑企业人才高地。

二、2022年

(一)深化星级支部建设

五星支部评星定级是衡量一个党支部是否优秀的重要依据,也是衡量党员干部工作能力和水平的重要参考。明董公司着力建设五星级党支部,是加强党组织基层建设、提高党组织战斗力的重要保障,能够进一步提高党员的参与度和责任感,推动党员在各自的岗位上作出更大的贡献。第九党支部成立以来,依据山东省委组织部《关于在全省推行党支部评星定级管理的指导意见》,在班子建设、工作运行、党员管理、组织生活、基础保障、作用发挥六个方面,细致、规范地开展各项工作,着力打造政治坚定星、服务有力星、清廉正气星、支部过硬星、业务出彩星的五星级党支部。

1.打造“政治坚定星”

第九党支部坚持用习近平新时代中国特色社会主义思想凝心铸魂,严格落实支委会议事规则、“三重一大”决策制度实施细则等党建制度,共召开党员大会10次、支委会24次、组织生活会2次,开展民主评议党员1次、主题党日活动19次、集中学习19次、廉政谈话17次、谈心谈话4次、党课5次。

2.打造“服务有力星”

坚持开展“我为群众办实事”,建设党员活动室、新时代职工之家活动阵地,擦亮“高速高效、尽善尽美”党建品牌。组织开展“防暑防疫保稳促增”活动,为全线员工送上关怀。开展“尽美杯”篮球赛,拉近了干群距离。端午节联合诸城农商银行党支部走访慰问社区老党员,增进了干群感情。联合各地市交通局开展“情暖重阳节,爱满明董路”志愿活动,走访慰问敬老院老人,提升了基层党组织影响力。

3.打造“清廉正气星”

围绕规范权力运行,突出治权、规范用权,制定权力运行清单,进行风险点排查,建立问题清单,实行闭环管理,进一步营造氛围、健全机制、提前预防,推动清廉建设持续深化。贯彻落实中央八项规定及其实施细则精神,持续开展廉政教育,讲好廉政党课,常态化进行廉政提醒、廉政谈话,坚持以案促改、以案促治,一体推进不敢腐、不能腐、不想腐;发挥支部纪检委员日常监督作用,加强政治监督、纪律监督,督促党组织和党员贯彻落实党的路线、方针、政策和决策部署。

4.打造“支部过硬星”

(1)争当好书记。带头学习党的创新理论和路线方针政策,引领党员群众听党话、跟党走。躬身学习实践,争当行家里手,小事用心办、大事冲在前、难事顶得上,让支部党员群众信得过。广泛听取意见建议,带头维护团结,增强支部凝聚力。

(2)建设好班子。支部认真执行民主集中制,明确任期工作任务,制订年度目标计划,推动业务工作落地见效。支部委员相互包容支持,心往一处想、劲往一处使,以党务公开带动办事公开,落实党内事务公示制度,对发展党员、党费收缴及使用及时公开,透明化管理,赢得党员群众的信任和支持。

(3)锻造好队伍。坚持把政治标准放在首位,严格党员发展程序,把好“入口关”,发展积极分子5人、正式党员2人,开展明董课堂51期,从各方面提升青年队伍的综合实力。

5.打造“业务出彩星”

(1)抓牢质量安全保生产。党支部坚持把党建融入生产全过程,通过开展“党建+生产”模式,开展原材检测、“安全第一课”“党员身边无隐患”等活动,创建生产常态化监管;面对疫情实行常态化管控,实行“网格化”管理,备齐备足防疫物资,打赢打好防疫战。

(2)抢抓良好机遇促进度。①针对山东省土地政策收紧、项目土地手续办理滞后难题,联合地方交通局成立工作专班,每月召开一次协调调度会,历时5个月,组卷提前上报至自然资源部审查,88天创全省土地组卷第一名。②面对高密、诸城段取土场临时用地耕地占用税的问题,及时转变思路,依据征迁协议,经充分沟通,同意该笔费用(5000万元)由地方政府缴纳。③面对诸城段土源相对丰富,运距10km内无可用土类情况下,党员干部与当地政府密切沟通,多次协调,得到了地方政府的大力支持,历时半年将短运距的部分基本农田作为取土场用于工程建设。

第九党支部于2022年11月23日被建设管理集团评为五星级党支部,这既是上级领导对支部工作的肯定和认可,也是对支部工作的鼓励。支部继续发挥战斗堡垒作用,攻坚克难,顺利完成了2023年底全线通车的任务目标。

(二)明董廉政展厅

明董公司依托一体化“阵地平台”布局廉洁文化阵地,搭建“明廉-懂家-畅天下”廉政家文化展厅。“明廉-懂家-畅天下”廉政家文化展厅也是建设管理集团首个在建项目廉政展厅(图2-5-1)。

图 2-5-1　山东省国资委公众号发布明董公司廉洁文化展厅新闻

展厅由入党誓词、历史廉政人物、红色家风、警钟长鸣、时代楷模、廉洁文化、领导语录、不忘初心、VR 廉政九个部分组成，全面展示党的廉政建设成果和明董项目特色廉洁文化，旨在教育引导党员干部坚持用习近平新时代中国特色社会主义思想武装头脑，筑牢信仰之基、补足精神之钙、常思贪欲之害、紧绷法纪之弦。展厅建设贯彻落实了明董项目党建联盟指导思想，以资源共享、阵地共建为基础，依托一体化“阵地平台”布局，让特色廉洁文化在明董全线扎根（图 2-5-2）。

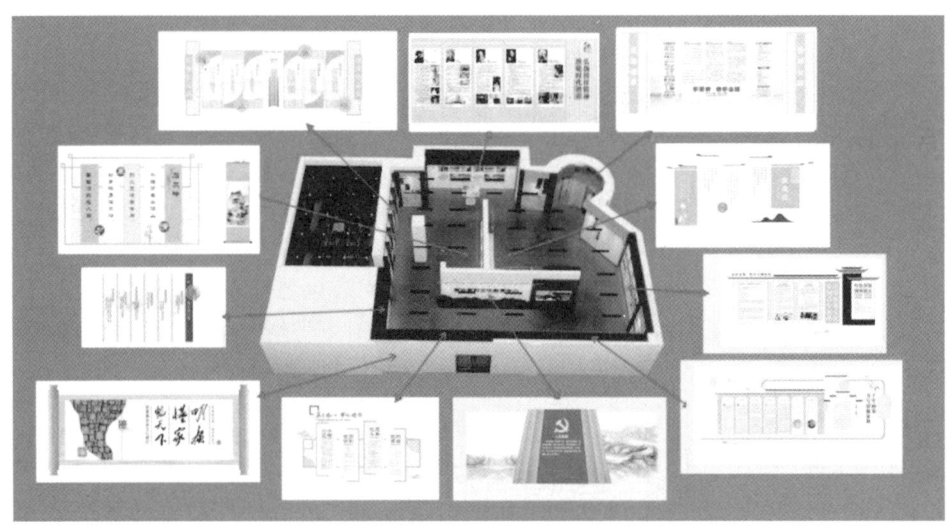

图 2-5-2　明董廉政展厅

第一部分：入党誓词入党誓词以红色为基调，以万里长城为背景，庄严大方、彰显党员责任与胸怀。

第二部分：千年画卷。千年画卷书写了清廉家风，将廉洁文化与项目所在驻地名人轶事相融合，突出项目当地文化元素，增强员工廉政建设的价值认同感。

第三部分:红色引领。固本培元,由革命元勋家风,引申到明董家风,阐述新时代家风和项目特色家风的培育与传承。

第四部分:警钟长鸣。通过3个贪腐案例,从廉政自律、六项禁令、反"四风"、人生七笔账等方面,让"手莫伸伸手必捉"的惩戒理念入脑入心,起到时刻警醒和警示作用。

第五部分:时代楷模。时代楷模是历史的镜子,每个时代楷模对清廉反腐都有全新的演绎和诠释,也是广大党员干部学习的榜样,指引着新时代、新思想下的反腐倡廉。

第六部分:廉洁文化。建设通过宣传弘扬俭以养德、厚德载物、公平公正、诚信务实、正气凛然、清正持身等传统优秀中国廉洁文化内容,时刻提醒我们要铸造修身养性、清正廉明的高尚品德。

第七部分:领导寄语。通过学习习近平总书记的"三严三实"重要论述,督促党员干部认真对照党的宗旨要求,查找自己身上存在的问题,受到警醒,得到提高。

第八部分:不忘初心、牢记使命。通过回顾六个过硬、党员权利、党员义务以及党的宗旨来激励党员干部不忘初心、牢记使命。

第九部分:VR廉政。打破传统廉政教育模式,利用VR(虚拟现实)技术,全要素呈现全国各地的廉洁文化教育基地实体内容,异空间360°还原现场体验。

(三)党建引领创新建设

2022年,明董公司青蓝创新工作室(简称"工作室"),被授予"山东高速集团劳模(职工)创新工作室"(图2-5-3)。

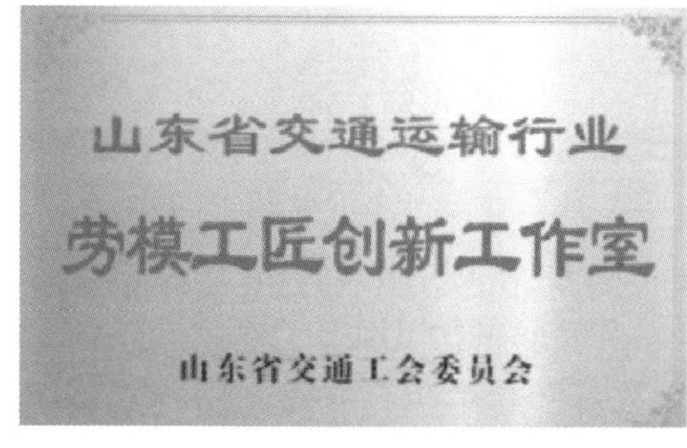

图2-5-3　青蓝创新工作室

工作室成立于2021年7月,以"弘扬劳模精神引领创新创造"为宗旨,以"出人才、出成果、解难题"为目标,致力于服务工程项目一线解决现场问题,积极发挥技术引领作用,营造劳动光荣的社会风尚和精益求精的敬业风气。团队现有成员20人,其中硕士研究生16人、大学本科4人,正高级工程师1人、高级工程师3人、工程师4人,35岁以下青年员工占68%。

工作室坚持"实践育人、制度育人"的人才培养理念,深化"导师带徒""骨干授课"的培养方式;紧密依托"劳模创新工作室"阵地,开展课题研讨、案例分析、技术攻坚、成果申报等科研、培训、交流活动,切实抓好职工"传、帮、带"。紧紧围绕新技术应用、新工艺掌握、新工法提炼,工作室深入施工现场,通过在项目上"教学练比"等现场技能切磋,把基层一线当课堂,把实践工作当教材，快速提升团队人员的技能素质，培养了一批岗位标兵、创新能手和专业型人才。

工作室实行创新带头人引领，成员集中研讨、分工协作的运行机制，以各技术攻关小组为支撑，针对工程项目施工中重点、难点问题，通过创新思考、深入研究，持续深入地开展技术攻关和“五小”发明等工作。参考汽车流水生产线，协同施工单位现场人员研发了一种智能预制小箱梁生产线，实现智能化“自行走”，大幅减少了预制箱梁生产的时间和人工成本。为了解决混凝土试件传统标识耐久性不足的问题，研发了一套混凝土构件智能标签装置，可供管理人员、施工人员、监理人员、检测人员协同使用、共享信息，方便结构构件的数据保留，为后期运维管养提供了保障。2022年5月，2个项目在第三届全国公路微创新大赛中脱颖而出，分获金奖银奖。

通过不断努力发展，工作室先后设立攻关课题（攻关项目）3项，总结归纳先进工作（操作）法3项，申报国家专利6项，获得市级及以上创新成果奖5项，解决企业生产难题2项，为项目创造经济效益700万元。经归纳总结，编印了《“五小”创新成果汇编》《降本增效手册》等，同时落实创新成果的跟踪、转化等工作，实现创新成果的资源共享和推广。

“青出于蓝而胜于蓝”。明董公司通过发挥工作室的引领作用，大力弘扬劳模精神、创新精神、工匠精神，激励全体员工立足本职岗位精益求精、创新创效，力争形成更多可复制、可推广的优秀科技创新技术成果，在青蓝携手、薪火传承中共同谱写明董项目建设新篇章。

三、2023年

（一）坚定不移全面从严治党

注重思想建设，开展“学习习近平新时代中国特色社会主义思想”专题组织生活会，提升引领力。履行全面从严治党主体责任要求，班子成员落实“一岗双责”，严格意识形态工作责任制，定期召开专题会议研究意识形态工作，牢牢掌握意识形态工作领导权。

净化政治生态，提升向心力。坚持党规党纪教育和警示教育并重，引导党员筑牢防线；全员签订党风廉政建设“责任书”和“承诺书”，完善监督约束机制，让主体责任落地生根；严格执行民主集中制，充分发挥党组织监督作用，为推进全面从严治企注入强大正能量。

落实制度治党，提升保障力。明董公司扎紧制度笼子，定期召开会议专题研究全面从严治党工作，签订全面从严治党目标责任书，运用“四种形态”，聚焦“关键少数”，完善廉洁风险防控体系建设，营造干事创业良好氛围。

（二）“青蓝”青年突击队助力项目建设

2023年是明董项目的通车年，明董公司围绕年度重点工作任务，组建了一支青年职工集体——明董“青蓝”青年突击队。“青蓝”青年突击队现有队员18人，平均年龄30岁，工程技术人员占比100%，是一支专业素质高、业务能力强、年轻化、精英化的队伍。

“青蓝”青年突击队队员紧紧围绕推进明董项目建设的主要任务，秉承“高速高效、卓越明董”建设理念，全体下沉项目一线，承担“急、难、险、重、新”工作任务，把学习贯彻习近平新时代中国特色社会主义思想主题教育成果转化为“当好交通先行者”的实际成效。

根据当前项目面临工期紧、任务重的实际情况，尤其是协调工作中剩余的征迁难点，明董“青蓝”青年突击队迎难而上，团结一心，细化各条征迁问题协调难点，从根源出发解决问题。在项目电力线迁改施工中，因迁改用地、地表树木评估等问题尚未解决，施工单位迁改工作迟迟难以推进。“那段时间，我们突击队扎根一线，积极落实迁改问题根源，协调地方政府帮助办理用地手续，沟通评估单位，挨家挨户走访铁塔基础占地涉及的农户，一天时间内完成23个基础的实地勘测、放线及评估。”明董项目协调处处长李天回忆，“施工单位也紧跟步伐，利用两周时间走访50余户村民，晓之以理、动之以情，协商电力通道下树木清障问题，快速消除了迁改施工阻碍，确保了3条220kV高压线顺利完成。”

明董项目2座涉铁转体桥作为制约项目的控制性工程，任务艰巨，且转体桥采用委托代建模式，铁路各单位间配合程序烦琐，涉铁施工管理协调难度大。为保证涉铁工程顺利推进，在四电迁改完成后，明董“青蓝”青年突击队立即联合济铁工管所、总监办、驻地办、主线单位、涉铁施工单位等，根据铁路施工节点情况，逐项分解任务，共同编制了转体桥24h不间断施工计划，并安排专人每天督导计划执行情况，每周定期组织召开工作例会，协调推进“涉铁工程”进度，分析存在问题。其间，受“两会”专列通行和春季铁路集中修建的影响，施工进度略有滞后，青年突击队员紧盯靠上，多方协调，为铁路单位争取了24h轮岗施工的条件。

在施工进度管控方面，“青蓝”青年突击队以竞赛方案为抓手，挂图作战，细化任务到月、周、日，落实网格动态管理，每10天召开一次进度调度会，及时纠偏，加大要素投入；在质量安全管控方面，“青蓝”青年突击队一抓源头、二控标准、三管过程，在确保项目质量安全形势稳定可控的前提下，营造了全线大干快上、进位争先的良好建设氛围。春季大干期间，明董项目投入设备1100余台（套）、人员3000余名，高峰日产值可达2300万元。

“青蓝”青年突击队突出问题导向和目标导向，拿出实招硬招、提速提效加快建设，保障明董项目顺利通车，在交通强省建设的新征程上当先锋、打头阵。

（三）努力扩大明董廉洁文化影响力

“明廉-懂家-畅天下”廉政家文化展厅入选“诸城市廉洁教育地图”，截至2023年底，已接待省督导组、潍坊市纪委、沿线地方政府、高速集团各单位等十余批次参观人员。

第三章

设计篇

第一节　路线方案比选，主线走向确定

一、路线方案比选

安全选线——速差控制、平纵均衡；
环保选线——不扰为上、少扰为本；
地形选线——态势吻合、总体协调；
地质选线——避让为主、处理为辅；
人文选线——文史保护、公益保障。

（一）安全选线

坚持安全至上，进行路线安全性评价，确保路线具有良好的安全性。

根据运行车速理论，进行线形设计安全性评价，进而优化路线设计，确保路线具有良好的安全性。

（二）环保选线

坚持围绕生态环境保护这一主题，进行路线多方案论证比选路线方案。

在论证比选时，不仅要着眼于路线和工程方案本身，还要将生态环境保护列为重要的比选内容，使得拟定的方案具有利于环保、技术可行、经济合理的优点。

（三）地形选线

坚持技术指标与地形条件相互协调。在保证行车安全的前提下，因地制宜选用技术指标，坚持路线与地形条件相互协调的原则，不片面追求高指标，不但节约了造价，而且能与周围环境很好地融合。

（四）地质选线

坚持按地质条件选线。在路线布线时，首先研究路线走廊内的地质条件，并坚持地质条件选线的原则，避免地质灾害，保障运营安全。

（五）人文选线

正确处理公路建设与自然景观、人文景观的关系。

在路线设计时，着力体现周围景观带的不同特点，并充分展现沿线的地域特色和人文魅力，不仅要做到与周围环境、景观的相互协调，讲求美感，还要有利于开发当地的旅游资源。

（六）其他

综合考虑路线与水源地、水利设施的关系。当路线经过水资源丰富的地区时，在方案选择中重点考虑对水环境、水资源的保护,避免污染,尽量减少对既有水利设施的影响。

充分考虑土石方平衡,做好土地复垦、弃方造地和恢复植被。当路线在途经丘陵区及山区时,工程建设中往往出现大填大挖的情况,在设计时要重点寻求开挖土石方利用的路径和途径,讲求土石方平衡。除了合理布设路线方案、恰当运用技术指标外,还要对"以桥代路"以及为减小边坡开挖率所采取的工程措施进行全面的评价比选。对于取土场应做好土地复垦和植被恢复设计,对于弃土场,首先应做好防洪设计,防止水土流失,进而做好造地工作,进行植被种植设计。

二、主线走向确定

(一)明村西枢纽至北胶莱河段

工可方案跨越G308后靠近三合山景区西侧布线,路线经前疃村东侧,于大小河子村西侧跨越北胶莱河。初设外业调查期间,结合地勘初步调查结果,发现工可线位处于三合山萤石矿、三合山铁矿范围内,开采范围内存在采空区。

经地勘调查并结合既有矿产资料,为尽可能避让萤石矿、铁矿的采空区范围,减小采空区对线位的干扰,将初设线位西移,路线经前疃村东侧,于大小河子村西侧跨越北胶莱河。该方案同时远离了三合山景区,可以减小对三合山景区旅游开发的影响。

(二)芦家庄子村至鱼池河段

工可方案路线自芦家庄子村西侧,向南经史家庄子东侧、徐家庄子东侧跨越鱼池河。在初测阶段发现,工可线位K16+900西侧有一新建的众心养鸡场,规模较大,线位离养鸡场最小距离仅为45m左右。同时,线位占压史家庄子新村楼房改造工程。

经优化,初设线位自芦家庄子村西侧,经众心养鸡场东侧,控制距养鸡场的最小距离150m,有效减少项目实施对养鸡场的影响。在史家庄子新村改造位置线位向西偏移,避让新村改造工程,尽可能减小线位对新村居民生活的影响。

(三)韩家庄至陈庄村段

工可方案在徐家庄村东侧以70°角度跨越胶济铁路,距离徐家庄村较近,同时跨越角度较小需要布设2×100m钢桥跨越胶济铁路,圆曲线最小半径采用3000m,线形指标较高,工程规模较大,距离村庄较近,对村庄生活质量有一定的影响。

初设方案调整了胶济铁路跨越角度至83°,可采用2×85m混凝土桥结构跨越胶济铁路,指标(最小曲线半径2300m)略低于工可线位,同时调整了线位与村庄距离,减少了对村庄的影响,通过对跨越胶济铁路的角度调整,跨越桥梁以混凝土结构取代了钢桥结构,大大降低了工程规模。

(四)山东头村至凤凰屯段

工可方案路线基本呈南北走向,先后经山东头村西侧、尹家宅西侧、跨沂胶路后从白庙子村和前店子村中间穿越，向南与济青中线在顾家岭西侧设置井沟枢纽互通。

在初设外业测量阶段，结合初勘调查，同时加强与济青中线设计单位对接，路线整体走向维持不变，仅在伊家宅南侧优化工可线位半径，由3000m调整至5600m一处，顾家岭处线位受控于济青中线井沟枢纽互通位置（济青中线已经通过评审，主线已经完成征地正在施工），交叉位置由顾家岭西侧调整至顾家岭东侧。

（五）凤凰屯村至南刘家村段

该段长约13.316km。工可方案由北向南布线，经凤凰屯南侧后上跨S102省道，后经常家疃东侧，马旺水库西侧穿越，终于王家村与刘家村间的高密市与诸城市的分界线处。线位与S102交叉角度为40°，同时需拆迁格瑞生态一角，并在常家疃村东侧拆迁较多坟墓。

初设阶段调整S102跨越角度至55°，同时避开了格瑞生态养殖范围，避让了常家疃坟墓的拆迁。

（六）青兰高速至G341段

工可方案跨越G22后向南布线，路线经陶家庄东侧、丁家庄西侧，跨过百尺河后经西公村东侧、崔家庄西侧，在东公村西侧再次跨越百尺河，从牛台山水库东侧库容区穿过，经湾村西侧，从汇发农业生态园西南部穿过，跨越G341后经斜里村东向南。工可线位经过4处文物遗址（陶家庄封土墓、陶家庄南遗址、丁家庄墓地和东公遗址）、牛台山水库库容区，两次下穿220kV高压线，需拆迁汇发农业生态园厂房。

初测阶段将路线调整至丁家庄和米家庄之间，两次跨过百尺河后经过河湾村北侧的小山丘，经汇发农业生态园东部边缘，跨越G341后经斜里村东向南。该方案避让了文物遗址、高压线，远离了牛台山水库，减少了对农业生态园及地方道路的影响。

（七）屯地村至保子埠村段

工可方案路线经屯地村东，之后拐向西南方向，与开城路相交，设置开城路互通立交（与开城路东端的重罗山隧道净距约1500m），之后路线继续向南，经白马社村西，之后下穿500kV超高压输电线路，经王家屯东后到达本路段终点保子埠村东。工可线位绕行较远，且所经区域主要为吉利河沿岸大片良田，并占压部分吉利河水库准水源保护区及吉利河准水源保护区。另外，工可线位部分路段平行占压吉利河水库供水管线，对供水管线影响较大。

初设阶段为减少路线绕行，并尽量少占良田，将路线往工可线位以东调整约1000m，于台家官庄村南下穿开城路，设置开城路互通立交（与开城路东端的重罗山隧道净距约500m），之后在陈家村南两次下穿超高压输电线路，经东十字路村东、王家屯村西后到达本路段终点保子埠村东。初设方案虽然两次下穿超高压输电线路，但较工可方案路线减短513m，且所经区域主要为山岭地，占压良田较少，对供水管线干扰较小。

（八）下穿青连高铁段

工可方案路线在泊里镇大溜村北下穿青连高铁，交叉角度约70°，且从大溜村中间穿过，需拆迁大片房屋。在初测阶段发现，下穿青连高铁位置已建成2幅预留道路（仅面层未铺筑，单幅净宽20.5m），交叉角度为90°，经了解此预留道路是为疏港二路预留的下穿道路。经与黄岛区相关部门对接，明董高速可利用此预留道路下穿青连高铁。

初设阶段，将路线以85°角度下穿高铁，既利用了预留道路，又避免了拆迁村庄，但是路线平面指标较工可线位有所降低，最小平曲线半径为1600m。设置跨胶新铁路段B1线、跨青兰高速段B2线和B5线、青兰高速至G341段B3线、东树山子段B4线、屯地村至保子埠村段B6线、正山堂茶叶基地段B7线和K线分别进行比较，其中B3线、B6线为同深度比较方案。

推荐线全长59.906km，设置了7条平面比较方案，研究总里程64.435km，占推荐线长度的比例为107.560%；其中同深度比较线25.270km，占推荐线长度的比例为42.18%。

（九）跨青兰高速段（K67+088-K80+610.56）

该段主要控制点是东侧辛兴互通和花园村、西侧百尺河、南侧有岳水河和申泰奶牛合作社、北侧东尹家庄村，本项目设枢纽互通连接青兰高速，互通区内青兰高速上半径20000m的凸形竖曲线也是一个限制性因素，结合互通立交方案，本段设置了K线、B2线和B5线3个方案。路线比较关系表见表3-1-1。

跨线比较关系表　　表3-1-1

名称	方案名	起点桩号	终点桩号	长度(km)
同深度比较线				
K线	K	K70+175.782	K130+508.000	59.906
B3	B3	B3K79+917.664	B3K93+043.348	13.126
	B3对应的K	K79+917.664	K93+323.287	13.406
B6	B6	B6K111 +543.375	B6K123+687.445	12.144
	B6对应的K	K111+543.375	K123+174.087	11.631
定性比较线				
B1	B1	B1K67+088.320	B1K80+610.561	13.522
	B1对应的K	K67 +088.320	K79+917.664	13.362
B2	B2	B2K78+198.625	B2K85+270.970	7.072
	B2对应的K	K78+198.625	K85+400.042	7.201
B5	B5	B5K77+888.132	B5K82+863.979	4.976
	B5对应的K	K77+888.132	K82+647.382	4.759
B4	B4	B4K93+399.217	B4K99+904.907	6.506
	B4对应的K	K93+399.217	K99+904.548	6.505
B7	B7	B7K103+917.251	B7K111+006.091	7.089
	B7对应的K	K103+917.251	K111 +233.843	7.317

K线在东尹家庄村东上跨青兰高速，设变形苜蓿叶互通连接青兰高速，经申泰奶牛合作

社东、金鼎园苗木基地西跨岳水河，后上跨S217，经祁家庄东，终于丁家庄村东。

B2线在东尹家庄村东上跨青兰高速，设双喇叭互通连接青兰高速，穿金鼎园苗木基地，上跨S217跨岳水河后，经祁家庄东，终于丁家庄村东。

B5线经东狮子口村东、东尹家庄村西，在百尺河东上跨青兰高速，设变形苜蓿叶互通连接青兰高速，经申泰奶牛合作社后跨岳水河，于东辛兴村东上跨S217，终于相谷村东。

优缺点比选：

（1）K线方案

优点：3个平曲线半径均为2800m，平面指标相对均衡；路线里程较短；拆迁少，对申泰奶牛合作社影响小。

缺点：与辛兴互通净距不满足要求，迁建或改造辛兴互通；与岳水河交角小，需改河。

（2）B2线方案

优点：路线里程最短；双喇叭互通规模小，能满足互通间净距要求，避开青兰高速上不满足视距要求的半径20000m的凸形竖曲线。

缺点：双喇叭互通功能匹配性较差、交通存在交织、绕行距离长、匝道设计指标较低；与岳水河交角小，需改河；拆迁金鼎园苗木基地。

（3）B5线方案

优点：能满足互通间净距要求，不需要迁建或改造辛兴互通。

缺点：平曲线最小半径为2000m，线位平面指标最低；路线里程最长；桥梁规模大；青兰高速半径20000m的凸形竖曲线不满足识别视距，需改造；距离东狮子口村、东尹家庄村较近，拆迁多，对村庄影响大；需拆迁申泰奶牛合作社。

结合互通立交方案，经综合比较，初设推荐K线方案。

（十）青兰高速至G341段（K79+918–K93+323）

K线方案跨岳水河、S217，经祁家庄东，于丁家庄和米家庄之间上跨拟建连接线，两次跨过百尺河后经过河湾村北侧的小山丘，经汇发农业生态园东部边缘，跨越G341后，终于斜里村东。

B3线是微调后的工可线位，路线跨岳水河、S217，经祁家庄东，于陶家庄和丁家庄之间上跨拟建连接线，跨过百尺河后经西公村东侧、崔家庄西侧，在东公村西侧再次跨越百尺河，从牛台山水库东侧库容区穿过，经河湾村西侧，从汇发农业生态园西南部穿过，跨越G341后，终于斜里村东。

K线与B3线、B3-K线方案比较见表3-1-2。

K线与B3线方案比较　　表3-1-2

序号	名称	单位	K线	B3线	B3–K
1	桩号范围		K79+917.664 K93+323.287	B3K79+917.664~B3K93+ 043.348	

续上表

序号	名称	单位	K线	B3线	B3-K
2	路线长度	km	13.406	13.126	-0.28
3	平曲线最小半径	m	2500	2000	
4	桥梁长度	m/座	1105/12	1830/11	725/-1
5	涵洞、通道	处	40	28	-12
6	天桥	m/座	134/2	134/2	67
7	填方	万 m^3	285.3	291.7	6.4
8	房屋	m^2	14536	13108	-1428
9	占地	亩	2217.7	2179.2	-38.5
10	造价	万元	189711.6	192599.7	2888.1
11	方案比较		推荐		

优缺点比选：

(1)K线方案

优点：平曲线半径均2500m，平面指标较高；避让了文物遗址、高压线，远离牛台山水库，减少了对农业生态园及地方道路的影响；工程规模小，造价低。

缺点：路线里程长，拆迁多，占地多。

(2)B3线方案

优点：路线里程短，占地少，拆迁少。

缺点：占压文物遗址、牛台山水库库容区；两次下穿220kV高压线；需拆迁汇发农业生态园厂房；工程规模大，造价高。

结合互通立交方案，经综合比较，初设推荐K线方案。

(十一)屯地村至保子埠村段(K111+543-K123+174)

K线方案起自大村镇屯地村东，于台家官庄村南下穿开城路，设置开城路互通立交(与开城路东端的重罗山隧道净距约500m)，之后在陈家村南两次下穿超高压输电线路，经东十字路村东、王家屯村西后到达本路段终点保子埠村东。

B6线是优化后的工可线位，路线起自大村镇屯地村东，之后拐向西南方向，上跨开城路，设置开城路互通立交(与开城路东端的重罗山隧道净距约1500m)，之后路线继续向南，经白马社村西，之后下穿500kV超高压输电线路，经王家屯东后到达本路段终点保子埠村东。

K线与B6线方案比较见表3-1-3。

K线与B6线方案比较　　表3-1-3

序号	名称	单位	K线	B6线	B6-K
1	桩号范围		K111+543.375~K123+174.087	B6K111+543.375~B6K123+687.445	

续上表

序号	名称	单位	K线	B6线	B6-K
2	路线长度	km	11.631	12.144	0.513
3	平曲线最小半径	m	2230	2000	
4	桥梁长度	m/座	525/7	291/9	-234/2
5	计价土石方	万 m^3	183.78	163.09	-20.69
6	房屋	m^2	695	1195	500
7	占地	亩	1433.64	1462.38	28.74
8	经过水源保护区里程	km	1.780	5.327	3.547
9	下穿超高压电线	次	2	1	-1
10	地方意见		同意	同意	
11	方案比较		推荐		

优缺点比选：

(1)K线方案。

优点：平曲线半径最小2230m，平面指标较高，路线顺直，较B6线短513米；路线经过区域主要为山岭地，占用良田较少；路线经过准水源保护区里程较短。

缺点：需两次下穿超高压输电线路。

(2)B6线方案。

优点：只需下穿一次超高压输电线路。

缺点：平面指标稍低，路线绕行较多；路线所经之地大部分为吉利河沿岸良田，占用良田多；路线经过准水源保护区里程较长。

结合互通立交方案，经综合比较，K线方案虽两次下穿超高压输电线路，但是路线顺直，占用良田较少，对水源地影响小，初设暂推荐K线方案。

初设阶段，设置芦家庄子村至济青高铁段A1、芦家庄子村至济青高铁段A4、跨胶济铁路段A7、初家社区段A9和K线分别进行比较，其中A1线、A7线为同深度比较方案，见表3-1-4、表3-1-5。

K线、A1线、A4线、A7线、A9线方案比较　　表3-1-4

名称	方案名	起点桩号	终点桩号	长度(km)
同深度比较线				
K线	K	K0+000	K70+708.717	70.709
	Z1	Z1K20+561.315	Z1K26+309.426	5.748
A1	A1	A1K15+900	A1K24+677.466	8.777
	A1Z	A1Z18+500	A1ZK23+397.907	4.898
	A1对应的K	K15+900	K24+831.487	8.931

续上表

名称	方案名	起点桩号	终点桩号	长度(km)
A7	A7	A7K30+791.053	A7K37+667.608	6.876
	A7对应的K	K30+791.053	K37+898.25	7.107
定性比较线				
A4	A4	A4K15+900	A4K24+977.957	9.078
	A4对应的K	K15+900	K24+831.487	8.931
A9	A9	A9K42+032.008	A9K52+782.358	10.750
	A9对应的K	K42+032.008	K52+365.194	10.333

K线、B1线~B7线方案比较　　表3-1-5

名称	方案名	起点桩号	终点桩号	长度(km)
同深度比较线				
K线	K	K70+175.782	K130+508.000	59.906
B3	B3	B3K79+917.664	B3K93+043.348	13.126
	B3对应的K	K79+917.664	K93+323.287	13.406
B6	B6	B6K111+543.375	B6K123+687.445	12.144
	B6对应的K	K111+543.375	K123+174.087	11.631
定性比较线				
B1	B1	B1K67 +088.320	B1K80+610.561	13.522
	B1对应的K	K67+088.320	K79+917.664	13.362
B2	B2	B2K78+198.625	B2K85+270.970	7.072
	B2对应的K	K78+198.625	K85+400.042	7.201
B5	B5	B5K77+888.132	B5K82+863.979	4.976
	B5对应的K	K77+888.132	K82+647.382	4.759
B4	B4	B4K93+399.217	B4K99+904.907	6.506
	B4对应的K	K93+399.217	K99+904.548	6.505
B7	B7	B7K103+917.251	B7K111+006.091	7.089
	B7对应的K	K103+917.251	K111+233.843	7.317

推荐线全长70.709km，设置了5条平面比较方案，研究总里程105.874km，占推荐线长度的比例为149.732%；其中同深度比较线15.337km，占推荐线长度的比例为21.69%。

(十二)芦家庄子村至济青高铁段

该段路线方案主要控制点有660kV超高压、官厅社区、新村改造项目、华侨小学、济青高铁等因素，基于以上控制因素综合考虑，本段提出K线与A1线进行同深度比较(表3-1-6)，同时提出A4线方案进行定性比较。

K线方案自芦家庄子西侧向南下穿660kV银东线后，沿史家庄子村东侧、徐家庄子村东侧布线，全长8.931km。

A1线方案自芦家庄子西侧下穿660kV银东线后，沿官厅村、坊岭村东侧布线，在跨越鱼池河，下穿济青高铁后与K线衔接，全长8.777km。

K线与A1线方案比较　表3-1-6

序号	名称	单位	K线	A1线	A1-K
1	桩号范围		K15+900~ K24+831.487	A1K15+900~ A1K24+677.466	
2	路线长度	km	8.931	8.777	-0.154
3	平曲线最小半径	m	2300	5500	
4	桥梁长度	m/座	716.5/17	835.5/19	+119/+2
5	涵洞、通道	处	33	31	-2
6	天桥	m/座	127/1	127/1	0/0
7	填方	万m^3	192.956	187.588	-5.368
8	房屋	m^2	12	807	+795
9	占地	亩	881.21	900.82	+19.16
10	大牟家镇意见		支持	反对A1线方案	
11	方案比较		推荐		

A4线方案自芦家庄子西侧下穿660kV银东线后，向东南布线，经大牟家镇官厅华侨小学东侧、南斜沟村西侧布线，在跨越鱼池河，下穿济青高铁后与K线衔接，全长9.078km。

优缺点比选：

(1)K线方案。

优点：占地面积较小；路线对华侨小学影响较小；布设位置符合地方发展需求；地方意见较为支持。

缺点：线位平面最小半径2300m，指标较低，距离史家庄子新村改造社区较近。

(2)A1线方案。

优点：线位平面指标较高；距离史家庄子新村改造社区较远；路线里程较短。

缺点：线位隔开了官厅村、史家庄子新村改造社区、坊岭村3个村和大牟家镇官厅华侨小学，且距离学校较近，对附近学生上学影响较大；依照大牟家镇发展规划，官厅村将会向东与南斜沟村合并发展，而A1线将两村隔开，不利于地方村镇发展；占地面积较K线大。

(3)A4线方案。

优点：避让了华侨小学和史家庄子新村社区，对附近居民生活影响较小。

缺点：线形较为扭曲，平面最小半径2000m，指标低，路线里程较长；隔开了官厅村与南斜沟村，与地方发展规划不符。

经比较，3个方案工程规模基本相当，A1线、A4线占地面积大且对华侨小学影响大，考虑到官厅村及南斜沟村向东靠近大牟家镇发展规划，初设推荐K线方案。

跨胶济铁路段(K30+791.053～K37+581.142):K线方案起于韩家庄东侧,北向南布线,于蔡站村东侧上跨胶济铁路,后经徐家庄村、马家庄村终于陈庄村东侧,跨胶济铁路处采用70°角度跨越,最小曲线半径为3000m,跨越胶济铁路采用2×100m钢桥跨越。

A7线方案路线走向与K线方案相同,仅在跨越胶济铁路处采用83°角度跨越,最小半径为2300m,采用2×85m混凝土桥跨越胶济铁路。K线与A7线方案比较见表3-1-7。

K线与A7线方案比较　　表3-1-7

序号	主要工程项目	单位	K线	A7线	A7–K	备注
1	路线长度	km	6.79	6.56	–0.23	
2	平曲线最小半径	m	2300	3000		
3	最大纵坡/坡长	%/m	2.0/1026.648	2/883.958		
4	桥梁					
	特大桥	m/座	1408/1	13401/2	–68/0	
	大桥	m/座	—	—	—	
	中小桥	m/座	129.5/3	129.5/3	0/0	
5	涵洞、通道	道	26	28	+2	
6	挖方	万m^3	0.621	0.601	–0.02	
7	填方	万m^3	103.242	96.431	–6.811	
8	路面	千m^2	137.078	131.678	+5.4	
9	防护排水	千m^3	6.520	6.488	–0.032	
10	占用土地	亩	729.3	740	+10.7	

优缺点比选:

K线方案高程、里程短,线位顺直,但受跨越胶济铁路角度影响,需做2×100m钢桥,总体规模较高;A7方案路线指标略低于K线方案,但跨越胶济铁路角度较大,可做2×85m混凝土结构桥,总体规模较K线低。

经综合比较,初步设计中拟推荐K线方案。

(十三)初家社区段(K42+032.008～K52+365.194)

K线方案从初家社区殷家屋子西侧穿越,经山东头村西、尹家宅东、终于季家屯。

A9线方案从初家社区殷家屋子东侧穿越,经山东头村东、三教堂村西、尹家宅东、终于季家屯和K线方案衔接。

优缺点比选:

A9方案避免了阚家互通设置对殷家屋子的封闭,但路线各项指标不如K线方案,路线里程较K线方案长约420m,同时互通的设置虽然避免了对殷家屋子的封闭,但需跨越五龙河,互通规模也相对较高,同时路线在殷家屋子东侧穿越与3道油气管线和2条高压线集中交叉,影响较大。

经综合比较,初步设计中拟推荐K线方案。

第二节　特殊地质路基设计

不良地质及特殊路基设计应遵循安全、稳定、经济、合理的原则，按照防治结合、综合治理的设计思路，将动态设计贯穿于整个工程建设的过程中，及时调整和优化设计方案，以保证处治方案的经济合理性和可行性，保障工程建设顺利实施。

全线不良路基主要有灌溉渠、排涝沟、水塘等淤泥质软土及采空区处理等。对于淤泥质软土，主要采用换填处理；对于采空区，采用强夯及注水泥浆填筑处理方式。

根据现场勘查，线路局部段落存在灌溉渠、排涝沟及水塘，水深度在0.5～3m范围内，塘底分布有淤泥质土和饱和粉质黏土。软土厚度约1.0m。路基处理方案建议将水疏导排出，面积不大时采用换填法，将淤泥全部挖除换填碎石。面积较大时采取抛石挤淤+强夯处理。

一、回填注浆

该方案施工工艺简单，施工速度较快，质量易控，但费用较高，工程数量一般现场确认，设计时需要有较大的宽容度。

二、加筋

可处理规模小，埋深较大，且停采多年，相对稳定的采空区；施工工艺简单，施工速度快；经济性较好，需多方论证安全性。该方法一般适用于普通路基段。

三、跨越

对直接处理难度大或经济性差的采空区，可考虑采用桥梁跨越的方案。

明董项目所经区域采空区埋深相对较深，沿矿脉产状呈多层分布，安全起见，拟采用回填注浆进行处理。具体方案如下：

(1)强夯。对于浅埋或裸露的矿洞，可采用翻挖强夯并逐层回填碾压处理。

(2)回填注浆。对于深埋的采空区，可钻孔灌砂、注浆。当水平向分布时，应进行帷幕注浆隔离加固，以降低工程投资。注浆采用水灰比1:1～1:1.4的水泥浆，并在浆液中加入水玻璃作为速凝剂，建议水玻璃掺量为水泥用量的2%左右。建议注浆压力1.0～1.5MPa，可根据现场实际情况进行试验性注浆，确定最终的注浆压力。

第三节　矮T梁通用图标准化设计技术研究

在各级公路中,中小跨径桥梁量大面广。10～20m跨径预应力混凝土空心板梁,因其具有建筑高度低、施工方便、工程造价低等优点,深受设计工程师喜爱。但此类结构受构造缺陷、施工不规范、超载车辆等因素影响,长期以来工程病害比较突出,难以符合安全、耐久、适用、环保的交通健康发展理念。山东省交通运输厅根据公路桥梁典型病害调研结果,提出限制使用空心板,在桥下净空高度能满足的情况下推荐采用T梁。

一、矮T梁标准化设计原则及目标

矮T梁通用图研发遵循如下原则:

(1)安全第一的原则。结构设计应满足现行标准规范的要求,充分重视国内物流业快速发展的现实,考虑低矮结构受力特点,合理选取构造尺寸,兼顾结构施工安全和使用耐久性。

(2)适度超前的原则。在满足国内规范基础上,积极、认真地吸取国内外工程建设的成功经验和失败教训,适度超前于现行规范;施工工艺、材料选用既考虑现有施工水平,又适度提高设计要求,促进相关产业技术进步。基于近年来规范对中小跨径桥梁设计荷载的不断调整,不再将公路—Ⅱ级荷载纳入结构验算。

(3)确保质量的原则。因通用图使用量大面广,编制时应优先选择适应面广,并在工程实践上要求迫切、方便施工及质量控制等关键性技术问题上寻求新突破。

二、矮T梁标准化设计关键技术研究

(一)矮T梁合理结构尺寸的研究

考虑到汽车荷载重型化,矮T梁应具有合理的建筑高度,以保证合理安全储备,确保行车舒适性和使用耐久性。现有常见预制板梁中,空心板、组合小箱梁因其建筑高度低,深受工程设计人员的喜爱。通过对空心板、小箱梁结构研究,在综合分析其截面布置、建筑高度、结构受力等方面的相互关联,探寻其细部尺寸拟定存在的规律,为矮T梁合理结构尺寸拟定积累数据。按照功能相当的原则,我们可知单榀空心板计算截面可近似等效为T梁。

利用传统T梁的优势,降低T梁的建筑高度,通过缩小板梁横桥向间距,可以实现板梁建筑高度降低。基于上述分析,各跨径矮T梁建筑高度取用原则如下:

梁高:$H=0.05L+0.1$(m)。L为桥梁跨径,m。

矮T梁梁高相较同跨径空心板结构,梁高作了有限提高,适当规避了空心板结构断面尺寸偏小、安全储备低的缺点。

(二)腹板厚度的拟定

腹板厚度取值与结构刚度需求、钢束布设方式、梁端锚具襟边、钢筋连接要求、板梁间距等有关。经计算后，跨中段时，10 ~ 16m 跨径按照 35cm 控制、20m 跨径按照 40cm 控制，全断面不设置马蹄。对于先简支后结构连续，考虑方便施工及钢筋连接质量，靠近梁端 1m 区域 10 ~ 16m 加厚至 60cm、20m 跨径加厚至 70cm，期间设置 100cm 长度作为腹板厚度过渡渐变。对于结构简支，梁端采用与跨中段相同截面，不设置加厚展宽段。

保证腹板合适厚度，可提高构件单梁刚度，控制梁板反拱幅度，提高通车舒适性。同时，方便施工振捣、钢束定位以及钢筋保护层厚度、钢筋净距控制等。先简支后连续结构，梁端腹板在梁端局部加厚展宽，可保证钢筋连接质量、降低后浇段混凝土施工难度。采用合理腹板厚度，梁端锚具可采用筒状深槽锚固，降低封端混凝土施工难度，有效保障梁端斜截面抗剪能力。对于先简支后结构连续，10 ~ 16m 跨径推荐采用普通钢筋混凝土连续，20m 跨径推荐采用墩顶设置负弯矩钢束连续。

(三)板梁间距及预制板宽的拟定

充分发挥矮 T 梁构造上的优势，适当增加矮 T 梁翼缘板宽，尽量控制湿接缝后浇带宽度，以求获得最大的偏心距并发挥钢束预压性能。矮 T 梁板梁间距受建筑高度制约，而且过大的板梁间距会导致板梁横向分布系数幅差增大。

基于发挥翼缘板受力性能、方便安装以及实现标准化设计、标准化施工需要等，矮 T 梁通用图预制板宽为 120cm，板梁间距介于 150 ~ 170cm。不同的梁距通过湿接缝宽度调整。考虑桥面板湿接缝横向钢筋连接要求，控制湿接缝的宽度不小于 30cm 也是合适的。板梁最大荷载横向分布系数，上述 2 个高等级公路常见断面，经计算基本相当，幅值相差仅 2.9%，说明按照上述原则拟定的板梁尺寸合理、适用。

(四)横隔板设置

横隔板道数(端、中)：基于计算分析及工程经验，10 ~ 16m 跨径设置 3 道，20m 跨径设置 4 道，平行于斜交方向布设。

三、矮 T 梁施工工艺要求

工艺要求如下：

(1)浇筑矮 T 梁混凝土前，应严格检查附属设施的预埋件是否齐全，确定无误后方可浇筑。施工时，应保证预应力束管道及钢筋位置准确，控制混凝土集料最大粒径不得大于 20mm。浇筑混凝土时应充分振捣密实，严格控制浇注质量。

(2)为了防止预制梁上拱度过大，存梁期不宜超过 90d。

(3)对于矮 T 梁预应力的施加工艺，应予以充分重视。预应力束管道的位置必须严格按坐标定位，并用定位钢筋固定，定位钢筋与空心板腹板的箍筋点焊连接，严防错位和管道下垂。

(4)采用智能张拉工艺,预应力钢束必须待浇筑混凝土达到设计强度、弹性模量90%后,且混凝土龄期不小于10d,方可张拉。当预应力钢束张拉达到设计张拉力时,实际引伸量值与理论引伸量值的误差应控制在6%以内。实际引伸量值应扣除钢束的非弹性变形影响。张拉完成后,孔道压浆应饱满。

(5)由于吊环吊装较难满足新版规范的要求,采用设吊孔穿束兜板底加扁担梁的吊装方法吊装。

四、矮T梁社会、经济效益分析

基于数个依托工程人工、机械、材料以及施工工艺的调研和分析,矮T梁具有施工快速、工艺简单、实体截面质量有保障等优点。既有运营公路T梁养护反馈信息,该类结构病害少、使用效果好,可预期矮T梁结构应有良好的使用性能。

山东省《中小跨径桥梁典型病害研究报告》揭示,空心板桥梁一般在运营后3~5年后出现病害,在运营8年前后就会出现大量的维修。数个通车项目养护费用统计显示,修复费用年约在14元/m^2。从全寿命周期成本考虑,矮T梁在安全性能、使用性能、耐久性能、疲劳性能、生态性能和服务性能上均优于空心板结构,基本可消除营运期维修带来的环境影响。

图3-3-1　矮T梁结构

矮T梁结构在桥梁结构高度受到限制的情况下,仍可通过缩小板梁间距,降低建筑高度(图3-3-1)。伴随着国内物流业的快速发展,早期修建空心板桥已经体现病害频发症状。应该说,对既有的空心板桥梁,矮T梁结构是其较好的维修替代品。

第四节　植物纤维毯防护设计

植物纤维毯是一项生态边坡防护和生态环境修复技术。植物纤维毯主要是将稻、麦等秸秆或大麻、椰壳纤维、杂草等作为基底,可在毯中混合草种、营养剂等机械加工成的植物纤维毯,用于控制坡面侵蚀并恢复植被的一种完全生态建设产品技术。植物纤维毯可以有效地起到保持水土的作用,保水保温、抗冲刷、防风固土,帮助植物快速成长,以起到保持水土和绿化的作用,最终植物纤维毯完全降解为养料进入土壤环境。

一、植物纤维毯技术特点

植物纤维毯最突出的特点体现在其生态、100%覆盖度,铺设后地表粗糙度、持水能力、吸湿重和截流能力等。植物纤维毯的悬垂性(黏附于地表的能力)使它们能够很好地贴近地面微地形。植物纤维毯的主要作用是在植被恢复前起保持坡面水土、促进植被恢复。

交通运输部科学研究院植物纤维毯课题研究表明:夏季铺设植物纤维毯后,可以降低地表温度30%以上,土壤平均含水量提高45%以上。同时,植物对控制土壤侵蚀过程非常有效,植物冠层、根、茎能够截留降雨、降低径流速度、增加地表粗糙度等。

二、生态护坡植物选用原则

植物起到防护效果同时,实现三季有花、四季有景;山东地区选用超20种植物种子,十几种配种方案,以适应不同边坡条件施工季节的防护工程。植物纤维毯具有以下特点。

(一)适应性强

适应当地气候,易成活,抗旱性强,耐瘠薄、耐粗放管理。

(二)防护性强

根系发达、茎叶扩展性强、抗土壤侵蚀效果好。

(三)周期性强

(1)生长周期短。生长快速,快速起到防护和绿化效果。

(2)生命周期长。多年生,持续起到防护和绿化作用。

(四)结构性强

(1)空间结构。植物根叶层次结构合理,深、浅根系搭配。

(2)时间结构。冷、暖季型植物搭配使用,长、短生长周期搭配使用。

三、边坡防护的施工方法

(1)刷坡。边坡土填方到位、挡排水实施安装完整后,先进行机械刷坡,再进行一次人工修坡,去除碎石、松弛土壤(图3-4-1)。

(2)铺设。播撒种子、肥料、土壤改良剂,铺设并固定植物纤维毯,施工简便快捷,2~3d即可完成一个路段的铺设(图3-4-2)。

图3-4-1　刷坡

图3-4-2　铺设

(3)固定。植物纤维毯采用U型钉固定,保持坡面平整,并且起到水土保持和抑制扬尘的作用(图3-4-3)。

图3-4-3　固定

(4)养护。施工完成后立即进行浇水养护,前期应始终保证土壤湿润,后期逐渐减少养护次数(图3-4-4)。

图3-4-4　养护

(5)植物生长养护。跟踪观察植物生长情况,及时做好除虫、补肥、浇水,确保植物成活率(图3-4-5)。

图3-4-5　植物生长养护

(6)后期养护。根据植物生长情况做好补种、除虫、打草等工作(图3-4-6)。

图3-4-6　后期养护

四、高速边坡常用防护形式

填方高度3m以上边坡最常用拱形骨架植草防护。该防护形式需要大量水泥制品，同时逐渐出现原材料成本上涨，施工效率较低，劳务队积极性差，植物成活效果不理想等问题，相比之下，植物纤维毯存在以下几点优势：

（1）环保优势。平均百公里减碳可超万吨；防护植物每公顷每年固碳15吨；抑制扬尘实现黄土不朝天。

（2）效率优势。施工效率提高5倍；绿化效率提高2倍。

（3）效果优势。100%覆盖防护；100%边坡绿化。

（4）价格优势。节约造价25%以上；原材价格波动小，成本可控。

第五节　服务区设计理念

自驾路上每个人都去过的地方，一定是高速公路服务区，它是自驾旅程的第一站，也是高速路上不可或缺的一站。高速公路服务区是高速公路沿线设立的一种公共设施，为高速公路行车中的车辆和乘客提供各种服务和便利。随着国民经济和社会生活的快速发展，高速公路服务区已经成为交通基础设施和旅游产业发展的重要组成部分。

明董高速位于青岛市和潍坊市之间，呈南北走向，途经青岛平度市、西海岸新区和潍坊昌邑市、高密市、诸城市。明董高速的规划建设为青岛、潍坊两市交通增加了南北大通道，为进一步完善山东省高速网主框架，提升路网整体效益，助推山东半岛城市群建设和胶东经济圈一体化发展等，都具有重要意义。明董项目全线共设服务区3处（醴泉、百尺河、桃园），服务区总建筑面积约19665m^2。醴泉、百尺河、桃园服务区作为明董高速公路上的服务休憩场所，是诸城市、高密市在高速沿线的对外城市窗口，具有广泛的文化宣传意义。明董高速服务区设计中融入的恐龙、凤凰文化及剪纸文化，都代表着地方文化的特色。明董高速服务区的建设旨在打造地标、网红服务区，吸引更多旅客到此驻足，休憩，消费，为高速沿线区域的产业宣传、产品销售提供一分力量。

一、总体设计理念

设计理念上，我们希望醴泉、桃园、百尺河3处服务区能在设计手法上形成一种对话、共情，因此用解构主义的设计手法对3处服务区的空间功能进行重构。解构主义起源于法国，是哲学家雅克·德里达用于批判语言学中的结构主义而提出的理论。解构就是分解结构再进行创新和重组。我们通过解构主义的手法突破传统服务区的设计，打破人们对于传统服务区的保守观念及认知，使建筑体块进行分解重构后，达到更加动感且更加舒展的建筑形态。明董高速服务区在满足服务区所具备的基础功能的前提下，更像是一个立在高速公路中的艺术作品，是当地的标志性建筑物，也是服务区所在城市的城市名片。

随着高速公路车流量的增加和社会经济文化的发展，人们对于出行品质的要求已经逐步提升。因此，社会对于高速公路服务区的要求，已经不能被基础公共服务的功能所满足。为满足当代社会对于服务区的需求，明董高速服务区在体现安全、高效、现代化、人性化的服务观念基础上，突出区域特色以及交通文化的现代内涵，更好地为经营管理者和公众提供“恰到好处”的服务，并对片区的经济文化资源开发起到助推作用。

明董高速服务区双侧总用地面积约396亩（1亩≈666.67m²），服务区设餐厅、客房、商场、加油站、会议室、健身房、汽修车间等，共包括综合楼（东区、西区各设1个）、汽修车间、汽车维修站、垃圾站（东区、西区各设1个）、加油站（东区、西区各设1个）、消防水池。

二、醴泉服务区

醴泉服务区位于山东省潍坊市高密市醴泉街道，地处高密市中部，东与高密市朝阳街道相邻，南连密水街道、井沟镇，西与昌邑市接壤，北接姜庄镇、夏庄镇、大牟家镇。醴泉服务区双侧总用地面积约132亩，双侧总建筑面积约6600m²。

醴泉服务区综合楼为地上一层单层公共建筑，室内外高差0.15m，建筑高度8.45m，耐火等级为一级，结构形式为框架结构，基础形式采用钢筋混凝土柱下独立基础。设计使用年限为50年。

在醴泉服务区设计方面，经研究选出了当地最具有代表性的文化，分别为凤凰、剪纸及现代文学，设计师将上述几种元素融入醴泉服务区的建筑设计之中。

高密市被称为凤凰之城。醴泉服务区设计的基础建筑形态为长方形，通过变形将长方形变换为平行四边形，使得建筑面向服务区入口的面得到延展，更好地达到迎客的目的。整个醴泉服务区建筑形态呈现为盘旋上升的状态，宛如飞起的凤凰一般，呼应了高密市作为凤凰之城的概念。同时设计了上人屋面，增加服务区户外活动空间（图3-5-1）。

醴泉服务区建筑户外台阶的设计灵感来自书籍。高密市作为著名文学家莫言的故乡，具有浓厚的文化气息；醴泉服务区建筑物台阶设计整体效果，宛如堆放的书本一般。

同时，醴泉服务区建筑立面采用了折面的设计，灵感来自高密文化中的剪纸，同时醴泉服务区建筑立面表皮肌理灵感也来自折纸，综合楼立面表皮肌理宛如由各个折纸组成。

图3-5-1　醴泉服务区

三、百尺河服务区

百尺河服务区位于山东省明董高速诸城市百尺河镇境内，镇内有一条百尺河，自东南向西北穿越境内，百尺河镇因此得名。

百尺河服务区综合楼建筑为地上二层，室内外高差0.45m，建筑高度9.45m，耐火等级为一级。设计使用年限为50年。百尺河服务区按民用建筑工程设计等级为二级，七度抗震设防，抗震设防类别为丙类，结构形式为框架结构，基础形式采用钢筋混凝土柱下独立基础。

百尺河服务区设计概念均来自百尺河。设计概念为破冰，灵感来自冬天结冰的河面。其整个建筑立面形态像破冰一般分解、整合得到类似于破冰的建筑形态(图3-5-2)。在建筑立面，设计师依旧采用了解构主义的手法，通过对建筑立面进行分解重构，丰富了建筑立面的空间形象。建筑立面跌宕起伏，错落有致，就像是河面上泛起的水波，整个建筑的立面就像是泛起水波的长河，呼应了百尺河的设计理念。为呼应百尺河的设计理念，设计师在综合楼立面区域，通过结合穿孔铝板的形式，利用绘画来展现出百尺河历史文化以及沿岸经济社会的发展。

图3-5-2　百尺河服务区

百尺河服务区规划设计采用了中置布置的方式。服务区综合楼位于整个用地中部，综合楼前侧为小型客车停车位，大型货车车位、畜牧运输车停车位及危险品车停车位，均位于小型客车停车位前侧，临近高速公路，建筑右侧也是小型客车停车位，建筑左侧及后侧为大型客车停车位，超长车停车位则位于整个用地最后侧，加油站位于整个服务区的出口处。该设计功能布局分区明确，人流与车流合理分流且互不干扰，整个服务区规划设计中流线互不干扰，且有利于消防、停车和人员疏散，可以保证人员及车辆安全有序地通过。同时，百尺河服务区规划设计中，建筑物、道路、停车位及景观可确保车辆转弯半径及安全视距满足相关规范要求，且已尽可能缩短停车位至服务区综合楼的步行距离，方便行人使用。

四、桃园服务区

桃园服务区位于山东省明董高速诸城市林家村镇桃园片区，地理位置优越，距离青岛市区30km，距离诸城市区25km。桃园服务区总建筑面积7808.27m²，容积率0.089，建筑密度8.9%，绿地率23.50%，停车位382个。

10月13日，2023美国缪斯设计奖获奖名单揭晓，明董项目桃园服务区荣获美国缪斯设计奖铂金奖。据官方资料显示，本届缪斯设计奖评委团来自全球38个国家的110名的各领域专业人士，共收到来自全球100多个国家/地区的6000多份参赛作品，共同参与本届盛事。

美国缪斯设计奖创办于美国纽约，由国际奖项协会（International Awards Associates，IAA）于2015年创建且主办，是全球创意设计领域颇具影响力的国际奖项之一，该奖项面向建筑、包装、时尚、产品等领域征集设计作品，缪斯设计奖是一项旨在为拥有精湛工艺转变范式的设计师设立的国际比赛，他们的独创性和透彻的观点令人称赞，并在此过程中重新定义了界限和范围，这就是他们以“缪斯女神”为名的原因。作为极具影响力的国际奖项，缪斯设计奖以严格的评审体系以及高质量的评判标准著称。聘选来自23个国家的全球著名创意和数字行业领先机构与专业人士作为评委，以各自行业的高标准进行评估，确保其公正性，旨在发掘和表彰建筑、室内、时尚、产品等设计领域的杰出者。

桃园服务区是通过现代解构主义的手法打造一个环形结构服务区，环形结构可将服务区的商业面最大化，同时建筑与景观充分结合，形成相扣的双环，将服务区场区的景观绿化与建筑融合为一个整体。

桃园服务区在设计上充分体现了地域文化，将诸城恐龙及桃园村文化融入建筑、景观及室内设计。明董公司于2022年2月组织诸城市交通局、文旅局、规划局、设计单位对桃园服务区的设计方案进行探讨，将诸城市“恐龙”文化融入服务区建筑造型。设计中运用多种弧形的玻璃幕墙，使旅客在休息时可以欣赏山间的风光。解构的手法使建筑更有独特性，造型的拼接、形式的变换宛如路途中明亮的灯塔（图3-5-3）。

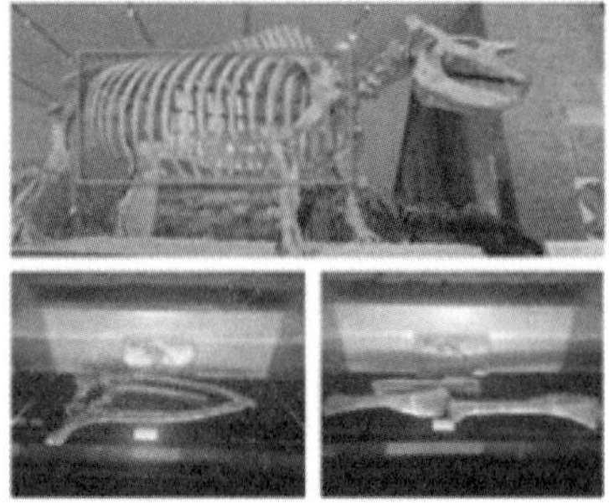

图3-5-3　桃园服务区

桃园服务区综合楼中间设计为椭圆形内庭院，创造出象征“舜帝文化源远流长”的内庭院景观，丰富了服务区体验空间，在高速线上创造出安静的室外空间。

20世纪60年代以来，诸城市先后发现了库沟、掘村、玉皇、臧家庄、侯家屯、薛家庄、焦家庄等30多个恐龙化石埋藏点，埋藏区域近1000km^2。经过3次有规模的发掘，共产出恐龙化石25000多块，发掘面积近2万m^2。诸城市因恐龙化石资源蕴藏丰富，而被命名为“中国龙城”。桃园服务区的设计灵感由此而生。建筑立面设计提取了恐龙骨骼肋骨化石的元素，建筑顶部与建筑立面杆件组合起来如同一幅巨大的恐龙骨架。整个建筑从平面上看就如同一只破壳而出的恐龙。

桃园服务区的另一个设计灵感取自桃林。建筑从人的视角看如同一片桃林。

为了更好地实现项目旅游及商业功能，桃园服务区室内的空间设计上有着更大更高的空间需求，对结构的设计提出了很大难度，普通框架结构很难实现大跨度设计。为解决这一难题，桃园服务区采用钢结构设计。

在结构选材上，桃园服务区以大面积的U形玻璃及钢结构为主，结构选材相对混凝土更加环保，对现场施工环境影响较小。U形玻璃具有理想的透光性、隔热性和保温性，从一定程度减少了整个项目能源的消耗，并且施工简便，对环境无影响。从建筑选材上体现绿色设计理念。

在景观设计上，桃园服务区有利于雨水的排放和收集，可有效组织区雨水的下渗、滞蓄、再利用；同时，设有专门的垃圾处理点，可对垃圾进行分类收集。

在建筑设计上，桃园服务区严格按照节能标准设计保温层、防潮层等。项目中所有门窗都采用65系列5+12A+5+12A+5中空玻璃PA隔热铝合金窗。门窗的气密性能、水密性能、抗风压性能均满足《建筑外窗气密、水密、抗风压性能检测方法》(GB/T 7106—2019)规定的标准要求。

桃园服务区地理位置优越，位于盛产茶叶的桃园经济生态区。为了践行国企担当，履行社会责任，明董公司与当地政府协商沟通后，增设行人出入口与村路相连，方便村民出售新鲜茶叶，实现从服务区到商业街区、从停留点到“高颜值”网红服务区跨越，有效助力地方经济发展和服务乡村振兴。

第六节 机电多功能一体化门架设计

明董项目机电工程在设计之初，就确定了“安全可靠、先进经济、优质高效”的原则，统筹考虑布局、入网等部署。同时兼顾细节，比如机电设备颜色要醒目，机电设备设计及采购时应选择外观搭配收费天棚的设备，同时应选取轻便小巧车道收费亭，收费广场配电箱罩棚充分考虑美观性等。施工单位进场勘察后，立即邀请专家组织开展联合设计，进一步完善优化了设计方案，为机电工程的实施提供了坚实可靠的保障。

多功能一体化门架(图3-6-1)是中交公路规划设计院有限公司设计专利的首次应用,将门架式信息发布屏和ETC收费门架合并为一组模块化多功能一体化交通门架,在降低成本的同时,也大大缩短了施工工期。

图3-6-1　多功能一体化门架

多功能一体化门架的设计成果已成功应用于明董高速,全线共设置13套跨半幅模块化多功能一体化门架,门架高8.5m,跨度约18.5m左右。整个横梁由3个标准段+2个调节段组成,横梁标准段、立柱采用HL7型号,主弦杆为ϕ140×6钢管,立柱为ϕ219×8钢管,每套门架总用钢量约14.8t;门架安装有监控摄像机、ETC收费设备、可变信息标志等设备。

本项目选取部分门架,将门架式信息发布屏与ETC收费门架合并,结合门架位置安装监控摄像机等设备,实现多功能一体化的效果。合并前若采用常规门架,需设置13套门架式信息发布屏和13套ETC收费门架,工程造价约1080万元。通过采用该专利技术中的模块化多功能一体化交通门架,将门架式信息发布屏和ETC收费门架合并为13套模块化多功能一体化交通门架,节省费用295万元。同时,门架加工厂按标准产品库预先制造,无需等门架基础完工后复测再加工。在明董高速已应用的部分中,直接经济效益合计节约345万元,节省工期约50天,成效显著。

(1)在"模块化"方面,主要包括基础、立柱、调节段和横梁4个模块,每个模块均设计了一定数量不同规格的模块型号。

交通门架的各模块进行模块化组合,如选择不同长度、截面尺寸规格调节段模块、不同截面尺寸规格的横梁模块若干节,以便适应多种车道、跨度和承重、风荷载、温度作用等荷载条件。通过多段横梁标准段的变截面设计,用不同结构承载性能的横梁模块,满足横梁不同位置的结构性能需求,减少横梁材料用量,减轻整个交通门架重量,并使横梁吊装与装配更加方便快速,提高了交通门架的安装效率。

制造厂家可根据交通门架模块标准产品库提前加工生产,施工时可直接从交通门架的标准产品库中选择使用,施工前只需针对调节段的长度进行选择和调整,可大大缩短交通门架的全流程施工周期。

(2)在“一体化”方面,将传统交通门架根据使用功能,分为标志交通门架和机电一体化交通门架两大类,可覆盖目前全部交通门架的全部应用场景。其中标志交通门架用于安装传统标志标牌;机电一体化交通门架用于安装LED可变信息标志及机电设备,机电设备为摄像头、ETC和5G基站中的至少一项,从而达到“多架合一”的效果。

本设计方案的应用,可大幅降低线路上交通门架的总数量,从而提升道路整体美观度,提高驾驶员在行驶中的视觉效果。同时,单个门架根据受力选择不同型号横梁标准段,最大化降低门架结构用钢量。这两方面的叠加,可大幅降低线路上交通门架的总用钢量,节省工程造价的同时,符合国家低碳经济、节能减排的政策导向,具有良好的社会效益。

该设计理念具有开创性,从根本上改变了原有交通门架的设计与建造理念,对提升交通工程附属设施工业化、标准化、产品化、装配化有显著促进作用,具有广泛的推广应用价值。

第四章

监 理 篇

第一节　组织架构

二级监理总监办如何提高工作效率

(一)完善组织机构

作为二级监理,总监办主要以管理为主,应该以监理工程师为主,监理员为辅。监理工程师应具备良好的业务能力、职业道德,并且具有一定的协调能力。根据工程项目的特点,建立一支敢于担当、勇于奉献的监理队伍。

(二)建立健全各项管理制度

建立一套好的管理体系和管理制度,是做好总监办工作的重要保障。要求管理体系明朗、规则清晰合理、各部门、各岗位职责明确、界面清晰、责权配套,能够充分调动各部门及部门员工的工作积极性。在管理体系的建立过程中,要适应建设单位(业主)所需要的管理体系、管理方法,加强与业主管理体系中各部门之间的沟通、协调。

(三)明确管理思路,充分发挥驻地办作用

总监办既要严格驻地办管理制度,又要充分发挥驻地办的实际作用。在总监办的统一指挥下,依靠驻地办进行现场管理,以努力提高驻地办的执行力为主导思想,高度重视驻地办的人力资源配置。

(1)履行合同职责。根据监理规范和监理合同,严格履行合同职责。

(2)工作突出重点。总监办在工作中要抓大事,抓主要的事,抓难度高的事。在对人的管理重点抓好驻地工程师和道路、试验、结构等几个主要的专业工程师。对大的事情要细,认真跟踪检查;对小事可放手驻地办解决;做好对驻地办工作的监督检查工作。

(3)总监办应定期或不定期对驻地办的工作成果进行检查,对检查中发现的问题限期整改,并对整改过程和结果进行跟踪,做到有检查、有落实,避免检查流于形式。

(四)依靠集体力量,更好地履行合同约定

总监办要严于律己,带头遵守职业道德,要求别人做到的事,自己首先做到。作为一个领导,就要有一定的权威和威信,这就要求总监办要比别人站得更高,看得更远,责任心更强,综合素质比别人更优秀。

(1)完善后勤管理,使监理人员无后顾之忧。公路工程监理流动性大,野外工作多,条件艰苦,总监办应将后勤管理,包括食、住、行等,当作头等大事来抓。

(2)组织内部营造良好的学习气氛,制定业务培训计划,督促监理人员加强业务学习,在实现个人发展的同时,优异地完成监理工作,使个人目标与监理目标结合。

(3)关心监理人员,深入了解监理人员实际存在的问题,努力帮助他们克服困难,使他们感受公司的关爱,激发出高度的责任感和工作的积极性。

对总监办来说,内部管理和对驻地办的管理都十分重要,在工程建设各方责、权、利不断合理、明确的发展方向下,只有不断积累经验、增强合同意识、提高管理水平,才能使总监办更有效地开展工作,更好地为工程服务。

第二节　质量管理

一、如何做好高速公路质量监理工作

公路工程投资大,建设周期长,工程建设环境复杂。作为工程建设的重要组成部分,监理单位在保证工程质量,提高工程效益方面起到了极其重要的作用。总监办作为一个独立的工程管理机构,从单纯地依靠行政手段,向信守合同、讲程序、讲科学的依法管理方向不断过渡发展。如何在新形势下更好地开展总监办工作,我们从明董项目总监办质量管理经验出发,将从下面几个方面阐述。

(一)千里之行始于足下,筑好前进的基础

(1)开工伊始,根据明董公司提出的合署办公优势,充分利用总监办各专业监理工程师的技术专长,将施工标准化落实落地,以交通运输部、建设管理集团对工程建设的标准、要求、工艺及流程等为基础,同时结合行业标准规范,下发一系列作业指导书,包括《桩基作业指导书》《路基土石方作业指导书》《桥涵台背回填作业指导书》《桥梁下部结构施工作业指导书》《预制箱梁、T梁作业指导书》等,通过作业指导书不断加强现场施工管理,提高管理工作的科学化、标准化水平,做到质量施工环环相扣、层层把关,抓好每一项工程、每一道工序,始终让质量处于受控状态。

(2)坚持"走出去,引进来",总监办积极会同明董公司到潍青高速公路、济微高速公路、济高高速公路等项目,学习先进的施工经验和做法,同时会同明董公司组织施工现场正反观摩会,让各单位互相交流,互相学习,取长补短,在项目中形成"比、学、赶、帮、超"的氛围。

(3)与明董公司以《高速公路施工标准化技术指南》为落脚点,高标准严要求,制定明董项目自己的标准《明董高速综合场站建设基本要求一览表》,明确了34项基本配置,场站基本建设要求实际高于施工标准化,综合场站集钢筋加工厂、混凝土拌和站、预制梁场、试验室于一体,集中工厂化布置,响应现代施工环保理念,降低粉尘污染,减少对周边环境影响,在钢筋加工厂中应用数控弯箍机、数控弯曲中心、钢筋笼滚焊机、焊接机器人等数控机械化设备,采用降低劳务工人使用率,实现生产作业高效、便捷。采用自动喷淋设施对梁体进行养生,保证了养护效果,在预应力孔道压浆时选用大循环孔道压浆设备,实现多个孔道同时压

浆设备，提高了工作效率又有效保证了压浆密实效果，全线设置场景丰富的安全体验馆，提高全体参建人员安全辨识，确保生产效率；综合场站以科技创新应用优化工程技术，采用高压微雾喷淋系统应用、防风抑尘网、拌和站除尘设备应用、龙门洗车平台应用、砂石分离应用等微创新，严格落实"六型山高"建设要求，打造明董高速品质工程。

（二）精益求精，打造明董质量品牌

（1）针对桥梁墩柱、盖梁蜂窝麻面、外观缺陷等外观质量问题，为有效提高明董高速混凝土外观质量，打造内实外美的优质工程，总监办组织开展了混凝土工程外观质量提升活动。首先，要求各驻地办和项目部从"首件工程认可制"向"件件工程首件制"过渡，对参加施工建设的每一个班组进行认可制，总监办从方案制定、实施，到首件总结会议、认可表签认、归档全过程严格按照程序执行。其次，为提高混凝土工程外观质量，杜绝混凝土质量通病，提高一次性合格率，提升项目标准化管理水平，严格执行模板准入制度。模板进场使用前，应进行试拼检查，重点检查材质、规格型号、试拼效果、适用性等并形成检查记录，防止由于模板间接缝不严有间隙，混凝土浇筑时产生漏浆或混凝土表面出现蜂窝、孔洞现象。最后，根据各班组施工质量情况，总监办组织对施工工艺、外观质量等进行专项验收，对不符合要求的班组进行清退处理，并要求各驻地办做好优秀班组登记制度落实，确保件件达到首件制标准，同时举一反三，避免类似问题重复出现。

在全体监理人员及施工人员的共同参与和努力下，取得了较好的成效，有效提高了施工质量水平，较大提升了混凝土外观质量，钢筋保护层厚度和钢筋间距等合格率达到95%以上，混凝土构件真正达到了内实外美的效果。

（2）2022年是明董项目的大干之年，但是高密段受取土影响，台背回填施工受制约严重，考虑到台背回填沉降时间问题，总监办改变思路，打破常规施工工序，要求优先填筑台背，为工后沉降留足时间。施工过程中部分项目部管理人员不理解，认为台背与路肩同步回填不仅能够保证施工质量且减少了路基台阶搭接工序，更是能够节省施工费用投入。总监办认识到这种思想势必会制约台背施工的正常进行，及时在施工现场组织管理人员，对过施工工序的比选及费用投入和质量保证等，进行细致入微的讲解，让现场管理人员认识到了优先填筑台背的优点，在项目后期各合同段台背回填质量均未出现因工后沉降造成的搭板下沉现象。施工顺序思路的改变，既保证了质量，又确保了项目建设进度。

二、品质工程

光阴似箭，岁月如流，弹指之间明董项目建设接近尾声。其间，团队成员在平凡的工作岗位上默默地努力奋战着，虽然遇到这样那样的难题，但总算能顺利完成各项工作。

工地试验室是现场施工中质量管理的前哨，是为控制公路工程质量临时组建的。在工程建设中，为了加强工程施工质量管理，建立健全工地试验室是至关重要的。通过试验检测，可以了解工程的进展状况，对不合理的部分及时做出改进；通过试验检测，可以对公路工

程过程中使用的材料、设备、技术等进行各方面检测，综合分析材料、设备、技术的特点，确定材料的正确配比，加强对先进设备、技术的运用；通过质量检测，可以对公路工程各部分进行质量控制，及时掌握与了解工程质量建设，通过检测数据分析工程进行方向，安排公路工程进度。工程检测验收是工程质量管理的关键。通过试验检测验收对公路工程进行整体科学分析，只有试验检测合格的工程才可以投入使用，出现错误的部分必须立即停止使用，重新开始修正建设，从而避免了安全隐患存在，确保了公路工程可以正常发挥功能。

(一)工地试验室标准化建设

驻地工地试验室位于山东省潍坊市高密市阚家镇双羊社区，试验室总面积约380m^2，设置功能室14个(集料室、土工室、水泥室、化学室、力学、混凝土室、沥青室、沥青混凝土室、外检室、留样室、样品室、养护室、办公室、资料室)，试验人员配置为试验工程师3人，试验员7人。功能室面积满足工程标准化建设要求，人员备案满足公路工程建设配置要求，仪器设备标定及时，可顺利开始试验检测工作。

2021年8月20日，二驻地办工地试验室顺利通过省厅执法局现场审核验收，如图4-2-1所示。

图4-2-1　工地试验室标准化建设

(二)施工材料检测

工程施工材料是试验检测机构的主要检测对象之一。在公路工程试验检测工作中，试验检测机构需要按照相关规范、规程和工程的实际施工需求和技术标准进行检测。在工程施工之前，试验检测机构需要对即将投入使用的施工材料出厂日期以及质量等进行检测。在施工过程中，试验检测人员仍然需要对施工材料进行抽样检测，从而对工程质量起到一定的保障作用。为保证原材料质量，驻地办安排试验人员入驻施工单位拌和站，对原材料实行“一车一检”制度。该制度的严格执行，能够有效控制原材料质量，保障了工程建设质量。

(三)标准试验

为使工程施工质量得到保障,需要在施工过程中对各方面内容进行试验检测。为了保证工程检测顺利进行,需要在工程施工之前对各种原材料的相关性能进行科学试验。当工程原材料各方面性能达到标准后,才能开始施工。例如,进行混凝土施工配合比检测过程中,需要检测其坍落度,根据检测出来的数值,判断其是否符合施工要求。当这些内容均符合要求后,还要结合施工现场环境等因素,进一步对施工材料做出选择。对工程施工过程进行跟踪监测,是保证工程质量的重要环节。而对工程材料进行标准监测,又是实施工程监测的关键性步骤。由此可以看出,标准监测可以在一定程度上保证公路施工工程质量。

(四)跟踪检测

公路工程跟踪检测是指当某个分项工程完成之后,试验室需要对其进行跟踪检测。跟踪检测内容包括工后保护层厚度、钢筋间距、混凝土强度、水稳基层7d无侧限等。跟踪检测可以从一定程度上促进公路工程质量的提升。

(五)施工参数检测控制

检测过程中,使用工地试验室配置设备,检测出路基路面弯沉、路面平整度以及混凝土强度等相关参数,这些参数可以使工程质量以及技术要求被反映出来,也是质量进行控制的关键的因素。

(六)提高试验检测人员专业素质

在工程项目建设的过程中,质量管理工作的开展与试验检测工作具有密切的联系,并且其检测水平也直接影响工程的整体质量水平。针对工程的质量管理需求,要求施工相关部门做好试验检测的配合工作。与此同时,有关部门也要积极做好对试验检测技术人员的培养工作,提高试验检测人员的专业技术水平,并积极开展和落实相关职业道德培养工作,让试验检测人员既具有专业的业务素质,同时也拥有良好的职业道德品质,从而客观地对待和落实好试验检测工作。

(七)加强现场质量管理

在工程质量管理中所采取的措施应该强硬有力,不能讲人情,不能拖泥带水。很多工程质量上不去的原因,就是管理不得力的人以及不得力的施工队伍,对于这种情况,要及时更换管理人员和施工队。很多单位往往过于重视速度和效率,而忽视了质量。

(八)试验检测验收

试验检测验收,是对交竣工的严格把关,通过试验检测方式判断出工程是否达标。在实施试验检测过程中,试验人员要具有严格认真的态度,若在检测过程中发现工程存在质量问题,应将这一问题及时通报给施工单位,施工单位做出科学整改,最终使工程质量达到标准。

总而言之，对工程项目建设来说，试验检测工作的有效开展是相关质量管理工作开展的重要基础。公路工程试验检测工作可以通过对施工材料、施工工艺、施工过程等因素的检测，促进工程质量的提升，缩短施工工期、帮助建设企业获得更多的经济利益，促进公路工程建设的良性发展。同时，在试验检测过程中，需要有专门的监督人员对检测过程严格监督，进而保证检测结果的准确性。

三、试验室管理

随着明董高速的交工通车，工地试验室各项试验检测工作也画上了完美的句号，伴随工地试验室2年多的试验检测人员即将踏上新的征程。回望工地试验室从建设到设备安装，再从投入使用到日复一日地进行各种试验检测，明董项目第四合同段的所有拌和站料场、操作室、桥梁、涵洞、路基、路面的每个角落，都洒下了试验检测人员辛勤的汗水和不畏辛劳的足迹，他们为明董项目高质量的建成通车作出了各自的贡献。

在公路工程施工过程中，试验检测是工程质量管理体系中的一个重要组成部分。建立健全完整的质量管理体系，是实现工程质量管理和全过程质量控制的必要手段。工地试验检测工作对于提高工程质量、加快工程进度、降低工程造价起到了极其重要的作用。工地试验室质量管控是实现上述目标任务的关键因素。明董项目三驻地办设有试验仪器设备和检测人员配置齐全的工地试验室，主要负责山东省路桥集团有限公司明董高速第四合同段项目部2个工地试验室和交安二合同的试验监理工作。这2个试验室分别为项目部工地试验室（负责二、三、四分部试验检测工作）和一分部工地试验室（分室）。各工地试验室于2021年8月20日顺利通过山东省交通运输厅工程建设事务中心现场核查，并颁发备案通知书。

（一）原材料质量管控

原材料质量是影响工程质量优劣的关键因素，是试验监理管控的重中之重。第三驻地办工地试验室自进场以来，对明董高速施工四合同段进场原材料、半成品、成品采取严格的质量管控，制定了一系列管控措施，用以管控和规范所有原材料进场质量，使工地试验室的检测活动有据可依、可查及具有可操作性，以保证工程质量稳定可靠优质耐久。

（1）针对用于永久工程的各类粗集料、细集料、钢筋、压浆料、水泥、锚夹具、钢绞线、支座、外加剂、沥青、矿粉、木质素纤维、波形梁护栏、标志立柱、标志板、反光膜、标线涂料等关键材料进场，必须附有供应单位的材料质量检验单、过磅单。项目部必须做好材料进场、使用登记台账，不符合要求的材料一律不准进入施工现场。

（2）要求项目部试验室必须安排具有原材料验收经验的专职试验人员不少于4人，负责验收、取样工作。粗、细集料进场后，项目部物资部门必须及时通知工地试验室初步验收进场材料，同时通知驻地办试验监理到场旁站见证验收和检验过程，先初步在车顶通过目测进行外观判断（包括规格、级配、大体料质、杂质、洁净程度等）并取样，卸车后整体目测（包括规格、级配、大体料质、杂质、洁净程度等），若发现不合格情况应立即清场处理，判断基本合格后进行取样（留存影像资料、填写取样单），同时核对过磅单确认进场数量无误后，由物资部门发起线上报验流程，试验室立即进行含泥量、密度、针片状颗粒含量、压碎值、磨耗值、颗粒级配、软弱颗粒有害物质含量等常规指标检测，整理原始记录计算检测结果并上传明董公司平台（图4-2-2，图4-2-3）。

图4-2-2　碎石材料进场目测初验

图4-2-3　水泥进场取样

针对关键材料，各规格水泥每车留样封存，组批检测；不同标号沥青材料进场，每车取样封存留样，并车车检测；各规格钢筋材料严格按规定的频率及时取样检测；交通安全设施钢护栏、标志等半成品材料项目部每车进场自检，驻地办同步抽检，发现不合格材料，立即退场处理，并建立退货台账定期上报总监办，对所有进场交安工程原材料，严格按相关规范要求的检测频率，检测项目委托检测，杜绝不合格材料进场（图4-2-4~图4-2-7）。

图4-2-4　沥青原材料取样

图4-2-5　钢护栏圆管立柱镀锌层厚度抽检

以上各类原材料进场验收和检测全过程，由试验监理旁站见证并签认，驻地办试验室均严格按规定的抽检频率随机取样检测。

驻地办试验工程师每天巡视各混凝土拌和站、水稳拌和站和沥青拌和站，全面掌握原材料质量情况，随时检查项目部进场原材料、成品及半成品的生产厂家、规格型号及储存场所，确认是否为已批复厂家、存放是否合规，并将材料厂家信息及时告知驻站试验监理，保证在工程施工过程中不出现未批复厂家产品。

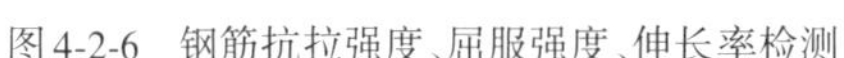

图4-2-6　钢筋抗拉强度、屈服强度、伸长率检测

图4-2-7　水泥28d抗折、抗压强度检测

(3)进场各类原材料、半成品、成品材料工地试验室无备案登记授权参数的指标，督促项目部严格按相关规范、规程规定和总监办要求，对检测频率及检测项目进行委托试验，建立外委台账，并及时取回委托检测报告审核确认(图4-2-8,图4-2-9)。

图4-2-8　驻地办试验室碎石颗粒级配抽检

图4-2-9　钢绞线总监办、驻地办、项目部三方外委取样

(4)水泥混凝土及各类混合料质量管控。

①第三驻地办工地试验室自进场以来，共完成28套水泥混凝土配合比、水泥砂浆配合比的平行验证和审批工作，混凝土拌和站生产过程随时抽查和督促项目部，加强对各强度等级混凝土的出机坍落度(图4-2-10)、浇筑前坍落度、和易性、保水性、保坍性等工作性指标的检测，发现混凝土坍落度损失异常、和易性差、离析严重等影响混凝土浇筑及硬化后质量的情况，予以作废，禁止使用，并立即召集相关人员分析原因以消除质量隐患，及时制备和检测各龄期混凝土试件抗压强度，确保混凝土各项指标满足规范及设计要求(图4-2-11)。

②驻地办工地试验室进场以来共完成4.0%水泥土、水泥稳定风化砂混合料、级配碎石混合料、水稳碎石底基层、基层混合料和LSPM-25大粒径透水性沥青碎石混合料、AC-25C沥青混合料、AC-20C沥青混合料、SMA-13沥青玛蹄脂碎石混合料、AC-13沥青混合料等粒料类配合比32套。混合料施工生产前，督促项目部工地试验室提前向驻地办上报拟施工段落计划，驻站试验监理复核检查各种原材料准备及检验情况，同时结合现场监理工程师确认的施工准备情况，均满足施工生产要求后签发开盘通知单，并确认拌和站机组水泥剂量、用水量、沥青用量及各种沥青混合料材料温度设定数据，确认无误后开盘生产，并督促工地试验室及时取样，按规定频率自检水泥剂量、含水率、混合料级配、混合料干密度、无侧限抗压强度试件制备（图4-2-12）、沥青混合料沥青含量、矿质混合料级配、马歇尔击实制件、混合料理论最大密及毛体积相对密度、稳定度、流值等各项室内混合料指标检测（图4-2-13）。

图4-2-10　桩基混凝土出机坍落度检测

图4-2-11　水泥混凝土恒温恒湿标准养护

图4-2-12　C50水泥混凝土试件28d抗压强度检测

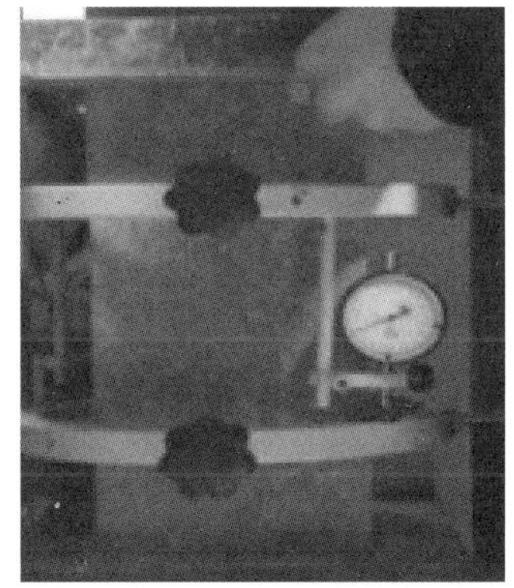

图4-2-13　箱梁C50水泥混凝土28d抗压弹性模量试验

（二）实体质量检测

（1）随着工程施工的开展，驻地办工地试验室随时督促项目部工地试验室及时按规定的频率进行路基工程、桥涵工程各项检测工作，至工程完工共进行路基用土标准试验检测829

批次、驻地办试验室抽检103批次，路基压实度检测10756次，驻地办抽检2638次，路基弯沉值（贝克曼梁法）检测上、下路床左右两幅共246845m，桥涵、通道地基承载力检测418次（图4-2-14）。

（2）驻地办安排专业试验师和驻站试验监理，随时对达到规定龄期的结构物标养试件进行抗压强度和场实体回弹强度检测，并对拆模后的墩柱、承台、预制箱梁、现浇箱梁、墙身、盖梁等结构物实体进行钢筋保护层厚度、钢筋间距、外观质量等指标检测，并建立检测台账，将检测结果第一时间反馈现场专业监理工程师及现场施工负责人，以便于现场监理、施工技术人员根据检测情况有针对性地调整施工工艺，提高施工质量（图4-2-15）。

图4-2-14　贝克曼梁法上路床回弹弯沉检测

图4-2-15　预制箱梁钢筋保护层、间距、回弹强度检测

（3）针对路面工程的施工过程，驻地办试验室严格按作业指导书和相关规范要求，对各种路面混合料和压实后实体质量从严管控，要求项目部工地试验室必须对水泥稳定碎石混合料及LSPM-25、AC-25C、AC-20C、SMA-13沥青混合料的检测频率，检测项目，取样代表性、及时性及操作准确性全面加强，对混合料压实度（灌砂法）、芯样完整性、底基层、基层厚度、透层、黏层、封层乳化沥青、SBS改性沥青撒布量、预拌碎石撒布量、现场取芯沥青混合料压实度（体积法、表干法）、厚度、平整度、渗水系数、构造深度等各项指标严格检测，发现异常应立即分析原因，并加以解决消除（图4-2-16~图4-2-19）。

图4-2-16　基层现场取芯完整性、厚度检测

图4-2-17　上面层厚度、渗水系数检测

图4-2-18　中面层平整度检测

图4-2-19　标线逆反射系数检测

(三)质量管理及内业资料管理

(1)第三驻地办工地试验室共下发监理指令26份,管理类通报、通知、批复、审核等文件39份,审批各类配合比报告76套,审批土工标准试验报告829套。

(2)驻地办试验室不定期检查项目部工地试验室内业资料整理情况,要求必须及时准确,各项试验台账、仪器设备使用记录等填写认真严谨,检测人员分工合理,随时对检测人员的业务能力、工作责任心、质量意识等职业素养进行考核,以保证工地试验室各项试验数据准确可靠。

(3)督促工地试验室必须严格按母体机构质量保证体系运行管理,及时进行各类仪器设备的核查、自校,试验检测人员的应知应会业务培训,以及试验仪器设备档案和人员档案等管理资料的整理归档。

四、明董高速工程“品质工程”建设报告

1.总体要求

根据明董项目所处环境及设计特点,找出工程质量控制的重点和难点,确定施工质量控制示范工点,制定和落实施工质量控制措施,建立质量管理关键人质量责任登记管理制度,推进施工工艺标准化,推进施工场站建设规范化,建立原材料和产品质量管理制度,严格执行专项施工方案论证审查制度,严格执行工序“三检制”,根据作业指导书的要求进行质量把控,积极进行技术交底,杜绝质量隐患,提高工程质量水平。

2.质量控制

(1)“三检制”落实

执行工序自检、交接检、专检“三检制”,建立三检实施台账。

①自检、互检是班组在分项工程交接前,由班组先进行的检查;也可以是分包单位在交给总包之前,由分包单位先进行检查;还可以是由单位工程项目经理组织有关班组长及有关人员参加的交工前的检查,对单位工程的观感和使用功能等方面易出现的质量疵病和遗留问题,尤其是各工种、分包之间的工序交叉可能发生成品损坏的部位,均要及时发现问题,及时改进,力争工程一次验收通过。

②交接检是各班组之间，或各工种、各分包之间，在工序、分项或分部工程完毕之后，下一道工序、分项或分部工程开始之前，共同对前一道工序、分项或分部工程的检查，经后一道工序认可，并为其创造合格的工作条件。交接检通常由工程项目经理主持，由有关班组长或分包单位参加。交接检是下一道工序对上道工序质量的验收，是保证下一道工序顺利进行的有力措施，有利于分清质量责任和成品保护，既可以防止下一道工序对上一道工序的损坏，又促进了质量的控制。

③专检：专业技术负责人或施工质量负责人对施工质量按《设计文件》《施工规范》《验收标准》进行验收，同时对工序质量的好坏予以评价。

实行"三检制"。自检要求做好文字记录，隐蔽工程要由分部经理组织项目技术负责人、质量检查员、班组长作检查验收，并做好较详细的文字记录。自检合格后报现场监理签字确认，隐蔽工程在监理工程师进行验收并做好隐蔽验收记录，签字认可后方可进行下一道工序施工。

自检、交接检突出了生产过程中加强质量控制。从分项工程开始加强质量控制，要求本班组工人在自检的基础上，相互之间进行检查监督，取长补短，由生产者本身把好质量关，把质量问题和缺陷解决在施工过程中。

(2)技术交底

①施工技术交底目的

为加强建设管理工作，需认真做好施工图技术交底工作。通过技术交底，可使各级管理人员和技术人员正确贯彻设计意图，加深对设计文件的特点、难点、疑点的理解，掌握关键工程部位的质量要求，确保工程质量。

规范施工技术交底，确保通过施工技术交底使施工人员了解工程规模、建设意义、工程特点，明确施工任务、施工工艺、施工方法、质量标准、安全文明施工要求、安全、质量、进度措施等，确保施工质量符合规定要求，实现工程项目安全、质量、进度目标。

工程施工前必须进行技术交底，交底记录作为施工管理的原始技术资料应妥善归档。技术交底应含以下内容：设计图、设计文件规定的技术标准、施工技术规范和质量要求、施工进度和工期要求、使用的施工方法和材料要求等。

②施工技术交底方式

a.技术交底应按不同层次、不同要求和不同方式，应使所有参与施工的人员掌握所从事工作的内容、操作方法和技术要求。技术交底必须有交底记录。参加施工技术交底人员必须签字，工程总体交底记录由项目工程部保存，现场技术交底由现场主管工程师保存，施工结束后再报送项目工程部存档。

b.施工单位的技术交底工作由项目总工组织，项目工程技术部实施，向各工区相关的技术人员、专业工程师进行书面交底。

c.工区的技术交底由工区技术主管组织，专业工程师实施，向工区所属的作业队的队长、队技术负责人、技术员、质检员、安全员、工班长及施工人员进行书面交底。

工区的技术交底必须交底到所有施工作业人员手中。进行技术交底时,应组织有关人员认真讨论,弄清交底内容;涉及已经批准方案计划的变动,应按有关制度报请上级批准。保证施工人员弄清,做到心中明确自己的职责、岗位、该做什么、怎样做。

③施工技术交底管理规定

a.技术交底工作由各级技术负责人组织。对于重大和关键工程项目,必要时可请上级技术负责人参与,或由上一级技术负责人交底。各级技术负责人和技术管理部门应经常督促检查技术交底工作进度。

b.施工人员应按技术交底要求施工,不得擅自变更施工方法。有必要更改时,应取得技术交底人同意并签字认可。技术人员、质检人员发现施工人员不按技术交底要求施工可能造成不良后果时应立即劝止,劝止无效时有权停止其施工,同时报上级处理。

④技术交底主要内容

在工程开工前,各级技术管理人员依据设计文件、施工组织设计及相关技术规范等资料,对班组各级人员进行技术交底。技术交底内容应包括:

a.承包的工程范围及其主要内容。

b.设计文件说明、施工图纸设计内容。

c.施工顺序和施工技术方案。

d.技术规范要求、使用的工法或工艺操作规程。

e.分部、分项质量验收要求和评定标准。

(3)首件工程认可制度

①目的和作用

以“预防为主、先行试点”为原则,以提高质量为目的,对首件工程的各项质量指标进行综合总结评价,对施工质量存在的不足之处分析原因并提出改进措施,贯彻以工序保分项、以分项保分部、以分部保单位、以单位保项目的质量创优保障原则,带动工程整体质量水平的提高。

a.由于建设工程的地域性,人员、材料、设备、工艺、安全环保要求等均发生了变化,这些变化将不同程度地影响到工程质量,通过首件工程,可以评价以上因素对工程质量影响程度。

b.通过首件工程的实施,便于施工单位施工工艺组合,总结经验,加强管理,为规范化施工创造条件。

c.通过首件工程的实施,可预见施工中遇到的各种问题,特别是解决有可能影响工程质量的各种因素,对出现的问题及时处理,可以减少施工单位的损失,避免后期返工。

d.通过首件工程的实施,进一步熟悉设计、施工规范和技术要求。

②具体工作

a.制定首件工程制或典型施工实施细则。

b.制定项目关键工程的首件工程或典型施工计划清单和实施过程记录台账,首件工程的实施总结内容完整、针对性强,首件工程档案齐全。

c.首件或典型施工实施成果申报审批,大规模推广。

d.首件工程认可制作为标准化施工工艺,在后续工程推广,后续工程标准不得低于首件工程。

③首件工程申报

在每个首件工程施工前,项目部应向监理提出该项首件工程施工方案,方案应遵循简单、具体、实用的原则。具体要求如下:

a.首件工程准备情况。准备情况包括:测量、材料、配合比、设备、人员等,人员应具体到该项工作的具体管理和实际操作人员。

b.首件工程目标。首件工程目标包括质量目标、工期目标、安全目标和管理目标等。

c.施工计划安排。每个首件工程应列出计划,包括开工时间、完工时间、每天的工作内容和完成工程量、设备、材料、人员数量等。

d.实施方案。实施方案包括:分项工程概况,施工方法及主要工艺,施工进度计划,质量保证体系,质量控制目标及试验检测项目、频率和方法,材料、机械设备等进场情况,施工组织、管理人员及施工人员配备,测量放线成果,批准的标准试验报告等。

④首件工程实施

a.首件工程实行项目经理负责制。首件工程开工前,项目技术负责人、试验负责人必须到施工现场指导施工,做到所有数据记录准确。首件工程施工机械设备使用前,应进行试运行,确保设备正常运转。

b.施工人员必须进行安全生产教育,在施工过程中严格按安全操作规程施工,杜绝安全隐患。

c.项目部对首件工程实施全过程进行记录,特别需要注意,在实施过程中的具体操作程序、人员到位情况、材料使用情况等均应有记录。所有记录均应为原始记录,在原始记录的基础上进行资料整理。

⑤首件工程验收

a.首件工程总结

项目部在首件工程完成后对该项工程进行自我评价,编写总结报告并附相关的检测资料及数据。该报告应包括:试验资料, 检测资料, 具体过程中的现场记录和施工工艺、工程照片、声像资料, 各项技术指标和参数是否满足规范等。

b.首件工程验收

验收参与的总监办、驻地办及施工单位各方,在验收之前召开验收准备会议,内容包括准备检验资料、确定流程、人员分工、验收方法、部位及数量等;现场验收后作首件总结,总结验收情况,验收时应验收分项工程的内业资料、现场结构尺寸、平整度、平面位置、压实度等,在整个验收过程中须留有文字及影像资料。

(4)监理验收制度

①抓好事前控制,严把开工关

在整个监理过程中,监理部坚持以事前控制和主动控制为主,依据合同和设计文件编制监理实施细则,制订具体的监理工作程序,明确工作内容、行为主体、验收标准及工作要求。本工程开工前,依据监理规范要求,驻地办审查了施工单位的资质,现场质量管理、技术管理组织机构、人员、制度及特殊工种操作人员的资格证书和上岗证等。依据承包单位报送的施工组织设计方案报审表,对施工组织设计进行了审查,审查合格后上报总监办进行批复,进一步明确了监理目标和要求,在每个分项工程开工前,驻地办进行事先验收,不合格的一律进行整改,整改合格后方可进行施工,通过事前控制,为监理工作的顺利开展创造了条件。

②严把原材料、半成品进场关

凡是进场原材料、半成品首先要进行书面材料检查,即查验合格证、检测报告等,符合要求后再进行外观检查,没有异常情况后再监理见证取样复检,做到材料进场先复检,不合格的材料拒绝用于工程上。

③严格工序检查,强化过程控制

在施工监督过程中,强化施工工序报验手段,做到先报验后施工,上一道工序未经验收合格不得进入下一道工序的施工,监理驻地办尤其重视对隐蔽工程的验收,现场监理人员对重点、关键部位进行了旁站监督并留取影像资料(如特殊路基的处理强夯、冲击碾压、抛石积淤,梁板预应力张拉、压浆,低填路基换填厚度、压实度,路面各结构层各项技术指标的检测,等等)通过以上验收手段,保证了施工各工序的施工质量。

第三节　安全管理

一、筑牢安全防线,为“品质明董”做好服务

随着明董项目工程施工进入收尾阶段,安全生产管理向健康有序的道路发展,驻地办始终绷紧安全生产这根弦,在预防和治本上狠下功夫,做到不留死角、不走过场,对查出的问题实行“零容忍”,确保本项目无任何责任事故的发生,使施工现场安全文明施工管理保持有条不紊、持续改进、平稳发展的态势,为项目通车打下了良好的安全管理基础。

(一)推行标准化管理,创新安全管理手段

项目开工伊始,山东路桥四合同项目部安全管理人员比较年轻,多数人员没有高速公路工作经验,不熟悉施工现场安全管理知识和安全技术知识,面对安全隐患和违规行为,不知道管什么、怎么管。驻地办首先做好安全生产条件核查,未达到安全生产条件的不允许开工,做到以点带面,全面落实《高速公路施工标准化技术指南》要求,把施工安全标准化落实到各个施工环节。

(二)狠抓现场安全检查工作,保持安全稳定态势

随着结构物全面展开施工,高空作业、交通导改、箱梁吊装、钢箱梁安装危大工程全部进入施工(图4-3-1~图4-3-4);“宁可不要第一,也要质量安全”这是驻地办监理工程师挂在嘴边的一句话。青兰高速钢箱梁施工队伍因进度压力,在导改未完善时违规施工。即使在“春季大干”进度最紧张时候,驻地办仍然要求项目部停工整顿,对施工重新进行安全培训及技术交底,切实保障现场生产安全。驻地办在驻地工程师带领下着重巡视开工点安全措施落实情况,督促项目部严格按方案落实施工防护措施,全面夯实安全工作基础;督促项目部落实安全生产责任,控制施工现场安全风险、强化施工现场安全管理;通过定期小结和总结,不断总结经验教训,全面提升安全生产管理水平,遏制了重特大事故发生,确保本项目无任何责任事故的发生。

图4-3-1 泥浆池安全围挡

图4-3-2 墩柱安全操作平台

图4-3-3 龙门吊自动夹轨器

图4-3-4 沥青路面限速措施、标志

(三)突出重点,严抓习惯性违规治理

习惯性违章已成为安全生产事故和人身伤害事故的最大隐患和罪魁祸首,杜绝习惯性违章是减少事故的关键。驻地办针对临时用电、个体防护、钢丝绳编织长度不足等方面的重复性、习惯性违规进行治理:①加强日常安全检查巡视;②督促项目部不要存在侥幸心理,加强现场管理,切实落实一岗双责;③加大处罚力度,对重复出现违规进行着重处罚;④对现场出现不合格电缆、钢丝绳进行收缴。

(四)通过教育培训提升全员安全责任意识

行业规范的更新与新技术的出现需要监理人员不断学习,驻地办将学习新规范、新技术视为常态化,统一思想,钻研业务知识,形成浓郁的学习氛围。打铁还需自身硬,驻地办每月组织不少于两次的内部学习,还会对培训情况进行定期考核。驻地办负责人定时或不定时地结合典型案例和课件开展培训、观看警示教育视频、安全生产月活动等,不断提高个人的综合业务能力,提升全员整体素质(图4-3-5)。

图4-3-5　驻地办安全培训、安全生产月活动

(五)以平安工地建设为载体,实现安全监理目标

驻地办以平安工地建设为载体,督促施工单位抓好事故隐患源头治理,加强安全生产管理工作,落实安全生产责任,提升安全管理水平,基本实现施工现场安全防护标准化、场容场貌规范化、安全管理程序化、安全培训教育经常化,使施工安全风险得到有效控制,创建"零伤亡"工程,全面提升安全管理水平。

驻地办建立以安全生产责任制为中心的安全激励约束制度,遵循"管生产必须管安全"的原则,实施全过程、全方位、全员参与的安全管理,形成目标、任务、职责、流程、权限互相协调配合的有机整体。通过安全监理管理,不断提高全体监理人员行为的安全性,使每一位员工都认真遵守各项规章制度,切实做到"不伤害自己、不伤害别人和不被别人伤害、保护别人不受伤害",确保工程项目施工能在保证安全的前提下顺利进行。

随着施工现场进入收尾阶段,各类重大安全隐患逐步减少。但安全管理工作是一项系统工程,是一项持之以恒、常抓不懈的工作,驻地办紧绷安全弦,坚守安全红线,为实现"品质明董"的目标全力以赴。

第四节　环 保 管 控

项目开工以来,在广大建设者的共同努力下,三驻地办励精图治、奋发向上,发扬连续奋斗的精神,有效地缓解和控制施工地区环境污染,促进环保事业的进一步发展,为保证工程的顺利进行,实现"品质明董"的终极目标而努力。

一、齐心协力，快马加鞭，在加快工期的前提下，全面保障环保施工

为高质量地完成明董高速的建设任务，驻地办明确创“品质明董”工程的目标，并制订了相关计划，发扬顽强拼搏的精神，精心组织和精心施工；严格执行各项验收规范，狠抓工程质量；严把原材料入场制度，严密控制和保证了工程质量；根据实际施工情况、结合改河改路打桩排水等存在污染的问题，采取标准化最少泥浆池，循环泵代替泥浆池等施工方法，达到了环保的效果。

二、环境污染普遍存在的问题及采取措施

驻地办及时督促施工单位对以下环境污染普遍存在的问题进行针对性的治理：

(1)对噪声较大的机械，在中午(12:00—14:00)及夜间(20:00—次日6:00)休息时间内停机，以免影响附近居民休息。

(2)施工期间粉尘(扬尘)的污染防治措施。

拌和站料场及采石场施工和施工车辆行驶会引起尘土飞扬，使附近的总悬浮颗粒物超过环境空气质量标准。注重环保工作应做好以下几方面：

①配备足够数量的洒水车，以保证将汽车行走施工道路的粉尘(扬尘)控制在最低限度。

②督促施工单位严格落实“一炮一机”的要求，做好洒水车及雾炮机的配备、使用，做到湿法作业。

③定时派人清扫施工便道路面，减少尘土量。对可能扬尘的施工场地定时洒水，并为在场的作业人员配备必要的专用劳保用品。对易于引起粉尘的细料或散料应予以遮盖或适当洒水，运输时也应予以遮盖。汽车进入施工场地应减速行驶，避免扬尘。

④施工期间水污染(废水)的防治措施。加强对施工机械的维修保养，防止机械使用的油类渗漏进入地下水中或下水道。施工人员集中居住点的生活污水、生活垃圾(特别是粪便)要集中处理防治污染水源，厕所需设化粪池。冲洗集料或含有沉淀物的操作用水，应采取过滤沉淀池处理或其他措施，使沉淀物不超过施工前河流、湖泊的随水排入的沉淀物量。桥梁打桩应先挖好泥浆池，做好围挡，待桩基完成后填土夯实，恢复原貌。保护好施工周围的树木、绿化，防止损坏。

三、加强环保管理，为工程正常运行保驾护航

驻地办按照上级有关要求，全面搞好环保生产的各项工作，使管理实现系统化、规范化、标准化。组织职工认真学习各项操作规程，确保安全生产和人身安全，加强对职工的宣传和教育培训力度，加大安全检查力度，针对发现隐患，及时整改解决。

(1)严格按照山东省交通运输厅下发的《山东省公路施工扬尘防治导则》等扬尘管控通知要求，督促施工现场严格落实扬尘管控措施。

(2)全面执行环保6个100%,要求并结合山东省《高速公路标准化技术指南》,本着“绿色公路”的施工原则,督促施工单位做好现场环保管理工作,对现场进行封闭式管理。

(3)继续督促施工单位对施工便道及时进行洒水处理,保证施工便道晴天不扬尘、雨天不泥泞。

(4)对施工现场的原材料及路基清表裸露土进行集中堆放,并要求用防尘网对堆积裸土进行全部覆盖降尘,增强现场人员环保意识,将扬尘治理责任落实到每个人。

(5)督促施工单位严格落实“一炮一机”的要求,做好洒水车及雾炮机的配备、使用。

(6)在抓好各项环保工作的同时,积极进行职工思想教育,加大环保生产宣传力度,增强全员生产意识和自我保护意识,提升文化素质,认真宣传和贯彻落实党和国家关于环保生产的各项方针政策,抓好各项环保专项整治措施的落实。

(7)“严”字当头,以人为本,建立健全一整套规章制度,全面加强内部管理工作,不断完善考核体系,确保安全、有效、满负荷运行。

环保工作驻地办将坚持“原始的就是最美好的”,强化环保生产管理,把各项环保管理工作落到实处,打造出一条“春花烂漫、夏紫荫浓、秋色绚烂、冬景苍翠”的绿色明董高速(图4-4-1)。

图4-4-1　绿色明董高速

第五节　合同管理

随着社会的不断进步,我国高速公路建设规模也在飞速扩大,但高速公路建设过程耗费时间长、消耗资金多、技术性强,其建设工作涉及前期勘察、分析研究、设计、施工等方方面面。因此,在工程建设中,相关的参建单位比较多,与工程相关的因素也特别多,使得高速公路的合同纷繁复杂,必须构建一个完善的合同管理体系,以维护高速公路工程建设实施,应对不安全因素,严格要求各参建单位在工程建设中形成良好的行为规范,确保高速公路工程建设能够正常、高效开展。

高速公路建设合同对合同双方在项目建设中的工作范围、内容等权利与义务作了非常详细、全面的规定,工程项目实施过程中的勘察设计、监理、施工等相关事项,都被纳入合同的规范之中。可以说,合同体系的建立与整个项目工程的进度、成本、质量、安全息息相关,贯穿于工程投标到竣工结算的全过程,在工程建设过程中起到关键性作用。加强公路工程建设合同管理,有利于维护合同双方的权益,避免双方在履行过程中存在争议,减少一些复杂的经济纠纷,为实现高速公路工程项目的健康、有序开展提供法律保障。

工程量分解是整个项目的重中之重,是项目工作的基础,也是确保后续工作顺利进行的必要条件。应对设计文件及图纸工程量与合同清单工程量进行复核。其步骤如下:各施工单位、驻地办按照《公路工程国内招投标文件范本》及合同文件的规定,分别对设计文件及图纸中工程量进行计算复核,并与合同工程量清单对比;双方达成一致后,总监办核准无误,报业主批准,作为计量支付的依据。其中,清单中未列的工程细目,若按《公路工程国内招投标文件范本》及合同文件的规定确需增列细目,增列工程细目的单价制定,原则上套用清单单价或相邻标段的相应单价;如不能套用,驻地办和总监办审核后报业主审计审批,增列于工程量清单,则由施工单位依据合同规定及有关文件重新制定。

驻地办计合部根据工程量清单和设计文件与实际完成工程量相比较,清晰了解合同款额与实际发生的款额之间的差别;通过现场测量,对分管此项工作的各监理人员进行严要求、严管理,杜绝提前支付的发生,并且审核施工单位上报的当月计量工程量确认单和中间计量计算书,核对相应的内业资料与工程量确认单,审核中间计量明细及清单支付报表,确保无误并签字后督促施工单位及时上传系统;在进行计量工程量审核中,严格按照拆分进行上报审核,发现不一致立即退回整改。在施工过程中,实际工程量可能大于设计工程量,但不等于实际工程量可以全部计量,而应根据计量规范的约定,正确计算应计量工程量。在审核过程中,严格把控现场与内业资料的同向进行,如发现现场未干或者不合格及资料不完整的情况,则不予计量。一系列的审核要求,使计量和合同管理工作得到了切实有效的控制。同时,把计量支付作为推动施工单位加大投入的经济杠杆,对保证工程顺利实施,起到了一定的促进作用。在投资控制上,驻地办采取积极主动的态度,对施工单位提出了具体的要求:凡与设计不符的,工程量发生变化的,都必须事先上报建设单位及总监办复核,并组织人员到现场实地察看、测量,力争做到实事求是、公正合理、计量准确,对于不合格工程,坚决不进行计量,从而维护了业主的利益。

建设工程监理服务费用是工程监理单位收入的主要来源,主要用于完成项目监理服务现场监理机构的直接投入、工程监理单位为组织监理生产经营活动而发生的间接投入、支付税金和工程监理单位发展基金及投资人应取得的相关收益等。必须按照合同,准确无误地及时上报,交于总监办审核。

自从接到中标通知书后,明董公司就积极筹措投入该项目的人员、设备等各项准备工作。正式进驻工地后,一边开展监理工作,一边搞驻地建设。监理办组织全体监理人员认真审核设计文件,并对前期各标准试验进行实地实物见证取样,使采集的各项数据资料真实、有效。同时,检查核实施工单位机械、人员及设备满足合同承诺后,才发布开工令。

在进度施工过程中,按照业主要求,计划分为总体计划、年度计划、各季大干计划及月度计划,要求施工单位严格按照施工节点上报到驻地办计合部进行审核分析。在审核过程中,发现存在不满足施工要求、重复编排施工计划的立即退回整改,严格按照业主下发文件要求及现场实际情况进行编排审核。每月根据年度计划及总体计划,要求审核四合同上报的月度施工进度计划，将审核过程中发现的问题反馈四合同限期修改，批复修改后合理、可行的计划，并在批复文件中提出施工过程中应注意事项。深入施工现场，随时掌握工程项目的进展情况，每月中旬检查月度施工进度计划的完成情况，对施工过程中重点部位、关键部位施工进度进行监督检查，若发现进度滞后，结合现场实际情况下发进度滞后提示性文件。

进城务工人员工资对工程施工而言，是极其重要的环节，建设工程领域是一个大量使用进城务工人员的领域，进城务工人员工资支付问题也一直是政府高度关注、涉及社会民生的问题，出现拖欠工资引发集体讨薪事件或者群体性上访事件，都会给施工项目造成极为不利的影响，所以在进城务工人员工资问题上，我们严格对各施工单位进行审核，组织召开进城务工人员专题会议。检查督促四合同进城务工人员工资管理及发放情况，督促四合同整理完善进城务工人员考勤表、工资发放表、欠薪隐患排查表、进城务工人员花名册、劳务队伍台账等各项进城务工人员管理资料，避免出现后续问题的发生，按期支付进城务工人员工资（图4-5-1）。

图4-5-1　深入基层了解进城务工人员工资发放情况，查看进城务工人员考勤表等资料

因本项目有2023年底通车计划，所以工期短，任务重。为了保质量和进度，建设单位和总监办调整进度计划，最终决定在保证质量的前提下，加快工程进度步伐。建设单位果断采取让施工单位加大人员、机械设备投入，延长作业时间的方法，加班加点，倒排工期，以日计划控制周计划，以周计划控制旬计划，以旬计划控制月计划，以月计划控制整个工期。在此期间，驻地办监理人员做到了全天候、全方位的质量跟踪监理，在施工期间接受社会监督，各级政府和各部门曾多次到施工现场进行检查与指导。

目前，我国高速公路建设工程合同管理体系日渐规范，管理水平也在不断提高，但与国际先进水平相比还存在一定差距。应着重对现阶段我国高速公路建设工程合同管理存在的若干问题进行思考分析，并提出相应的方法和措施，完善合同管理中的一些不足。通过工程项目合同的订立和履行，使高速公路工程项目中所进行的计划、组织、指挥、监督和协调等工作能够规范开展，促使工程项目内部各部门、各环节互相衔接、密切配合，提高工程管理水平，确保项目工程建设的顺利进行，从而达到高质量、高效益，满足社会需要，更好地推动高速公路建设事业向健康良性方向发展。

第五章

施 工 篇

第一节　路 基 工 程

桥头跳车目前已经成为高速公路较为突出的质量通病之一，它直接影响到通车运营后行车的舒适性和安全性。为了最大限度地消除桥头跳车和减少不均匀沉降，应从施工源头，也就是基坑和台背回填的施工质量控制入手，从材料选用、填筑工艺、过程监控等各方面严格把关，确保构造物基坑及台背的回填质量。

一、基坑、台背回填前准备工作

（1）基坑回填前要清理基底，必须清理干净、彻底，不得有杂物。结构物基坑回填须采用监理工程师批准的能够充分压实的材料和机具，不能用草皮土、垃圾和有机土等不适合的材料回填。

（2）台背填土施工时要先进行试验段施工。试验段施工开始之前承包人应向监理工程师提供详尽的试验段施工技术方案，经批准后组织实施。试验段应解决以下问题：

①能达到要求压实度的松铺系数，压实厚度；

②人员、机械的最佳组合；

③碾压或夯实遍数。

试验段完成后应及时总结试验成果，经驻地办审核、总监办批准后方可进行大规模施工。

（3）填土施工前，在台身背面用红油漆画出分层压实厚度标线，并在每条线上注明层数、厚度、台背回填的长度及宽度。

（4）台背回填前应将基础两侧杂物清除，并用压路机压实，压实度≥96%。

（5）液态粉煤灰浇筑前，如采用模板施工，应对支架、模板进行检查。模板内的杂物和积水应清理干净，模板如有缝隙，应填塞严密，模板内面应涂刷脱模剂。从高处向模板内倾泻混合料时，自由倾落高度一般不宜超过2m。

（6）未经监理工程师许可，不允许承包人擅自对结构物基坑进行回填。回填前施工单位和监理工程师必须留取隐蔽工程影像资料，且隐蔽工程必须经过监理工程师验收合格。

二、填筑材料的选用

1.砂砾或石渣

（1）砂砾或石渣粒径应控制在50mm以内，压碎值不应大于30%，同时级配要符合规范要求，否则应进行二次筛分，重新按照试验的掺配比例用拌和机拌和。

（2）砂砾或石渣中不能含有泥块或腐殖土等杂质，含泥量不宜超过5%。

2. 石灰土

(1)石灰的各项技术指标必须符合技术规范的要求,符合Ⅲ级灰以上。应尽可能缩短石灰存放时间;当在野外存放时,应覆盖防潮;生石灰应在使用前7~10d消解,并在使用前过10mm筛。

(2)土应选用塑性指数为15~20的黏性土及含有一定数量黏性土的中粒土和粗粒土,当采用土的塑性指数较小时,应添加一定数量的黏土。

(3)水采用饮用水即可。

(4)在使用前应根据设计要求配置土样,并进行标准击实试验,确定混合料的最大干密度和最佳含水率,同时配制相应试件以检验混合料的强度。

(5)为保证石灰土的均匀性,要求必须采用场外集中拌和,拌和后的混合料必须满足以下要求:

①混合料中土块的最大粒径符合规范要求。

②混合料中各种原材料用量计量准确。

③混合料拌和充分,色泽均匀,无明显生土块和石灰窝等现象。

3. 液态粉煤灰

(1)粉煤灰中的SiO_2、Al_2O_3和Fe_2O_3的总含量大于70%;烧失量不超过20%;比表面积宜大于2500cm^2/g;拌和前应将凝固的粉煤灰块打碎或过筛,同时消除有害杂质。

(2)水泥宜选用32.5级普通水泥,水泥应注意防潮。

(3)水选用饮用水即可。

(4)外加剂可根据具体要求配置。

(5)施工前应根据设计要求进行配比设计,各种原材料用量应以混合料试验强度确定;配料数量允许偏差:水泥为±1%,粉煤灰为±3%,水和外加剂为±3%。

(6)混合料采用机械拌制,最好采用强制式拌和机,拌和时间不少于3min;混合料应确保拌合均匀,保持一定稠度,不离析。

(7)外加剂应先调成适当浓度的溶液再掺入拌和。

三、基坑、台背填筑

(1)涵洞、通道台背填土两侧应对称填筑;台背填土的长度不得小于规范规定,即台身顶面处翼墙尾端不小于桥台高度加2m;底面距基础内缘不小于2m;拱桥台背填土长度不应小于台高的3~4倍;涵洞填土长度每侧不应小于2倍孔径长度。

(2)台背回填应采用大吨位压路机碾压,压路机达不到的地方,应使用高性能冲击夯进行夯实。压实厚度不得大于150mm,并应严格控制含水率,压实度要求≥96%。

(3)台背填土必须与锥坡填土同时进行,压实宽度应大于设计宽度50cm,保证锥坡密实坚硬;有条件者,也可安排与主线路基同步进行,但必须保证回填范围内的压实度及基本尺寸。

(4)为防止地面积水，基坑回填完成后应略高于地面5～10cm。

(5)为保证盖梁底下及护坡前区回填土体的压实与稳定，宜采用回填在先，盖梁在后的施工方法。先将桥头填压至盖梁底部高程，整平之后，再立模浇筑盖梁混凝土。个别情况若因施工紧迫，做不到时，对于盖梁底下无法压实的部位，应在坚实的土基上采用水泥砂浆砌块塞实的做法，而后再继续完成台前、台后的回填。

(6)液态粉煤灰浇筑时要注意：①混合料的运输能力应适应混合料浇筑速度的需要，使浇筑工作不间断；②混合料应按一定厚度、顺序和方向分层浇筑，在下层混合料初凝或重塑前浇筑完成上层混合料；③当温度低于5℃时，应停止灌注；④混合料浇筑完成后，对于台背应铺盖草袋或其他材料养护至少24h，保证强度增长，养护期间应严禁车辆、行人通行；⑤养护完毕后对回填处进行封层处理，封层施工完毕后应与台背顶面设计高程平齐；⑥液态粉煤灰强度满足7d不低于0.4MPa，28d大于0.6MPa；封层压实度不小于96%。

四、台背回填施工中的质量控制

1.基底的控制

基底范围内由于地表水或地下水影响其稳定时，应在基底顶面或其他适当的位置设置必要的排水设施，或换填不易风化的片石、块石、砂砾等透水性材料，防止积水浸泡基底。基底土必须密实，若基底为耕地或土质松散时，应在填筑前进行压实，压实度一般不得低于90%。水田、湖塘等地段的基底应视具体情况采取排水、清淤、晾晒、换填、掺灰及其他土加固措施进行处理。对软土、湿陷性黄土、多年冻土等适用于各自特点的特殊地基处理方法治理，如采取换土、强夯、固结、轻质路堤和粉喷等方法以改善地基，提高承载力，减少施工后沉降。对软土地基，由于现行地基处理方法一般未考虑到台背的过渡，往往构造物的处理与路基的分开，从而导致沉降无法避免。

建议：进行基底处理时，适当加大桥涵台背基础处理的范围，将处理措施发生变化的位置适当靠近路基填筑一侧，最好有大于5m的距离。做好桥涵台背路基的排水工作，避免路基水流对基底的浸泡和冲刷。

2.台背回填的厚度控制

回填厚度与压实机具有关，一般采用不同的压实厚度，用12~15t三轮压路机碾压时，每层压实的厚度不宜超过15cm；用18~20t三轮压路机碾压时，每层压实的厚度不宜超过20cm。当台背路基压实作业面狭小，必须选择小型振动压路机和振动夯实机相结合进行压实时，压实厚度不宜超过15cm，层层压实。

3.台背回填的填筑范围控制

台背回填的范围直接影响台背填料的刚度和变形的平稳过渡，范围过长，成本增加；范围过短，达不到过渡的要求，其填筑范围应从三方面进行控制：①有足够的长度，实现过渡段的技术要求；②从施工作业的方便、压路机的压实宽度进行控制；③控制好台背填土与已填路堤的良好结合所需长度。

4.台背回填的填筑材料的质量控制

台背回填的填筑材料质量的优劣是沉降发生大小的内因,在施工中要严格控制:对于非片石或非砂砾石的回填材料,要求用料粒径为5~10cm的匀细材料,填筑过程按每15~20cm的内分层填筑压实;对于片石回填材料,选料应为坚硬不易风化的材料,片石间缝隙和孔洞应用石屑和砂性填料填充,可每隔1m左右,采用水力充填砂砾石的方法填充材料,而后碾压或强夯。在条件允许的情况下,尽可能选择透水性好、易压实、固结完成快、后期压缩变形小的砂性土和砂砾土,也可使用改善土、加固土、碎石土和轻质填料等。

5.台背回填压实质量的控制

台背回填的压实质量是影响台背沉降的一个重要因素。在施工过程中,应尽可能扩大施工场地,以便使用大型机械的,并且大型机械在施工中受场地限制时可采用横向碾压;对于大型机械不能靠近台背时,可采用小型压路机,如手扶振动压路机、冲击夯等,但要确保不留死角区。

6.台背路基排水的控制

台背回填路基应比区间路基更加注重排水,施工时要保证施工中排水的坡度,设置必要的地下排水设施。成功的做法如下:①对基底做必要的处理后,填筑横坡为3%~4%的压实黏土拱,在土拱上挖一条呈双向坡的地沟,地沟尺寸一般可采用(40~60)cm×(30~50)cm;②在台背后全范围内满铺一层隔水材料,再在地沟四周铺设有小孔的硬塑料管,管径一般不小于10cm,小孔孔径为5mm,呈梅花形布设,间距10cm;③在塑料四周填筑透水性材料,直到路基顶面。若采用盲沟时,则取消其中的塑料管,而用大粒径的碎石填筑地沟,并用土工布包裹盲沟的出口。

五、提高认识,强化施工管理

台背回填施工管理是确保台背回填施工质量的关键。在施工中,应使用经有关部门批准的材料,并安排专门的质检人员及试验人员进行施工及质量控制,坚持行之有效的分工序检查验收,分层验收,时时把质量放在首位,让安全隐患消灭在萌芽状态。

第二节 路面工程

一、凝灰岩替代石灰岩在水稳摊铺中的运用

(一)背景

随着国家生态环保政策的实施,大量的石灰岩生产厂家因为扬尘污染等生态环保问题而关闭,造成石灰岩石料的供需矛盾日益严重,石灰岩难以保质保量地供应,这一问题已成为当前困扰部分省市公路工程的主要难题之一。目前,寻求一种储量丰富、质量稳定、性能

优良、价格适宜，各项性能满足要求的石料替代石灰岩，用于水稳基层的施工，是解决当前石灰岩石料短缺、保证工程项目进度和施工质量的有效手段。凝灰岩是一种分布广泛的火山碎屑岩，通过将凝灰岩替代石灰岩，调整不同施工配比，使其满足基层、底基层强度要求，是实现我国公路建设可持续发展的有效措施之一。

明董项目沿线多分布凝灰岩碎石，将凝灰岩作为水泥稳定碎石集料，将极大地降低工程成本，并解决常用石灰岩供应不足的难题，为确保高速公路建设质量、降低施工成本、提升施工技术水平提供有益的帮助。

凝灰岩作为一种天然火山灰质材料，当前主要用于水泥混凝土，但缺少凝灰岩的性能研究，特别是将其应用于道路基层的研究尚属空白。本项目研究通过室内试验对凝灰岩物理化学性质、力学性能与体积性能进行系统研究，进行凝灰岩水泥稳定碎石混合料配合比设计，并通过对凝灰岩现场施工，总结一整套凝灰岩水稳施工技术。该技术的实施可大幅降低工程成本，提升施工效率，有效解决了我国石灰岩难以保质保量供应的难题，对我国路面结构施工新技术的应用、设计理论的发展和施工技术的进步具有很大的实用价值和理论意义。

(二)高强凝灰岩水稳基层膨胀性控制及配合比优化设计

电镜试验揭示了凝灰岩碎石理化性能及微观结构，重点研究凝灰岩化学活性与碱集料反应引起的膨胀规律；开展多类型活性矿物掺合料抑制水稳层碱集料反应对比试验。基于水稳材料物理力学特性、收缩试验，分析活性矿物掺合料碱活性抑制效能，确定活性矿物有效抑制掺量，并提出不同养护期下凝灰岩水稳基层最佳配比与养护时间组合。

(1)对现场采集的典型凝灰岩进行微观试验分析，电镜试验揭示凝灰岩碎石理化性能及微观结构，研究凝灰岩化学活性与碱集料反应引起的膨胀规律。

(2)凝灰岩碎石基本性能试验研究。利用破碎机对凝灰岩进行破碎处理，使其成为再生集料，对再生集料的外观特征、粒径组成进行评价，通过物理力学试验对其表观密度、压碎值、吸水率等集料性能评价指标进行研究，获悉凝灰岩集料基本性能参数，为其在公路工程中的应用提供理论基础。

(3)多类型活性矿物掺合料抑制水稳层碱集料反应对比试验。按照《水工混凝土试验规程》(DL/T 5150—2017)集料碱活性检验中的混凝土棱柱体法进行试验，用粉煤灰和矿渣粉部分代替水泥，研究不同矿物掺合料对凝灰岩碱集料反应的抑制效果。试验分析凝灰岩棱柱体试件膨胀规律、掺加掺合料的棱柱体试件膨胀规律，基于数据分析确定矿物掺合料的有效抑制掺量、矿物掺合料的碱活性抑制效能。

(4)凝灰岩水稳基层配合比优化设计与力学性能试验研究。检查集料及再生集料级配，对混合料配合比设计展开研究，获取最佳矿质配比。本章由各试验测得采用不同水泥掺量及再生集料取代率时，制作而成的无机结合料稳定材料基层材料的最佳含水率及最大干密度具体值，选取静压法制备试件，用于其路用性能指标的试验，包括无侧限抗压强度试验、劈裂抗拉强度试验、抗压回弹模量试验和抗弯拉强度试验。

(三)基于智能压实的水稳双层连铺施工工艺

(1)现场设置水稳试验段,将含有凝灰岩粗集料的水稳碎石混合材料摊铺作业进行现场试验研究。振动压路机及凝灰岩水稳基层视为耦合系统,分析振动轮-压实体系统的动力学方程,从理论上解析了系统固有频率与压实度之间的物理关系。通过水泥稳定碎石基层现场振动压实试验进行验证,采集振动轮-水稳基层振动系统连续压实作业过程中的振动信号,结合信号处理技术及系统参数辨识基本理论,综合时域、频域、时-频域等方面对振动轮-水稳基层的振动响应进行分析。

(2)依托智能摊铺压实平台,结合设备基础信息库,实时获取推铺机、轮胎压路机与单钢轮智能振动压路作业位置、行进速度、压实遍数、振动频率、振幅等相关技术参数,匹配施工工艺标准,建立摊铺压实机械施工工序红线,指导第二台摊铺机摊铺工艺参数。总体实现对摊铺机摊铺质量、压路机压实程度、压实均匀性等控制,总结形成一套基于智能压实的水稳双层连铺施工工艺。

(四)总结

通过室内试验对高强凝灰岩水稳基层进行膨胀性控制及配合比优化设计,并通过凝灰岩水稳现场施工,研究了一套凝灰岩水稳施工工艺,实现了以凝灰岩代替石灰岩生产水泥稳定碎石的可能,丰富了凝灰岩水泥稳定层理论与方法、填补了相关技术标准空白,对我国路面结构施工新技术的应用、设计理论的发展和施工技术的进步等都具有一定的实用价值和理论意义,对加快推动我国交通基础设施建设健康科学持续发展产生重大影响,对于缓解石灰岩短缺、降本增效、打造明董品质工程、提升生态环境具有重要意义。

二、上面层摊铺

秋天的明董高速依旧是一片绿色,中午的现场仍延续着夏日的火热。热火朝天、如火如荼的施工现场,摊铺机与压路机穿梭往来,工人们干得热火朝天,路面上白烟升腾而起,机械的轰鸣声不断回响。在路面摊铺现场,每个设备和每个人都有自己的任务。

(一)摊铺机操作工

(1)摊铺配置1台天顺长城SP1860-3型高密实履带摊铺机,摊铺前提前1h预热熨平板,使熨平板充分预热后开始作业。熨平板温度应在100~150℃,在加热过程中应对熨平板的加热温度和均匀性进行多部位检测,尤其要注意对熨平板端部的检测。该部位是温度提升的薄弱环节。若检测的温度不满足要求,应采取相应的措施。

(2)铺筑过程中,熨平板的振捣或夯锤压实装置具有适宜的振动频率和振幅,以提高路面的初始压实度。熨平板加宽连接应仔细调节至摊铺的混合料没有出现明显的离析现象。

(3)在摊铺机后铺设彩条布,将施工机械均停放在彩条布上,在彩条布上将各种施工设备(如压路机的水锈、泥污等)清理干净。

(4)在熨平板加热的同时,使摊铺机就位,根据混合料的松铺厚度在熨平板的下方垫上相应厚度的木板,熨平板落下就位,计算机操作人员对平衡梁进行调试。

(5)摊铺行进速度根据拌和机产量、施工机械配套情况及摊铺层厚度与宽度等实际情况调整,摊铺机应调整至最佳工作状态,调试好螺旋布料器两端的自动料位器,并使料门开度、链板送料器的速度与螺旋布料器转速匹配,螺旋布料器应不停顿地转动,料位高于螺旋2/3且位置稳定,并保证在摊铺机全宽度断面上不发生离析现象。

(6)起步阶段是摊铺机稳定性较差的阶段,因此摊铺机起步以后,必须及时进行松铺厚度的量测,根据量测的数值与既定松铺厚度的关系,及时对摊铺机的平衡梁进行相应的调整。摊铺机必须缓慢、均匀、连续不间断地摊铺,不得随意变换速度或中途停顿,以保证平整度,减少混合料的离析。当发现混合料出现明显的离析、波浪、裂缝、拖痕时,应分析原因,予以消除。

(7)摊铺机料斗的两侧各安排专人指挥料车倒车、起顶、落顶,同时进行机前处理,对料车遗落和摊铺机收料斗洒落的混合料及时进行清理。

(8)摊铺过程中,安排专人在摊铺机后方负责混合料摊铺厚度及摊铺温度的量测,量测的数据需实时向计算机操作人员进行反馈并如实进行记录。摊铺现场安排专人记录摊铺温度和初压、复压、终压温度,记录真实数据为试验段总结提供依据。

(二)压路机操作工

1.碾压工艺

压实分初压、复压和终压三个阶段。

沥青混合料的碾压采用配套的碾压机具:双钢轮振动压路机3台,小型振动压路机1台。

(1)初压:采用2台双钢轮压路机累计碾压2遍,第一遍前进静压、后退振动,第二遍为前后振动碾压。静压速度1.5 ~ 2km/h,振压速度3 ~ 5km/h,初压沥青混合料温度不低于160℃。

(2)复压:采用2台双钢轮压路机振动碾压4遍,压实速度为3 ~ 5km/h,复压沥青混合料温度不低于140℃。

(3)终压:采用1台双钢轮压路机静压直到消除轮迹,速度控制在2 ~ 3km/h。终压结束时沥青混合料温度不低于110℃。

2.碾压操作注意事项

(1)对初压、复压、终压段落设置明显标志,便于压路机操作工辨认。对碾压顺序、压路机组合、碾压遍数、碾压速度及碾压温度设置专岗管理和检查,避免“漏压”和压实不够的情况。对边角部位采用小型振动压路机把混合料充分压实。

(2)应紧跟摊铺机碾压,折返时应阶梯形停机,不得采用首尾相接的纵列方式,碾压应从外向内、从低向高慢速均匀来回交替碾压,前后两次停留地点相距10m以上,并驶出压实起始线3m以外。

(3)压路机不得在未压实的铺筑层上转向、掉头。

(4)不允许在已经压实而未冷却的沥青层上振动行驶。

(5)横缝的碾压:应先用双轮压路机进行横向碾压,碾压时压路机位于已压实的混合料层上,伸入新铺层宽度为15cm,然后每压一遍伸入新铺层15~20cm,直到全部在新铺层上为止,再改为纵向碾压。对横向接缝碾压时,前进应是静压后退振动,避免前进开振造成接缝处下凹引起接缝处的平整度偏差。

(三)普工

(1)摊铺之前,用鼓风机吹除表面杂物。对于有泥土污染处,用高压水枪进行冲洗。

(2)沥青混合料出厂时,逐车检测沥青混合料的质量和温度,记录出厂时间。

(3)摊铺机起步之前,先在摊铺机熨平板下垫钢板。

(4)沥青混合料运至现场后,应及时检测沥青混合料的出场温度和运到现场的温度。

(5)摊铺过程中,采用插入式温度计对布料器沥青混合料温度进行测量。

(6)碾压过程中,跟踪检测平整度,由专人使用6m长的铝合金杆检测平整度。

三、路面附属工程

随着我国交通事业的不断发展,高速公路已成为人们出行的重要途径之一。在高速公路建设中,除了畅通的道路和美丽的景观外,路面附属工程也是非常重要的一部分。路面附属工程是指设置在高速公路的辅助设施,是与路面工程密切相关的各种设施和结构,如路缘石、排水系统、声屏障、通信管道、绿化工程等。这些附属设施和结构,能够有效提高高速公路的通行安全、舒适度和环保效益。

路缘石在高速公路中起到了界定、导向、隔水和防护等多重作用,有助于提高驾驶安全性、维护路面质量,并提供舒适的行车环境;排水系统能够将雨水从路面上排出,保证路面干燥,防止水滑现象发生;声屏障的主要作用是降低噪声传播,减少对居民和环境的噪声影响,提高交通安全性,改善生活质量,保护环境等。这些附属工程的建设,应严格按照规范要求进行,确保工程质量和安全;通信管道的设置为高速公路提供了稳定、高效的通信基础设施,支持交通指挥调度、紧急救援和信息服务等功能,提升了高速公路的管理水平和出行体验;绿化工程不仅能够美化高速公路的环境,使人们出行心情愉悦、身心舒畅,还能够净化空气和保护水土资源,提升周边生态环境质量。高速公路绿化不仅是一种美丽的风景线,更是一种有益于人类和自然环境的可持续发展的方式。

(一)路面附属工程(路缘石)安装施工

(1)对路缘石预制块外观进行检测,检查路缘石有无气泡、漏浆,边角部位有无破损等,若有不合格的预制块应退回预制场。

(2)路缘石施工放样,保证路面施工宽度。安装路缘石时应钉桩拉线,使顶面平整,线条直顺,曲线圆滑美观,埋砌稳固。

(3)采用水泥砂浆卧底铺砌,同时不允许砂浆污染路缘石及路面。

(4)利用辅助小车将路缘石推运到安装部位,利用撬棍及人工配合调整路缘石安装位置。

(5)路缘石安装应砂浆饱满,勾缝时剔缝深度不小于2cm,剔缝后应覆盖养护不少于12h,勾缝宽度1cm,应采取压缝方式,压缝深度5mm;勾缝结束应覆盖养护至少7d。

(6)路缘石埋设的槽底基础和后背填料应夯击密实。

路缘石安装完毕后,及时对有污染的场地和路面进行清理。

(二)排水系统(中央分隔带纵向渗沟)施工

1.开挖

(1)当路面基层施工完毕后,进行中央分隔带的开挖。

(2)首先进行纵向碎石盲沟开挖,一般采用人工或小型挖机进行开挖。

(3)开挖的土料不得堆置在已铺好的基层上,以防止污染并应及时运走。

(4)沟槽的断面尺寸及结构层端部边坡应符合设计要求,沟底纵坡应符合设计要求,沟底须平整、密实,不得有杂物。

2.防渗土工布的铺设

沟槽开挖完毕并经验收符合设计要求后,进行防水层施工。自路缘石背部、路面结构层侧面及纵向渗沟侧面和底部涂刷热沥青,要求涂布均匀,厚薄一致,无漏涂现象。待热沥青涂刷完成后,铺设复合土工膜,复合土工膜铺设时两端应拉筋,不应存在褶皱,纵横方向应搭接,铺设完成后用钢钉固定。

3.碎石铺设

回填中央分隔带纵向碎石渗沟,做到填筑充实,表面平整。碎石盲沟顶部铺设幅宽60cm的土工布反滤层,使其与回填土隔离。

4.排水管埋设

D8横向PVC-U管埋设在纵向碎石盲沟底部中间位置,采用碎石回填四周到设计高程,另外一端出水口通过拱形骨架防护预留孔道排出。横向排水管的进口须用土工布包裹,防止碎石堵塞。当横向排水管不足一次埋设的长度时,需套接。套接时,管口要对齐,并靠紧;接头处用一短套管套紧相邻两根塑料排水管,套管两端需用不透水材料扎紧。

5.中央分隔带回填

中央分隔带回填土之前,应对回填土质进行检查,填土的土质应符合规范要求。待中央分隔带排水系统施工完毕并经验收合格后,方可进行中央分隔带回填,每20m放一控制桩,按照设计宽度及高度进行分层施工。待测量放样完毕后,利用运输车将回填土运输至施工现场,回填夯实至设计高程。

(三)绿化工程(植物纤维毯)施工

植物纤维毯铺设时,在坡顶将植物纤维毯埋入土中20cm,用一排U形钉固定后覆土,并再以一排U形钉加固,坡顶U形钉的横向间距为1m。

顺坡铺设植物纤维毯,坡面上,植物纤维毯间横向搭接,搭接宽度为10cm,搭接处的U形钉纵向间距是0.5m;坡底位置,植物纤维毯顺延铺设到护坡道或坡脚,坡面和护坡道上的植物纤维毯都以U形钉固定,纵向间距和横向间距均为1m,以梅花形方式交错布置U形钉;最后将植物纤维毯末端埋入土中20cm,压土固定。

(四)硅芯管施工

1.铺设前质量控制

(1)硅芯管敷设前应检查硅芯管密封性是否良好,防止有水或沙土进入管内。

(2)硅芯管应避免暴晒,应用土工布覆盖,防止硅芯管变形。

(3)硅芯管放入管沟前,应有序排放,防止错乱,并且采取相应措施,防止车辆压坏管道。

(4)管道过桥,应准备玻璃管箱保护硅芯管。

2.硅芯管放管

(1)按施工准备时配盘长度选择整盘硅芯管,检查外观无损伤后开始铺设。铺设时,可根据地理条件采用“固定拖车法”进行铺设。在采用“固定拖车法”时配备足够的人力以保证硅芯管在拖放中不受损伤。铺设时硅芯管从轴盘上方出盘入沟。硅芯管铺设中做好施工记录,记录内容至少包含管盘号、铺设位置、手孔位置、起止点桩号、管路标记,与中央分隔带其他工序进行交叉施工,做到互不影响,互相帮忙,为自己及他人创造有利条件。

(2)管道沟内有地下水时,铺管前应先将水抽干并采用沙袋法将硅芯管压平在沟底。排列硅芯管困难时,可采用固定支架或竹片分割,确保硅芯管道的顺直和埋深。硅芯管进入沟槽内应有序摆放,切勿出现相同颜色管道,并尽量将硅芯管顺直,硅芯管在沟槽内的微弯将对气吹敷缆产生明显的不良影响。一般情况下,直线段5m一捆扎,曲线段1m一捆扎。

(3)硅芯管道进入手孔后需要将其断开时,其管道在手孔内预留长度应不小于400mm。

(4)钢管套管在施工前先将两端管口倒成喇叭口,管口处不得留有飞刺。钢管采用加套管满焊连接,焊口处应作防腐处理。钢管安装时有缝侧应面向上方。

(5)两手孔间硅芯管道作为一个井段,在一个井段内的硅芯管,铺设中不准出现接头。

3.硅芯管回填

(1)管道铺设前,先在沟底铺5cm厚细土,回填时不得将石块、砖头和混凝土大块等直接填入硅芯管道沟槽内。

(2)硅芯管施工完成后,应先试吹,试吹结果应全线贯通,防止后期管道不通,带来不必要的麻烦。

(3)回填时先将硅芯管两侧填平,之后再全部回填,每回填15cm厚夯实,当含水率过低时适量洒水,桥头处应采用中粗砂包封。

路面附属工程在高速公路建设中具有重要的意义。它们不仅能提高行车安全性,保护环境和生态,还能提高交通运行效率,为驾驶员和乘客提供便利的服务。因此,在高速公路建设过程中，合理规划和设计路面附属工程是必不可少的，可以充分发挥其积极作用，为人们创造更好的出行环境。

第三节　桥 涵 工 程

在高速公路的发展进程中，桥梁涵洞建设是至关重要的环节。因此，必须高度重视桥梁涵洞工程施工过程中出现的质量问题。桥梁涵洞工程的施工质量，不仅直接关系到公路养护成本的高低、行车安全系数的大小，还影响着公路交通运输事业的发展水平。与此同时，桥梁涵洞的工程质量更会对整个高速公路的质量产生重要影响。所以，施工人员必须紧跟时代发展步伐，充分创新传统施工工艺，同时也应着重强调施工质量控制的重要性。

一、桥梁的质量和控制要点

桥梁钻孔灌注桩施工过程质量控制要点如下：

(1)钻孔灌注桩属于隐蔽工程，大部分是在水下进行的，影响施工质量的因素、环节很多，质量检查也比较困难，稍有不慎或措施不当就会在钻进中及灌注中产生各种质量缺陷，而且一旦发生质量事故后又较难处理。因此，在施工中应严格控制每一环节的质量控制要点，把好每一关，尽量避免或杜绝质量事故的发生。

(2)每个桩位放样必须严格按验收程序报验，施工单位放样经自检合格后报监理复核。监理对该桩复核时，要注意与附近桩位的核对，控制护筒平面位置偏差不超过规范要求。检查护筒底端埋置深度是否符合施工规范要求。检查护筒顶端高度能否确保钻孔时孔内水头处于合理高度，同时又能满足凿桩头后桩顶高程达到设计值。钻孔前应控制检测施工平台是否平整，并测量机台高度，检查钻杆顶部吊钩与钻杆中心和桩位中心是否在同一铅垂线上。

(3)钻进过程中，及时填写钻孔施工记录，并经常抽查泥浆比重，根据出渣和进尺情况核对勘察报告中的地质情况柱状图，采取相应的钻速和泥浆比重。同时，时刻监测孔内水头高度是否符合施工规范要求。当钻孔深度达到设计高程后，立即提钻进行第一次孔深测量。用探孔器检查钻孔，探孔器要按规范制作，符合设计要求后方可清孔。清孔时，既要清除沉渣，又要注意保持钻孔内的水头，防止坍孔。清孔后，从孔口、孔中部和孔底抽出泥浆试样进行性能指标试验检查。清孔完成后，在同一位置测量沉渣厚度，符合要求后再下钢筋笼和导管，导管安放后再测量沉渣。

钢筋笼制作完成前，要检查主筋的规格、数量、直径、长度、焊接质量、箍筋的间距、尺寸、保护层钢筋设置数量、尺寸等是否符合设计、规范要求。声测管要与钢筋笼进行连接，间距分布均匀。钢筋笼高程定位要正确，钢筋笼应保持竖直下放，注意避免偏斜触碰孔壁。导管使用之前必须进行拉力试验、水密性试验，以确认导管无变形，状态良好，焊缝及接头不漏水，方可投入使用。导管下放时应位置居中，注意不要碰撞钢筋笼。灌注混凝土前，要检查导管距孔底的距离以及漏斗底口高出孔内水面的高度是否符合施工规范要求，再次检查孔底沉淀层的厚度，如超过设计要求，应进行第二次清孔，待沉淀厚度满足设计要求时，即灌注水下混凝土。混凝土应连续灌注，确保短时间内孔底泥浆泛起，并应防止断桩事故发生。灌注混凝土时要检查施工人员填写的水下混凝土浇筑记录，随时测量并合理控制埋管深度，防止拔孔、埋管事故。每次拔管前必须测明混凝土顶面高程，不得以理论方量来推算混凝土高程，以便掌握孔径和扩孔情况。混凝土灌注面接近钢筋笼底时，应放慢灌注速度，加大导管埋深，防止钢筋笼被顶托上升，待钢筋笼在混凝土内有一定埋深后方可恢复正常灌注速度。灌注后期，应加大导管埋深，以防因导管内外压力差减小而造成桩上部产生泥心现象。

二、涵洞的质量和控制要点

涵洞正式施工之前，基底处理是基础性环节。首先，将施工使用的机械搬运至场地中，精确测量需要开挖的基坑、基底等边线，做好记录，作为后期施工的重要参考依据；其次，强化放样的科学性、合理性，明确施工的桩位等参数，由工作人员和机械配合，完成基坑开挖过程，利用机械将基底开挖约30cm，再采取人工形式挖掘到设计标准的高度，一般将开挖与放坡比例控制到1∶2，切忌出现基坑超挖之后再进行回填的现象；然后，完成基坑的挖掘工作之后，还需要工作人员利用潜水泵将基底的水排空，确保完成现场挖掘之后的清洁度，避免留有杂物或者淤泥；最后，工作人员需要对基底承载力进行检测，进一步处理检测结果，以确保基坑开挖的抗压力与密实度，为后期工作夯实基础。

涵洞施工过程中的台身钢筋绑扎，不仅是涵洞施工质量控制的一大要素，而且对作业人员的安全产生影响。首先，现场施工人员根据施工图纸要求，进行认真分析，做好各专业的技术交底工作；其次，根据钢筋的品质、数量等分类排放，保证选用钢筋的质量与工程要求相一致；再次，在作业之前，工作人员需要搭设脚手架，并设置钢筋定位支架，确保在预埋钢筋过程中，保证钢筋垂直度；然后，绑扎钢筋过程中还要采取“闪光对焊”技术，提高接头位置的合理性，以便钢筋牢固连接；最后，完成钢筋绑扎工作之后，需要利用小型水泥浆垫块或者塑料垫块等，实行加垫处理，确保钢筋绑扎过程中具有一定的保护层厚度。

在对涵洞的模板进行施工过程中，一般以定型的钢模作为基础性模板，利用“扣碗式支架”进行脚手架的搭设。

在加工模板过程中，应注意与设计中的截面要求相符，进而提高水泥和混凝土的质量，保障结构外观美观性；在使用模板之前，需要进行脱模和除锈处理，严格进行模架搭设环节的质量控制，保障支模架具有良好的平整性及垂直度；另外，在加工模板过程中，螺栓接口的位置应加入若干海绵条，以此控制模板的漏浆问题；在工作人员安装模板过程中，还应根据安装模板的顺序子母口位置等，确保安装的有序性，提高模板尺寸精准性和接缝位置的严密性。

在涵洞施工中，混凝土施工是非常重要的施工内容，也就是说，加强对混凝土施工质量的控制至关重要。首先，在混凝土结构施工之前，施工人员应使用砂浆对台身模板及基础交接部分进行处理，避免发生渗漏问题，确保混凝土振捣过程的顺利进行；同时，应选用合适的水泥混凝土作为搅拌机的拌料，合理控制配合比，以免出现离析现象，不利于混凝土强度；其次，如果混凝土浇筑已经达到设计标准，就可以使用木抹子进行抹平处理；在混凝土初凝之前，需完成两次抹光处理工作，以免混凝土成型之后出现高低不平现象；另外，在适当的气温条件下，结合混凝土结构特性，完成拆模工作，并且需要对混凝土结构进行养护，以保障其平整性、密实度。

在涵洞的运营过程中，要加强日常养护的管理和维护。例如，及时清除洞口及洞内的淤积物，以保持洞内排水畅通。经常检查附属设施与涵洞结合的整体性，发现裂缝要及时观察观测，确定裂缝是否稳定或发展，发现问题及早处理。

三、承台施工质量控制要点

(1)在完成基坑开挖、桩头破除及垫层浇筑后进行承台施工。施工前将桩头及垫层清理干净，开始绑扎钢筋。

(2)钢筋绑扎及安装，要严格按照施工技术交底要求进行。严格控制钢筋的数量、间距及机械连接、焊接质量。绑扎垫块要符合规范要求，每平方米不少于4个；垫块质量应符合规范要求，确保钢筋保护层厚度满足要求。安装墩柱预埋钢筋时，要注意定位准确，满足设计及规范要求。

(3)承台模板安装前要检查模板质量，对模板表面进行充分打磨，并均匀涂刷脱模剂；在模板接缝位置处粘贴双面胶，确保模板安装密实。安装模板时要多次量测、调整确保钢筋保护层的厚度满足设计及规范要求。模板安装完成后要检查模板是否安装牢固、模板接缝是否密实，承台预留钢筋定位是否准确，承台钢筋保护层厚度是否满足规范要求，对不满足要求的及时进行调整。

承台混凝土施工采用溜槽入模，无法搭设溜槽的承台采用泵送混凝土入模，浇筑混凝土从承台两侧顺长边的一端向另一端分层浇筑，分层厚度以40cm为宜，应在下层混凝土初凝前完成上层混凝土浇筑。捣固混凝土采用插入式振捣器，振捣时严禁碰撞钢筋和模型。捣固棒要快插慢拔，不得欠捣和漏捣。对每一个振动部位，振动到该部位混凝土密实为止，即混凝土不再冒出气泡，表面出现平坦泛浆(时间以20~30s为宜)。插捣间距不超过40cm，振捣棒距模板以5~10cm为宜，分层捣固时振捣棒插入下层混凝土深度5 ~ 10cm，当混凝土浇筑接近承台顶面高程时，必须严格控制混凝土顶面高程，清除掉振捣产生的浮浆，使承台顶面混凝土粗细集料均匀，浇筑至顶面的混凝土必须抹面、压光。在混凝土灌注过程中，应指定专人加强检查、调整，以保证混凝土建筑物形状、尺寸和相互位置的正确。大体积承台混凝土浇筑过程中，注意监测测温组件温度变化，不间断往冷却管注水冷却降温，确保混凝土浇筑质量。

四、墩柱施工质量控制要点(包括桩接柱、承台接墩柱)

钢筋绑扎及安装桩基墩柱施工主要控制钢筋笼定位问题,本项目桩基施工虚桩比较长,桩基钢筋笼定位困难,造成墩柱钢筋笼定位偏差,难以控制墩柱保护层厚度满足规范要求。施工时,钢筋笼定位是保证墩柱施工质量的关键。严格按照设计交底控制钢筋数量、间距、机械连接及焊接质量。绑扎垫块采用圆形垫块,保证每平方米不少于4个。承台接墩柱施工同样应确保墩柱预埋钢筋定位准确。模板安装前要检查模板质量,对模板表面进行充分打磨,并均匀涂刷脱模剂;在模板接缝位置处粘贴双面胶,确保模板安装密实。安装模板时要多次量测、调整,确保钢筋保护层的厚度满足设计及规范要求。安装模板时,要注意模板间是否存在错台现象,及时调整以满足规范要求。模板安装完成后要采用缆风绳进行固定,检查模板是否安装牢固、模板接缝是否密实、墩柱钢筋保护层厚度是否满足规范要求、墩柱定位偏差是否满足规范要求,对不满足要求的及时进行调整。

在混凝土浇筑前,调试好振动棒,准备好串筒。墩柱混凝土分层浇筑,分层厚度30~45cm。浇筑过程中混凝土落差不得超过2m,超过2m时应采用减速串筒下料,防止混凝土离析。混凝土分层浇注,按先周边、后中间的顺序进行捣固。混凝土振捣时,每上一层混凝土振捣要伸入下一层5~10cm,振捣时严禁碰撞模板,应与其保持5~10cm的距离。同时禁止将振捣棒置于钢筋上进行混凝土捣固的做法。混凝土振捣以出浆而不再冒气泡为准,不得出现漏振和过振现象,做到快插慢提,气泡放净,有序振捣,尽量减少水泡现象。混凝土浇筑应连续进行,不得间断,如因故必须间断,其间断时间应小于混凝土初凝时间。混凝土施工完毕后,对下一道工序混凝土接合面应及时进行凿毛。

混凝土浇筑完并进行表面收光后,尽快进行覆盖养护。混凝土强度达到2.5MPa后方可拆除模板。采用滴灌外覆塑料布进行保水养护的做法,保水养护7d。

五、盖梁施工质量控制要点

抱箍支撑及操作平台安装抱箍安装高程要控制准确,高强螺栓必须上满、拧紧(要求采用加力杆拧紧)。为增大抱箍与混凝土之间的摩擦系数,安装前抱箍内侧设置土工布包裹。操作平台支撑采用工字钢,按设计要求进行布置。

钢筋绑扎及安装前对墩顶进行凿毛处理并清洗干净,严格按照技术交底内容施工,保证钢筋数量、间距、焊接连接、机械连接质量满足设计及规范要求,钢筋保护层垫块布置、垫石、挡块预埋钢筋数量、间距及锚栓孔预留位置满足规范要求。

模板安装前应采用钢丝打磨机对表面锈迹、氧化层进行彻底打磨、清洗,为确保盖梁混凝土外观质量及混凝土色泽一致,模板脱模剂统一采用优质色拉油,严禁使用机油、柴油作为脱模剂。模板安装及拆除盖梁模板安装应严格按试拼时的编号、组套进行。为防止模板接缝在混凝土浇筑过程中出现漏浆,要求盖梁模板接缝处均采用双面胶堵缝,以保证混凝土外观质量。同时要求必须在底部柱顶混凝土与模板周边缝隙用双面胶滞水条堵牢,防止混凝土浇筑过程中出现漏浆,影响下部混凝土外观质量。

为确保混凝土浇筑及外观质量,坍落度宜控制在90~120mm范围内(混凝土坍落度过小易出现孔洞、露筋等)。为确保混凝土内实、外美,表面光洁、无气泡,混凝土采用分层平行布置振捣点,振捣点间距不应超过振捣器作用半径的1.5倍,混凝土分层厚度一般控制在30~40cm,振捣时要避免出现过振、漏振,振捣棒严禁接触模板,振捣时间宜控制在20 ~ 30s/点,一般振捣到混凝土表面平坦、泛浆且无气泡为止。

桥涵施工质量控制是保证工程质量和安全的重要环节。通过施工前的准备工作、施工过程中的质量控制、质量问题的处理和整改以及施工质量的监督和验收,可以有效地控制施工质量,确保桥涵的安全和可靠性。同时,要加强施工管理,提高施工工艺水平,严格质量检验,进一步提升桥涵施工质量,为建设安全可靠的桥涵工程提供有力保障。

第四节　房 建 工 程

一、醴泉服务区建设纪实

以实干笃定前行,以奋斗砥砺扬帆。300多个日夜兼程,明董高速房建一标项目部全体员工扎根工程建设一线,汇聚涓滴之力,高举信仰之旗,与项目公司、监理相互配合,克服重重困难,在现场所有人员共同努力下,最终完成醴泉服务区全部工作,基本达到交工验收条件。

醴泉服务区位于山东省潍坊市高密市蔡家站社区东1km,共占地88000m²,建设内容包含东西区综合楼、东西区垃圾站、汽修服务站(东区)、汽修车间(西区)、消防水池(东区)、东西区加油站站房、东西区加油站罩棚等建筑。场地硬化及相应的配套设施等工程,总建筑面积约8203.83m²(图5-4-1)。

图5-4-1　醴泉服务区

为了保证高速公路通车之时服务区能够顺利投入使用,整个工程工期仅有10个月时间,无形之中加大了施工压力,但工程人不畏艰难险苦,用满腔热血谱写别样青春篇章。

(一)精心策划组建优良团队

为了本工程的顺利进行,成立由山东高速齐鲁建设集团有限公司领导组成的总指挥部,全面调配和组合本公司的人才、技术、资金、机械设备、专业施工队伍等资源,使项目资源实现最优化配置。由具有丰富类似服务区项目施工经验的人才组成了强有力的项目管理人员组织机构,在授权范围内负责项目的全方位、全过程管理,完成项目的各项管理目标,实现对建设单位的合同承诺。

结合项目实际,制定《项目绩效考核管理细则》,通过严格对每位职工的综合表现,尤其业务水平及执行力进行考评,进一步完善绩效考核的鞭策和激励机制,提高项目管理执行力。

(二)艰苦奋斗夯实业务能力

项目建设规模虽然不是很大,但各岗位工作一项也不能缺少。一线工作人员有经验丰富的老员工,也有参加工作不久的新员工。全体人员团结一心、尽职尽责,在识图、工程量梳理、工序组织、合同清单梳理、物资管理、成本管理等方面是一个全新的挑战。

自2022年11月20日进场施工以来,经过了300余个日日夜夜,迎来了竣工之日。在建设过程中严控工程质量,对工程定位放线、进场材料、各工序施工质量等进行过程控制,严格按照“三检”制度进行施工,做到上一道工序不合格、下一道工序坚决不施工。

醴泉服务区综合楼及各附属单体的装饰装修、电力接入、水源接入等工作按照预期投入使用,已达到交工验收标准。

(三)百年大计质量第一

项目部始终坚持“精细化、零缺陷”的质量管理理念,严格落实“政府监督、法人负责、社会监理、企业自检”的四级质量安全管理制度,健全质量保障体系,明确部门职责,加强质量监控,严把各施工环节的质量关,充分发挥试验室的检测、指导功能,重点抓好质量通病的防治工作,确保工程质量。

在工程建设过程中,房建一标项目团队不仅取得了优异的建设成果,更重要的是秉承了以质量和安全为先的原则,不断创新和进取,既为明董高速顺利通车助力,也为我国高速公路建设事业做出积极贡献。

二、百尺河服务区建设纪实

潮头登高再击桨,无边胜景在前头。2022年11月16日,随着第一铲土的挖出,开启了百尺河服务区项目的建设序幕。

明董高速百尺河服务区位于诸城市百尺河镇,占地面积88000㎡,总建筑面积8634.3m²,结构类型为框架结构,基础形式为独立基础,主要建设项目包括:百尺河服务区的土建施工、装饰工程、加油站罩棚及附属配套设施的采购安装及缺陷责任期缺陷修复等工程(图5-4-2)。

图5-4-2 百尺河服务区

(一)坚持目标导向 强化统筹协调

明董项目自开工以来,明董高速房建二合同项目经理部就与项目参建单位深入沟通,提前研判分析形势,谋划工作思路,部署关键节点,为项目如期开工和顺利推进蓄力赋能。

施工过程中,项目部严格按照施工组织设计合理组织施工,积极克服施工条件复杂、降雨频繁、疫情反复等困难,保质保量推进工程建设。项目部全体员工以“功成不必在我”的胸襟、“功成必定有我”的担当和只争朝夕、不负韶华、永葆不懈奋斗的干事创业精气神,全力推进项目各项建设。

(二)咬定时间节点 加快建设进度

面对项目建设时间紧、任务重、要求高等工作形势,明董高速房建二合同项目部严格执行每周例会工作汇报协调及劳动立功竞赛月度督查考核机制。通过安全教育培训,使全体员工增强安全生产意识,掌握公司及本人岗位安全风险要点、防护措施和应急处置措施。实行工程节点管理,明确节点、明确任务、明确分工、明确责任、科学规划、统筹安排,按期完成建设任务。关键工序每日向明董公司和监理报告进度,为项目建设注入“加速器”。

(三)加强质安管理 强化标准施工

坚持工程进度、质量、安全齐抓共管。严格落实“一岗双责”和“三管三必须”要求,强化协同,密切配合,切实把安全生产责任落实到岗、到人、到位,横向到边、纵向到底,织密织牢安全生产责任体系。项目部在现行房建工程施工、验收等相关标准、规范的基础上,着重从工序、工艺和管理的角度对现行标准、规范做进一步补充,项目采用二维码交底、安全体验馆、样板先行制、钢制安全防护网片、定型化移动厕所等多种创新措施,提高了施工效率,提升了管理实效和实体工程质量。

(四)项目建设“多点开花”跑出施工“加速度”

百尺河服务区综合楼历经35天,完成主体结构封顶,并与2023年3月15日完成主体验收。明董高速房建二合同项目经理部加强服务区装饰装修工程和安装工程的质量安全管理,合理排定施工顺序,按期完成产值任务目标和节点进度目标,并达到交工验收标准。明董高速房建二合同项目经理部积极承办高速公路建设项目现场观摩会,集团领导对项目的建设进度、质量管理、安全生产以及现场新工艺新技术等方面的工作给予高度评价。

开局就是决战,起步就是冲刺。明董高速房建二合同项目经理部各相关职能部门知不足而奋进,聚焦“堵点”“难点”,发扬了“拼抢实”作风,增强了协作精神,拿出了攻坚力度,对项目建设工作实施全周期“保姆式”服务,使明董高速房建二合同项目建设顺利、高效地实施。一个个工程形象面貌的形成,一个个节点目标的完成,是一线生产工作者风雨无阻、日夜兼程付出的最好回馈。明董高速房建二合同项目经理部将始终以“大干快上、苦干实干”的拼搏精神,全力奋战在施工一线,用汗水和努力绘制华美的篇章,以实干实绩为明董项目通车助力!

三、明董高速桃园服务区建设纪实

万丈高楼平地齐,众志成城为建设。2022年12月20日,项目部的员工们与工人们开始了明董高速桃园服务区建设新篇章。

明董项目位于青岛和潍坊之间,呈南北走向,三合同项目总建筑面积为10175.76m²,包含一对服务区(桃园服务区),3个收费站(桃园互通收费站、林家村互通收费站、辛兴南互通收费站)。项目承包范围为主体工程、屋面钢结构工程、室内外装饰装修(内装、幕墙等)、安装工程、室外道路工程、加油站工程(图5-4-3)。

图5-4-3 桃园服务区

(一)强化统筹协调,注重真抓实干

项目自开工以来,明董高速房建三合同项目经理部就与项目分包单位深入沟通,进行充分的交底工作,明确关键节点,制定详细的施工计划,为推进项目施工进程共同努力。

项目前期，该项目在成本策划上下功夫，充分结合工程特点、工程环境以及采购成本实际情况，制定项目管理目标，将工程成本控制到每一个环节，做到事前有计划，事中有控制，有效节约建设成本和时间成本。

施工过程中，项目部严格按照施工组织设计和相关施工方案先交底再施工，在确保施工质量的情况下减少安全隐患，保质保量地推进工程建设。项目部全体员工上下一心、履职尽责、攻坚克难，稳步有序地推进各项重点工作。

（二）细化责任，量化考核促进度

针对工程施工工期紧、任务重，交叉施工干扰大等特点，项目部积极统筹安排部署，既确保路面施工的连续性，又避免了交叉施工造成的污染或返工现象的发生。将责任细化，将施工任务分成3个组，即沥青施工组、水稳施工组和附属用房施工组，并把附属用房工程施工夜间加班作为硬性规定。把考核定30日，明确奖惩、及时兑现，同时加大奖惩力度，提高员工工作积极性。

（三）抓好过程管理，赢得形象进度

项目以标准化管理为载体，遵循职能分区规划、生产事务公开的原则，定期组织员工学习，召开内部交流会，建立了完善的项目部档案管理流程，定期组织各班组召开生产调度会和安全生产例会，及时提出问题、解决问题，将各个专业、各项工序的具体工艺严格落实。通过项目团队不懈努力，主体工程施工平稳有序地向前推进。

（四）开展全面质量管理，推动高质量发展

责任到人，注重过程强质量。为保证工程质量一次做优，项目部施行“六定原则”（定岗、定人、定标准、定目标、定时间、定奖惩），对现场班组进行要求。施工现场负责人、技术人员白天盯控现场，把关每一个施工细节，增加检查频率。对不符合质量标准的立刻下达返工指令书，开具违反质量规定处罚单，并要求施工队写出整改措施上交项目工程部存档备案。

士不可以不弘毅，任重而道远。各专业的负责现场施工的人员每天往返于项目部与施工现场，风吹日晒雨淋没有丝毫怨言。明董高速房建三合同项目经理部管理人员奋勇争先，脚踏实地，以匠心致初心，以奋斗致梦想，始终保持着奋发有为的状态，一步步向前迈进，为者常成，行者常至。为明董高速项目顺利通车贡献自己的全部力量！

第五节　交 安 工 程

一、红蓝章制度的应用

明董高速交安护栏工程施工采用了“红蓝章双认证”制度（图5-5-1），从立柱到护栏板实行“件件检”制度，现场技术管理人员对已施工的护栏工程进行自检合格后加盖红色印章，完

成后向监理报检，监理检验合格后加盖蓝色印章。“红蓝章双认证”制度在护栏工程施工中的运用，大大提高护栏施工质量，提高行车安全。

图5-5-1 “红蓝章双认证”制度

二、双组分标线涂料的应用

明董项目采用了双组分标线涂料作为路面的标线施划材料。(图5-5-2)双组分道路标线涂料是一种将两种不同的组分通过化学交联固化且固化时无溶剂挥发的厚膜冷塑型标线材料，材料施工时无须加热，将基础涂料与固化剂(含有固化剂的涂料)按一定的比例混合施划于路面即可，因道路标线涂料采用化学交联反应固化，固化所形成的漆膜坚硬，与地面及玻璃珠均有优异的附着力，其耐冲压、耐磨损、耐水侵、耐酸碱、耐候性等指标均很优异，双组分标线搭配玻璃微珠进行内掺和外撒，使标线初始逆反射亮度系数达到400mcd.m−2.lx−1，大大提高行车安全。

图5-5-2 标线效果图

三、不锈钢复合模板对翼墙过渡段、中墩防护的质量提升

不锈钢复合模板具有材质优良、加工灵活、安装简便、能重复使用、表面光滑、硬度好、好脱模，翼墙及中墩防护施工使用不锈钢复合模板，大大提高了混凝土外观质量。(图5-5-3)

图5-5-3　翼墙过渡段、中墩防护混凝土浇筑效果图

第六节　机 电 工 程

施工准备阶段，明董公司组织设计单位、施工单位、监理单位在对现场进行调查核实的基础上，联合设计，优化调整了施工图。邀请专家对联合设计文件进行评审。通过联合设计明确了施工界面划分，补充了清单漏项，优化了设计方案，节约了建设成本1000余万元，积极响应了集团公司提质增效号召。

一、模块化多功能智能机电一体化门架

明董公司联合中交设计院，首次采用先进的模块化组装技术，将传统的可变信息标志门架和ETC门架整合为智能一体化门架（图5-6-1）。门架结构包括：横梁标准段、立柱、调节段和基础四部分主体结构，爬梯、栏杆等附属结构。门架重点考虑了安全性、经济性、美观性、耐久性、标准化、模块化、机电一体化门架常规化的设计目标，具有标准化、模块化，适应性强、覆盖面广的特点，同时与其他传统门架相比经济性好，在相同条件下节省钢材，提高设计质量，减少门架设置数量，修正完善了传统门架普遍存在的问题，同时方便施工及后期维护，并增加了门架的扩展性。

图5-6-1　机电一体化门架

二、采用先进性、节能性及较高知名度的设备

S7700智能路由交换机是华为公司面向下一代企业网络架构而推出的新一代高端智能路由交换机(图5-6-2、图5-6-3)。该产品基于华为公司智能多层交换的技术理念,在提供稳定、可靠、安全的高性能L2/L3层交换服务基础上,进一步提供MPLSVPN、业务流分析、完善的QoS策略、可控组播、资源负载均衡、一体化安全等智能业务优化手段,具备超强扩展性、可靠性,同时先进的节能技术能够减少能源消耗和碳排放。

图5-6-2 S7700智能路由交换机机箱内部照片

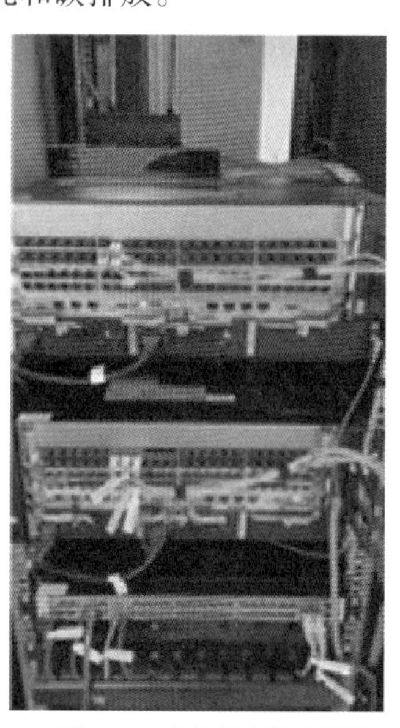

图5-6-3 交换机安装后照片

自动栏杆MAB-3F品牌知名度美誉度高,其优势是使用寿命≥5000000往复次,快速启动和停止,由水平到竖直和由竖直到水平的运动时间均不大于0.3s,车辆可更快速地通过收费站,大大提高通行效率,有效避免拥堵情况的发生。

12m×1m门架式可变信息标志由显示板、微处理器、控制机箱、电源、电器保护和防雷装置等组成,显示面积为12m×1m;显示屏为可拆装模块化结构;显示光强大于20000cd/m²,亮度远程可控;亮度可根据外界亮度自动或人工调节,32级可调;节能型:峰值功耗115W/m²;LED的MTBF大于100000h,整机MTBF大于10000h;无显示内容时,LED熄灭;显示屏箱体应为全封闭、全天候、防风雨型,防护等级符合GRIP66标准,设备具有防雷保护功能。

三、多措并举,各方携手,确保钢结构施工进度

机电工程是公路建设的眼睛和耳朵,而钢结构是机电工程中最关键的一环。为圆满完成任务,由明董公司、监理单位、施工单位、钢结构厂家联合制订对应解决方案,并制订了详

细严谨可行的到货计划，切实保障按期保质保量完成钢结构的到场安装任务。

（1）成立联合工作专班。由参建各方主要人员组成联合工作专班，建立工作机制，明确任务节点和计划，信息互通，互相督促协助。

（2）施工单位第一时间安排专人驻厂，对现场情况进行24h监管，了解各个环节的实际情况，发现进度落后时催进度，发现质量及工艺有问题时现场改进，每天将生产情况以图文的形式发往项目现场各负责人。

（3）切实提高产能，生产线由原来的3条增加到5条；每条生产线由原来的5人增加到8人；拆分加工任务，化整为零，将照明立柱拆分给其他同等资质的厂家生产加工。

（4）根据钢结构的类型进行拆分，送往不同的镀锌厂进行镀锌，并采取提前预约及提前排队的方式，加快钢结构镀锌工序。

（5）调动运输公司的积极性，适当增加运输费用，增加的部分施工单位承担，提前预约运输车辆，并要求运输车辆至少两个驾驶员采取轮班制，保证在运输过程中人休息、车不停。

以门架结构施工为例，如图5-6-4~图5-6-7所示。

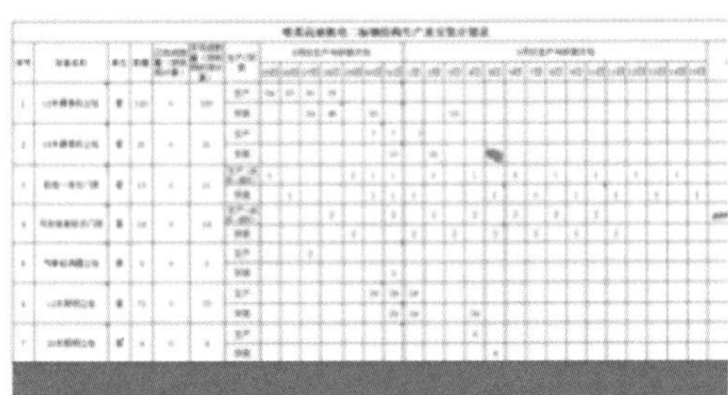

图5-6-4　门架生产计划表

图5-6-5　驻厂生产

图5-6-6　门架装车发货

图5-6-7　门架到场安装

四、做好现场安全管理工作

对参建人员（包括劳务工人）进行信息标记，标注参建人员的姓名、年龄、工种、安全教育等信息，确保每个人上岗前均受安全教育。组织安全负责人开展临时用电、涉路、登高作业等专项整治活动，排查隐患共计78处，彻底解决了配电箱用电不规范、登高无特种作业证等问题(图5-6-8)。

图5-6-8 高空作业

五、强化涉路施工管控工作

为最大限度地减少对区域路网的影响,确保交通组织工作顺利进行,项目超前谋划,积极与青岛及潍坊路政、交警等部门对接,制订了科学周密的交通组织方案,并组织专家论证完善,落实落细各项安全措施,保障封闭施工的总体稳定性,确保高质量地完成建设任务(图5-6-9)。

图5-6-9 涉路施工管控

第七节　绿 化 工 程

明董项目实施过程亮点包括如下：

(1)绿化一标4月23日进场后为配合高速集团观摩检查，首先进行百尺河服务区东区施工工作；5月15日完成东区乔木栽植；5月31日完成乔木树池内灌木栽植，施工时间正处于麦收“热干风”季节，新栽植苗木长势弱容易死亡，为保证已栽植苗木成活率和景观效果，创新使用了“微喷保湿、遮阳防晒”的有效措施，该方式是通过喷雾的方式保持树叶、主干表皮湿度，同时辅助遮阳防晒措施，双管齐下，抑制苗木水分蒸发；保证苗木周边空气湿度，大大提高了成活率保证了展示效果，给高速集团观摩活动圆满完成送上了一份满意答卷。

(2)明董项目各个互通匝道圈内采用绿化配合太阳能光伏组合施工形式。绿化采用常绿树种沿边沟设置，中间面积广阔的区域采用光伏支架加下层草籽播种的生态+科技布局，匝道区绿化与光伏融为一体，对深入渗透“绿色公路”理念，保证绿化景观配置在丰富沿途风光，保证驾乘人员安全方面的重要作用和加快高速公路领域电能替代，助力提升高速公路终端用能效率，对于高速公路领域节能降耗、用电保供、能源战略转型都具有重要意义。

(3)明董项目绿化养护用水亮点：服务区、收费站采用市政自来水，并且绿地内合理地布置了快速取水点方便绿化养护用水，为了响应明董项目绿色生态资源合理利用口号，创新地将污水处理设施与绿化浇灌用水并网，处理后的污水不是直接排放到边沟，而是在达到排放标准的前端蓄水池内设置水泵，通过不同的阀门控制二次用于浇灌绿植、冲洗地面等，不仅节约了市政自来水的用量，节约运营成本，而且科学合理地实现了水资源的重复循环利用。

第六章

科技创新篇

第一节　科研创新

一、石墨尾矿在高速公路建设中的综合利用技术

（一）研究背景、需解决的问题

明董高速为山东省“九纵五横一环七射多连”高速公路网规划布局中莱州至董家口高速公路的主要组成部分。全线采用双向六车道高速公路标准，项目混凝土约200万m^3，所需砂石集料数量大，加之近年来砂石集料价格上涨，因此项目混凝土造价较高。平度市是山东省石墨矿的主要产地，在本项目起点处明村镇周围大约有200万m^3石墨尾矿。在工程建设中，如果可以有效地利用石墨尾矿，不但能解决石墨尾矿堆存占地问题、减少石墨尾矿堆存对周围环境产生的污染，而且可以有效节约能源和资源，创造良好的环境效益、社会效益和经济效益。石墨尾矿存量巨大，亟待解决。仅平度市一处，石墨尾矿存量约200万m^3。通过本项目，可形成一整套石墨尾矿综合利用技术，把明董高速打造成固废利用的示范工程，对山东省内乃至全国的固废利用特别是尾矿利用具有重要的参考价值和借鉴作用。

（二）取得的成果（经济效益、现场应用、专利、论文）

明董项目预计利用石墨尾矿100万m^3，其中可代替砂石料50~80万m^3。砂石料成本按照50元/m^3计算，此一项可取得经济效益2500~4000万元。代替回填土20~50万m^3，回填土按照20元/m^3计算，此一项经济效益400~1000万元。

截至目前，完成专利申请4项（图6-1-1），其中2项实用新型专利及1项发明专利已经取得证书，1项发明专利正由国家专利局实质性审查中；论文《石墨尾矿泡沫混凝土应用技术研究》已见刊，《石墨尾矿生态路面基层材料研发》《大掺量石墨尾矿对混凝土性能的影响研究》已投稿《公路》期刊，稿件正在审查中。

图6-1-1　专利申请

二、基于高延性混凝土负弯矩结构性能研究与应用示范

(一)研究背景、需解决的问题

本项目主要解决钢混组合连续梁桥负弯矩区及桥面连续混凝土易开裂的问题。通过采用高性能复合材料、抗拔不抗剪连接件技术以及优化施工过程等方式来提高混凝土桥面板及桥面连续结构的抗裂性。在系统总结现有技术的基础上,开发高延性水泥基复合材料并研究自身的性能及在桥面连续负弯矩区结构中受力性能,提出相应的设计方法和构造措施,并进行构件试验及现场试验,优化施工工艺,形成连续组合梁负弯矩区及桥面连续的综合抗裂技术,实现桥面负弯矩抗裂技术的工程应用,大幅降低桥梁全生命周期成本。

(二)取得的成果(经济效益、现场应用、专利、论文)

本项目研发适用性的高延性混凝土,形成基于高延性混凝土的桥面负弯矩合理构造及其设计方法,提出新型桥面负弯矩区结构,避免桥面负弯矩区部位开裂,确保行车安全性和舒适性,解决因桥面负弯矩区开裂引起的桥面破损、行车舒适性降低、桥墩盖梁水侵害、降低桥梁耐久性、增大维修成本等问题,提高公路桥梁的使用寿命。如果桥梁运营期按照30年计算,普通混凝土需要维修6次,该项目技术维修次数为3次,维修成本减少了50%,约3600万元,具有良好的经济效益。

本项目实施中形成的研究成果已在明董项目一合同及二合同的部分桥梁负弯矩区得到实际应用,依托工程中应用,发挥示范作用,提升我国桥梁建设水平。

对完善国家公路干线骨架路网结构,加快区域经济一体化进程,加快社会、经济的发展具有十分重要的意义。随着“一带一路”建设的推进,全球范围内一大批工程建设的陆续启动,本项目研发获得的先进技术成果将会拥有更广阔的应用推广空间,也必将产生更加可观的经济及社会效益。

截至目前,完成发明专利申请2项,现正由国家专利局进行实质性审查;1项发明专利已完稿,将于近期投稿至国家专利局;论文《基于高延性混凝土的负弯矩结构性能研究与应用示范》《公路》期刊已录用,论文《基于高延性混凝土的桥面负弯矩区构造优化分析》已投稿《公路交通科技》期刊,论文 *Test and numerical simulation of continuous composite beam* 已投稿 *Archives of Civil Engineering*(EI)期刊,稿件已录用,论文Shear strength of corrugated steel plate encased with concrete(SCI)稿件正在审查中。

三、基于低碳固废水泥的高性能水稳技术研究

(一)研究背景、需解决的问题

近年来,水泥稳定碎石因具有强度较高、抗渗度和抗冻性较好的特点,契合“强基薄面”的设计理念,在高级路面的基层建设中得到了广泛的应用。但水泥稳定碎石技术存在的问题有待解决,其最主要的一个问题是水泥稳定碎石基层易出现裂缝,裂缝会向上延伸至路面

层从而导致反射裂缝的形成，在影响路面使用寿命的同时，会带来负面的经济和社会影响。

为了防止反射裂缝的出现，沥青混凝土面层越来越厚，形成了"强基厚面"的情况，大大增加了项目投资，造成了巨大的经济浪费。

水泥稳定碎石开裂主要受到所用水泥的影响，目前水泥稳定碎石主要采用硅酸盐水泥作为胶凝材料，抗弯拉强度低导致抗疲劳寿命降低，且水化过程中收缩较大，易在养护期间形成收缩裂缝。基层收缩裂缝产生会导致与之相连的面层开裂，形成反射裂缝。此外，常规硅酸盐水泥能耗高，碳排放大。因此，亟须研发一种新型的高强、低开裂、低碳、利用固废材料的水泥取代硅酸盐水泥，以提高水泥稳定碎石的材料性能，提高公路工程的施工质量，从而为路面结构优化奠定基础，降低整体工程造价，不仅有良好的经济效益，还在低碳环保等方面具有良好的社会效益。

本项目拟研究高性能水泥稳定碎石相关技术，对水泥、水稳材料等材料进行测试，研究其抗压性能、劈裂抗拉性能、抗折性能以及水化过程中的收缩特性等，并针对性能测试结果进行协调性研究，进而通过力学分析为路面结构优化提供理论指导，为低碳固废水泥在水泥稳定碎石基层施工中的应用提供指导，实现公路工程的低碳、环保以及高性能的理念。

（二）取得的成果（经济效益、现场应用、专利、论文）

明董项目研发的低碳固废水泥可节省的碳排放处置费用，保守估计可降低水稳基层材料碳排放80%以上，每km高速公路碳减排可达上千吨，未来碳排放市场化后，碳排放价格可量化，减少碳排放意味着节约经济成本。从现阶段碳排放交易市场价格来看，我国碳排放交易价格约为50元/t，每公里可节约经济成本5万元。

截至目前已取得2项发明专利证书；论文*Performance of high-belite calcium sulfoaluminate cement subjected to hydrochloric and sulfuri cacid*已被*FrointersinMatierals*（SCI）期刊录用，论文《低碱水泥混凝土中FRP筋性能演化研究》已投稿《华北水利水电大学学报（自然科学版）》期刊，稿件均正在审查中。

四、一种基于自行走台座的预制箱梁智能生产线

（一）研究背景、需解决的问题

明董高速工程MDSG-2合同段，全长21.615km，共10座预制箱梁桥，共需预制763片箱梁，存在数量多、工期紧、任务重等问题。

（二）取得的成果（经济效益、现场应用、微创新奖项）

项目参考汽车生产流水线，打造了一条智能预制小箱梁生产线，大幅提高了生产效率和质量，传统的固定式预制台座箱梁生产效率为5片/7d，763片箱梁预计1068d生产完成；对比来看，采用新型台座，生产效率提高为5片/d，预计152d完成箱梁生产，每天可少消耗10工日，合计可节省47320工日，每个人工成本按400元/工日计算，单人工费成本可节省约1892.8万元，具有显著的经济效益。智能生产线的引入大幅提高了预制箱梁的生产速度，减

少了大量的人员投入，解决了工期紧的问题，提升了施工质量和施工安全度，增加了美观性，在信息化和标准化方面树立了典范，具有很强的推广价值，产生了良好的社会效益。

此外，明董项目申报的"一种基于自行走台座的预制箱梁智能生产线"在中国公路学会发布的第三届全国公路微创新大赛评审结果中斩获金奖。在2022年山东省交通行业质量管理推进活动中，获山东省交通行业优秀质量管理小组二等奖。

五、一套混凝土构件智能标签装置

（一）研究背景、需解决的问题

混凝土作为主要的道路工程材料之一，其质量好坏将直接影响到道路工程的质量和使用寿命。按照国家有关规定，混凝土试块必须在建设单位或者工程监理单位见证人员的监督和陪同下取样送检，但在实际操作中往往由于见证人员难以到位，结果造成混凝土试块并非取自现场或在送检途中被调包，最终导致混凝土强度检验报告的虚假。

（二）取得的成果（经济效益、现场应用、微创新奖项）

混凝土质量动态监管系统利用射频识别（Radio Frequency Identification，RFID）技术，取样制模时在见证人员的监督下将RFID标签植入混凝土试块中，该试块可在无见证人员监督或陪同下送检，检测机构则利用RFID阅读器自动识别混凝土试块，从而确保试块的真实性，提高混凝土质量检测的准确性和可靠性。

通过在混凝土生产线的控制计算机上加装RFID监控装置，实现数据采集、无线通信和在线监控。在混凝土生产线的生产过程中，该装置在混凝土生产线上实时采集每槽、每车的真实生产配合比，并通过稳定、可靠的无线传输通道传递给系统。该装置定时上报装置的工作状况，一旦非正常使用，系统予以报警记录，从而确保采集工作的正常开展。明董高速为确保混凝土试块检测的真实性，提高混凝土质量检测的准确性和可靠性，已准备全线推广该项技术。

此外，明董项目申报的"一套混凝土构件智能标签装置"在中国公路学会发布的第三届全国公路微创新大赛评审结果中，斩获银奖。在2022年山东省交通行业质量管理推进活动中，获山东省交通行业优秀质量管理小组二等奖。

第二节　五小四新

一、环保应用，降本增效

（一）植物纤维毯

1.应用背景

由于明董项目路基填方量巨大，且高密段取土场交付滞后，所以从环境保护、施工效率、节约成本、绿化效果等方面综合考虑，并参考区域内类似公路路基防护形式，明董项目采用植物纤维毯生态防护形式代替预制拱形骨架防护。

植物纤维毯主要是利用稻、麦等秸秆或大麻、椰壳纤维、杂草等作为基底，可在其中混合草种、营养剂等机械加工成的，用于控制坡面侵蚀并恢复植被的一种完全生态建设产品技术（图6-2-1）。

图6-2-1　植物纤维毯固定

2.现场应用

明董项目全线边坡设计为拱形骨架防护，考虑效率、成本等因素，并积极贯彻绿色公路工程环保理念，响应国家的“双碳”目标；通过实地考察，一、二、四合同段在保证防护效果的前提下采用植物纤维毯生态防护形式代替预制拱形骨架防护。

3.取得效果（环保、成本）

植物纤维毯采用的原材料都是可降解材料，在保证生态防护效果的前提下，减少环境污染和碳排放，预计每km可以减少水泥用量180~200t，减少碳排放90~100t，符合国家的碳达峰、碳中和目标。同时，植物纤维毯可以避免边坡裸露，起到抑制扬尘的作用。

由于拱形防护的材料和施工成本限制，相比植物纤维毯造价更高，目前人工和混凝土明董项目《品质工程建设报告》原材的价格上涨，拱形防护的成本也在逐年上涨。植物纤维毯安装简单快速，可以大大降低施工难度，节约施工成本。按照植物纤维毯目前市场价格50元/m^2计算，明董项日可减少投资约140万元。

（二）场站除尘系统（防风抑尘网、喷淋系统）

1.应用背景

水泥拌和站在施工过程中会产生大量的扬尘，对周围的大气环境造成污染，影响附近居民的正常生活，造成施工人员的亚健康问题。为减小拌和站在施工过程中对周边环境产生的扬尘污染，明董项目全线于场站配备防尘喷雾装置（图6-2-2、图6-2-3）。

2.现场应用

喷雾系统由储水箱、高压水泵、输水管及高压喷头组成，自来水储存在储水箱内，利用高压水泵经输水管道输送至高压喷头，高压喷头使水形成雾状喷出。在运行过程中，水雾运动与尘埃粒子产生惯性碰撞，水雾将尘埃粒子包裹，经重力沉降后将尘埃逼降至地面，达到降尘目的。水箱中的水经过雾化后，由高压风机喷出。相比普通洒水车喷出的水流，水雾颗粒极为细小，其吸附力也增加了3倍，耗水量却降低了70%，较传统的降尘方法可节约用水约10t/日。同时，该喷雾除尘设备清洁范围广，当空气中的尘埃颗粒严重超标时，可随意选定一个区域进行液雾降尘，将飘浮在空气中的污染颗粒物、尘埃等迅速逼降地面，达到清洁净化空气的效果。

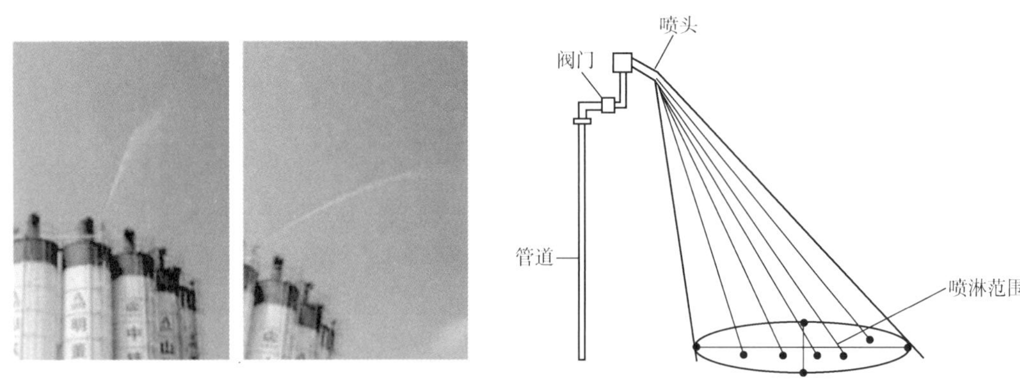

图6-2-2　拌和站除尘系统应用效果拌和站除尘喷淋系统原理图

图6-2-3　拌和站除尘系统

3.取得效果（环保、成本）

水泥罐顶除尘设备较传统的降尘方法可节约用水约10t/日，按照水1元/t使用时间730d计算，可节约7300元，为项目节能减排及成本起到重要作用。

（三）防风抑尘网

1.应用背景

拌和站粉尘污染是高速公路建设时期的一个老大难问题，在水泥罐装和施工放料过程中会喷压出浓厚的水泥粉尘颗粒，散逸在空气中四处飞扬。目前，推进绿色建造发展是高速建设行业降低资源消耗、减少建筑垃圾排放、消除环境污染、实现节能减排的重要举措。其中，采取切实有效的防尘措施控制水泥粉尘危害、为施工人员提供一个良好的工作环境、保障身心健康是十分必要的。明董项目针对这一问题，全线设置了防风抑尘网，以降低来流风的动能对水泥罐造成的影响。

2.现场应用

为降低来流风的风速及水泥拌和站在生产过程中对周围的大气环境造成的污染，在水泥拌和站周围设置防风抑尘网，最大限度地损失来流风的动能。防风抑尘网的防尘机理是它能控制改善堆场区的风流场，减小堆场区的风速、减小堆场区风流场的紊流度。强风经过防风抑尘网后，仅部分来风透过，其动能衰减并变为低速风流。与此同时，这部分风在网前的大尺度、高强度旋涡被衰减、梳理成小尺度、弱强度旋涡。防风抑尘网后这部分低速、弱紊流度风流掠过堆场，形成低风速梯度，低风速旋度，弱涡量和弱意流度的堆场区流场，使堆场低处起尘量大幅减少。根据空气动力学原理，当风通过防风抑尘网时，网后面出现分离和附着两种现象，形成上、下干扰气流，降低来风的风速，极大地损失来流风的动能，减少风的湍流度，消除来风的涡流，从而减少起尘量。最大限度地降低了水泥拌和站在生产过程中对周围大气环境造成的污染。

3.取得效果（环保、成本）

节约洒水养护成本，单日可节约用水约30t，为项目节能减排起到重要作用。

（四）高压微雾喷淋系统

1.应用背景

砂石材料作为基础设施建设的必要原材料，在运送、储存过程中难免造成一定的扬尘，明董高速在拌和站建设前，考虑到料仓扬尘的处理，特在料仓内设置了一套雾化喷淋系统，以减免料仓扬尘的产生。

图6-2-4　高压微雾喷淋系统应用图

高压微雾喷淋系统（图6-2-4）由恒压供水系统、缺水保护系统、水质过滤系统、电机综合保护系统、管道系统、喷淋系统等多个系统组成，具有良好的集成性，适应安全，方便快捷。湿度控制系统可以精确控制多个单元区域的湿度。

使用时首先将水源抽入蓄水池内，在主进水管上安装好电磁阀及系统控制软件，以保持水池的水能够供应喷淋系统。同时，根据养护面积在主水管道上安装好匹配的增压泵，以保证喷淋水能全部雾化。打开自动控制系统开关，增压泵开始工作，自动喷淋养护开始自动工作，系统一次性喷洒时间由系统控制软件控制，时间到后自动停止喷淋。喷淋停止后，根据实际效果调节喷淋间隔时间，当延时时间到后系统再一次自动工作，如此周而复始直到去除扬尘为止（图6-2-5、图6-2-6）。

2.现场应用

高压微雾喷淋系统在明董项目场站中均有应用。

3.取得效果（环保、成本）

高压微雾喷淋系统使雾气集中在最需要的地方，在不弄湿材料、设备和设施的情况下捕获并抑制灰尘，是最有效且经济上可行的抑尘方法。相比传统喷淋系统，明董高速使用的高压微雾喷淋系统喷出的雾滴极其细小,表面张力基本上为零,喷洒到空气中能迅速吸附空气中的各种大、小灰尘颗粒,除尘效果更加明显。

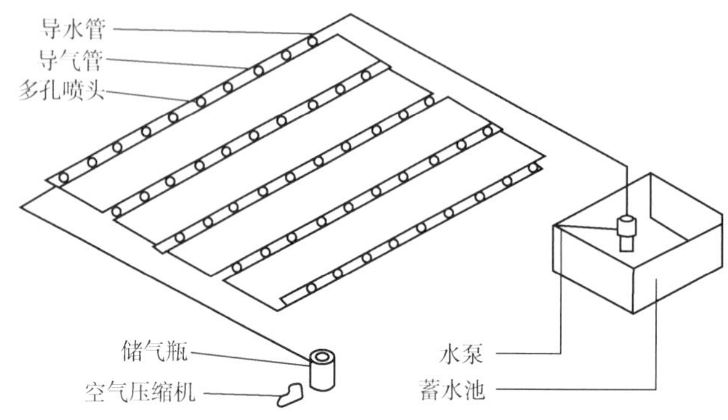

图6-2-5 喷淋系统整体示意图

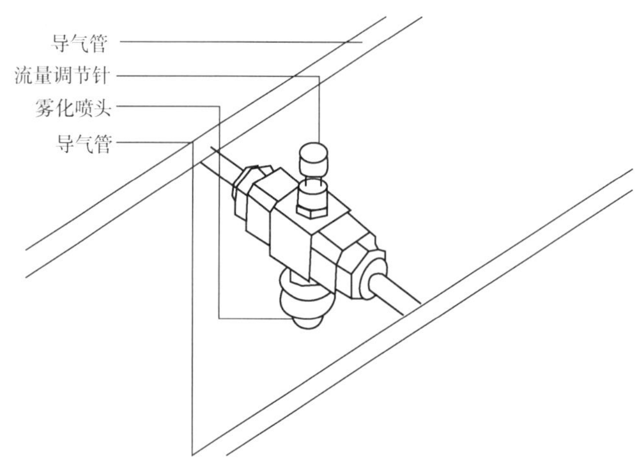

图6-2-6 导水管、喷头和导气管

(五)玄武岩纤维筋

1.应用背景

桥面铺装采用钢筋网进度较慢,而采用玄武岩复合筋网片可加快施工进度。连续玄武岩纤维,是以火山喷发形成的玄武岩石料为单一原料,在1450~1500℃高温熔融后,通过铂铑合金漏板高速拉制而成的连续纤维,不仅强度高,质量轻,耐高温及低温性能佳(-260~650℃),而且具有电绝缘、耐腐蚀、抗氧化、抗辐射、绝热隔音、防火阻燃、过滤性好等多种优异性能,适用于各种环境下使用。

2.现场应用

HK0+533汽通实验段,原本4个工人2d可施工完成的桥面钢筋绑扎,现在3人不到2h就可完成,大大缩短了工期,还节约了人工成本。由于玄武岩复合筋网片密度小,质量轻,耐腐蚀性能高,热膨胀与混凝土相当,握裹力更强,并且排除了在任何温度变化的影响下及混凝土的任何裂缝,可减少后期维修维护次数,延长桥面使用寿命。

3.取得效果(环保、成本)

在公路桥梁建设中,与传统使用的钢筋相比,玄武岩纤维复合筋具有耐化学腐蚀,高轴向抗拉度强、抗疲劳、弹性变形能力大、非磁性、质量轻等优点。使用玄武岩复合筋替代钢筋,可以有效解决钢筋腐蚀的问题,避免因钢筋锈胀产生裂缝,延长桥面的寿命。复合筋替代钢筋,等效换算后,复合筋综合能耗是HRP335钢筋的1/20,高使用寿命,降低维护费用,能耗低。

(六)光伏

1.应用背景

光伏发电与交通领域的结合,不仅响应国家节能降耗要求,而且为降低交通运营成本、实现提升经济效益以及盘活交通领域闲置资产提供强有力的支撑。

2.现场应用

明董项目在互通区广泛应用光伏发电。

3.取得效果(环保、成本)

(1)原则上不新增建设用地。光伏设施大部分布设在高速公路用地范围内,并且能够解决了部分土地资源闲置的问题。

(2)施工便捷,光伏设施沿公路沿线布设,材料运输、建设施工均能有效保障,无须新建施工便道、场地平整等,很多大型施工企业可以做到光伏设施施工与道路同时进行。

(3)管理成本相对较低,光伏设施运维管理可与高速公路日常运营管理一并统筹,仅需增加少量专业技术人员。

(4)其所发电能供高速公路运营所需,可及时就地消纳,如隧道用电、充电桩、光伏智慧梁厂、施工用电等多种消纳场景。

二、安全管控

(一)智能安全帽

1.应用背景

智能安全帽作为一类新兴形态的智能可穿戴物联网设备,具有高清视频监控、语音对讲、位置定位、本地录像、远程录像等功能。无线智能安全帽以第一视角实时展现现场情况、位置信息,协同后端功能完善的监控调度指挥平台实现远程实时视频监控、调度指挥。

2.现场应用

明董项目引进智能安全帽,联合科技公司共同研发软件系统,是山东省第一家引入智能化安全帽的在建高速公路项目,可实现远程检查、人员全天候定位、危险救援、电子围栏等功能。目前明董项目已在全线推广应用(图6-2-7、图6-2-8)。

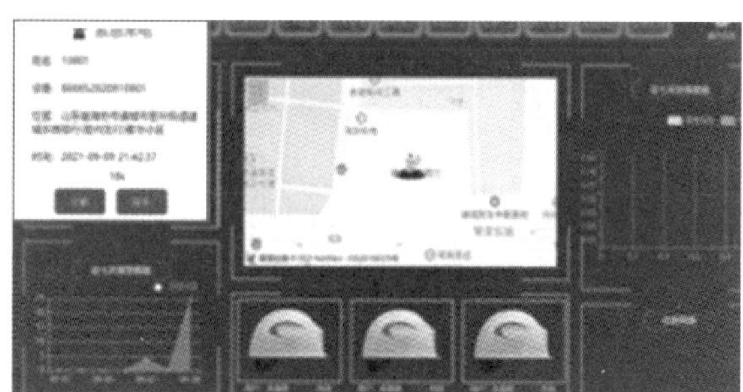

图6-2-7　智能安全帽来电、报警、监控、定位功能

图6-2-8　现场检查效果图

3.取得效果(环保、成本)

普通安全帽仅起到保护作用,作业人员在作业时要按作业规程佩戴安全帽,但很多作业人员佩戴安全帽时不把扣带扣上,这样工作时会给作业人员带来安全隐患。智能安全帽则起到监督和管理的作用,对没有正确佩戴安全帽的作业人员给予提示,并且指挥平台能够看到每位作业人员佩戴安全帽的状态,能够及时与作业人员进行互动,真实有效地了解现场作业环境,且其稳定可靠,操作简单,能有效减少人工监控的工作强度。随着智能安全帽功能的陆续开发使用,把物联网、生物识别、集合电子、机械等多个领域结合在一起,使项目安全管理迎来了新时代。

(二)自动液压夹轨器

1.应用背景

预制梁场建设是场站建设的重要任务。梁场建设中,必不可少的设备就是门式起重机,而起重机设备在使用过程中安全风险大,存在一定安全隐患。

自动液压夹轨器是将夹轨器和风速仪相结合,根据风力的大小自动防风的装置(图6-2-9)。它具体包括夹轨器箱体和安装于夹轨器箱体内的夹轨器、风速监测装置、电器控制系统及控制面板。自动夹轨装置先通过风速和测量装置将风速模拟器信号转换成数字量信号,再将这个信号传输给可编程逻辑控制器(PLC)指令单元对各执行机构发出指令来施工监控和停车。能通过电脑自行设定龙门吊正常工作时最大风速等级,如风速超过设定风速等级时,龙门吊行走系统会自动发出预警,并自动断电,这时安装的自动夹液压轨器会在6s内夹住龙门吊行走轨道,确保人员安全,待风力降到设定风速等级以下时,自动液压夹轨器会自动解除,并恢复行走控制系统,再次可以重新启动工作。

图6-2-9　自动液压夹轨器

2.现场应用

明董项目在比较了传统手动夹轨器与自动液压夹轨器的优缺点之后，为保证后期施工安全、能快速应对突发恶劣天气情况，选择采用自动液压夹轨器。

3.取得效果(环保、成本)

在后期的使用中也证实了，自动液压夹轨器的工作可靠性较高，能够起到在主机设备工作状态下的动态防风作用和非工作状态下的辅助防风作用，应对突发状况能力强，反应速度快，夹紧力大，故障率低，极大地保障了施工作业安全。

(三)智慧配电系统

1.应用背景

配电箱是电力系统中最低一级的控制和保护设施，是保障电力系统安全运行最基础的一个环节。它与工人接触的机会很大，但由于其数量多、分布广，且多属低值品，从而使许多配电箱处于失控状态，导致了不安全因素的产生，增加了人身触电和电气火灾的危险性，因此对配电箱的安全选择与使用必须引起高度重视。

2.现场应用

明董高速全线使用智能配电箱。智能配电符的特点是安装稳固，方便移动，组件便于安装，开门即可断电，送电必须关闭。内门钥匙开关在维修保养时关闭拔出，可有效防止他人送电，防止误动作，提高了作业安全性。在不关门的情况下，智能配电箱会发出蜂鸣警报声，同时闪烁信号灯，提醒工人关闭配电箱。

3.取得效果(环保、成本)

智能配电箱按电气接线要求将开关设备、测量仪表、保护电器和辅助设备组装在封闭或半封闭金属柜中或屏幅上，构成低压配电装置。正常运行时可借助手动或自动开关接通或分断电路。故障或不正常运行时借助保护电器切断电路或报警。借测量仪表可显示运行中的各种参数，可对某些电气参数进行调整，对偏离正常工作状态进行提示或发出信号。

智能配电箱基于实时采集的供配电系统负荷数据，通过对负荷数据的云端存储、分析与处理，提供周期性实时/历史变化曲线、峰谷负荷参数展示，实现负荷数据的融合分析评估报告。

(四)安全物资管理系统

1. 应用背景

安全物资管理系统的后端采用基于Python语言的Django框架进行开发;其前端采用Bootstrap3框架搭建;安全物资出入库涉及的数据结构单一,产生的数据量不大,对性能要求不高,根据这些特点,选择了较为简单、轻量的SQLite数据库;最后将系统部署到百度云服务器上,既能保障数据的安全,又降低了开发成本。在使用方式上,安全物资管理系统与安全物资出入库台账的记录方式相差不大,降低了学习成本,并且一些内容可以自动填写,提高工作的效率。

2. 现场应用

明董项目在安全物资出入库台账的基础上对安全物资管理方法进行创新,自主开发安全物资管理系统,同时结合原有的安全物资出入库台账实行安全物资线上、线下双重管控。

3. 取得效果(环保、成本)

安全物资管理系统不仅能完成安全物资出入库台账的记录,还包含了以下功能:

(1)保障重要物资库存储备充足;可以事先设置某物资库存的临界值,当该物品库存低于临界值时,系统可以收到采购提醒。

(2)查验物资使用记录方便快捷。可以在系统中筛选出某一物品的出库记录,或根据备注筛选出某一队伍的安全物资领用情况,便于后期结算。线上系统的优势还体现在安全物资管理人员可以随时查看出入库记录,方便安全物资的调配,满足施工需求。

三、技术优化

(一)河砂快速识别

1. 应用背景

工程建设中通常将天然河砂作为细集料主要来源,随着我国高速公路的不断发展和对环境保护的越来越重视,对部分河流实施了限采和禁采措施,造成天然河砂资源供应日趋紧张,供不应求的矛盾日益加剧,特别是级配、粒型良好的优质天然河砂更为紧缺,河砂价格也一路攀升。鉴于以上原因,目前市面上的河砂品质参差不齐,多掺杂机制砂或风化砂,用其制备的水泥混凝土的和易性、耐久性难以保证。正确识别河砂并判断其质量优劣对控制公路工程建设质量有十分重要的意义。

2. 现场应用

针对项目优质河砂供应不足的问题,为保证工程质量与进度,QC小组成员通过“头脑风暴法”,集思广益,对河砂快速辨识进行讨论,根据试验人员常用工程经验观察河砂形态,从而对河砂进行初步评测,由此受到启发,联想到用手持显微镜下观察河砂形态,对河砂、机制砂、风化砂以及混合砂4种细集料进行了研究。按照规范要求对细集料进行取样,首先通过细集料外观、粒型、级配、触感等方面对集料整体进行观察,作出初步评估,再通过人眼和显微镜进行分项判定。

3.取得效果(环保、成本)

成功运用显微镜对进场河砂进行快速检测,降低了人员劳动强度和人力成本,提高了工作效率,促进了安全生产,减少了不合格材料清场费用。应用显微镜观察河砂形态,操作简单且自主灵活,不依赖其他外部设备,不受外界变化影响,具有很强的推广价值。通过活动,成功总结了河砂快速识别流程,进行标准化巩固,编制了《一种提高河砂辨识速率的工作方法》。

(二)片状模塑料(SMC)高分子复合材料急流槽

1.应用背景

目前急流槽主要为预制混凝土结构、混凝土浇筑结构,标准化程度低、施工难度大、风化严重冲刷性不足、排水性差;现有混凝土预制急流槽普遍无很深地基且自重较大,施工不良等问题导致出现下沉与塌方;受材料特质及施工工艺等因素影响,其风化、产品连接处断层等现象比较严重。

2.现场应用

在明董高速三合同应用SMC高分子复合材料急流槽。第一步,施工准备,清理现场,准备材料和工具;第二步,测量放样,按图顶点标记和放样;第三步,完美刷坡,设备粗刷、人工细刷、保证平整;第四步,浇筑坡顶,坡顶用混凝土找平八字口与沥青路之间的斜度;第五步,急流槽铺设,自上而下,整体夯实、回填嵌入玻璃纤维锚栓螺丝固定;第六步,生态绿化,按设计喷播植草。

3.取得效果(环保、成本)

采用SMC高分子复合材料急流槽具有以下优点:安装紧固,不易脱落;精密外观,标准生产;质轻高强,施工便捷;工艺改良,施工高效;抗氧化、抗风化,后期维护成本低。

(三)“灌无忧”桩头超灌智能控制仪

1.应用背景

根据以往施工经验及方法,桩基灌注施工大多数采用测绳、测锤法控制。在桩基灌注过程中,因人为测量的局限性经常出现桩头超灌过多、混凝土浪费严重等现象。为保证桩基成品质量,降低混凝土超耗及破桩头成本。明董项目引进“灌无忧”桩头超灌智能控制仪(图6-2-10)。

“灌无忧”桩头超灌智能控制仪操作简单,主要根据混凝土识别装置控制导管埋深及桩头超灌高度,从而有效解决了灌注桩浇灌时普遍存在超灌过度和出桩不齐造成的混凝土浪费。“灌无忧”桩头超灌智能控制仪由3个部分组成。

(1)金属探头:相当于混凝土识别器,在金属探头全部覆盖上混凝土后就会立即将通过电线将信号传输给机顶盒。

(2)“灌无忧”机顶盒:相当于信息处理中心,根据金属探头返回的信号发出三种信号灯,绿灯表示此时的金属探头的位置在泥浆处,黄灯表示此时的金属探头在浮浆处,红灯表示此时的金属探头被混凝土全部掩埋。

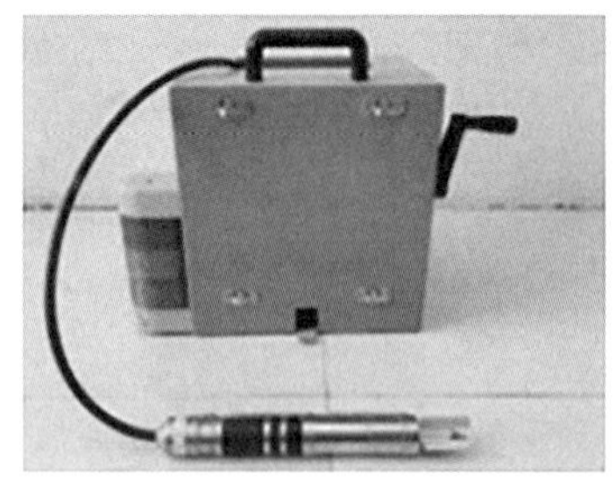

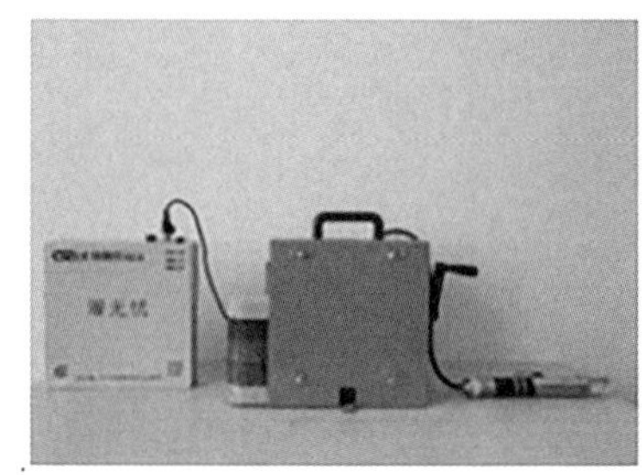

图6-2-10 “灌无忧”桩头超灌智能控制仪与应用图

(3)金属探头收缩装置:在桩基浇筑混凝土过程中根据测量的金属探头的实时位置精准算出混凝土上升高度计算导管埋深深度,从而技术员现场指导灌桩工人拆卸导管。

2.现场应用

使用时,“灌无忧”桩头超灌智能控制仪在钢筋笼接长完毕后,下放至孔内前将金属探头绑至钢筋笼系梁底以上30cm处,并用扎丝绑扎固定并以此测量混凝土超灌高度,在桩基灌注混凝土的过程中,每车混凝土浇筑完成后立即用测量金属探头测定混凝土上升高度,计算导管埋深和最后一车混凝土的方量,混凝土在上升到预定高度即掩埋金属探头后,信号灯变红随即停止灌注混凝土。

3.取得效果(环保、成本)

使用“灌无忧”桩头超灌智能控制仪可取得如下效果:

(1)可以准确控制桩头高度,杜绝了由于使用测锤法测孔深造成的桩头超灌过多、混凝土浪费严重等现象。

(2)可以准确控制混凝土用量。

(3)设备操作无难点,更方便快捷地为现场施工人员提供准确数据。

(四)大循环孔道压浆技术

1.应用背景

大循环孔道压浆如图6-2-11所示。传统的预应力管道压浆技术的主要弊端是不能将管道内的空气完全排出,在管道内存在气室或空气仓,再加上浆液泌出的自由水,便形成了钢绞线锈蚀的环境;真空辅助压浆,理论上是能够将管道内的空气排出的,但由于现场施工影响因素多,往往会出现“漏气”,直接导致无法保证管道内完全真空,从而无法从根本上解决问题。同时,对压浆工序的监管不力也是导致压浆质量不良的原因之一。管道压浆是隐蔽工程,对浆液填充效果没有准确的检测手段。

图6-2-11 大循环孔道压浆

2.现场应用

明董项目积极探索,优化压浆工艺,采用大循环孔道压浆技术,利用连接管将预制小箱梁的多条孔道连成一个整体。

3.取得效果(环保、成本)

大循环孔道压浆工艺能够保证完全排出管道内的空气,保证压浆过程中管道浆液内无气室气仓,保证了压浆密实效果。

(五)焊接机器人

1.应用背景

为增强钢筋加工质量及提高钢筋焊接效率,明董项目全线钢筋加工厂应用焊接机器人,提高了焊接质量及加工精度,提高了生产效率。

机器人焊接工作站由弧焊机器人、焊接设备、激光识别跟踪系统及辅助工装构成,采用激光识别跟踪模块和识图功能,能自动完成碳钢材质管板类焊缝识别和焊接。其特点是装备自带识别、视图和跟踪功能,设备自动化程度高、焊接过程快速稳定,焊接效率约为手工焊效率的2倍。

焊接机器人焊接的精准度高于人工,焊接一致性好,产品焊接质量稳定、可靠,大批量生产中能显著降低工人劳动强度;在焊接工作台上,工作人员提前通过机器人控制台设置好相关技术参数及指令,焊接机器人便如一名手巧的"裁缝",自动把几段钢筋高效精准焊接而成。焊接过程中,工作人员可远离焊接过程中的弧光、金属飞溅,只需在较远处进行监测,改善了工人的劳动条件,提高了焊接质量及加工精度,提高了生产效率。

2.现场应用

目前,明董项目共有两种焊接机器人,分别是单臂式焊接机器人和整体式焊接机器人。单臂式焊接机器人上下臂活动范围大,机器人工作空间几乎能达到一个球体(图6-2-12);整体式焊接机器人可倒挂在机架上工作,以节省占地面积,方便地面物体的流动。

图6-2-12　单臂式焊接机器人

由于在焊接过程中火花四溅,不利于对焊接机器人工作情况进行观察,若出现焊接等问题,无法第一时间做出反应。明董高速针对这一问题进行创新,在焊接处安装远程监控系统

图6-2-13　远程监控摄像头

(图6-2-13),施工人员通过该系统可以第一时间观察到焊接机器人工作状态,以防出现误焊、损坏等情况,保障施工质量。

3.取得效果(环保、成本)

焊接机器人没有疲劳,一天可24h连续生产,一台焊接机器人可以替代2~4名焊接工人,从而降低人工成本月900元/d。

(六)智能碾压系统

1.应用背景

常规压路机管控,通过管理人员现场交底,要求压实速度和压实遍数,监理人员旁站监督压路机工作状态,现场管理人员凭经验,主观判断碾压速度和遍数,缺少定量的管控。明董高速通过使用智能碾压系统解决该问题(图6-2-14)。

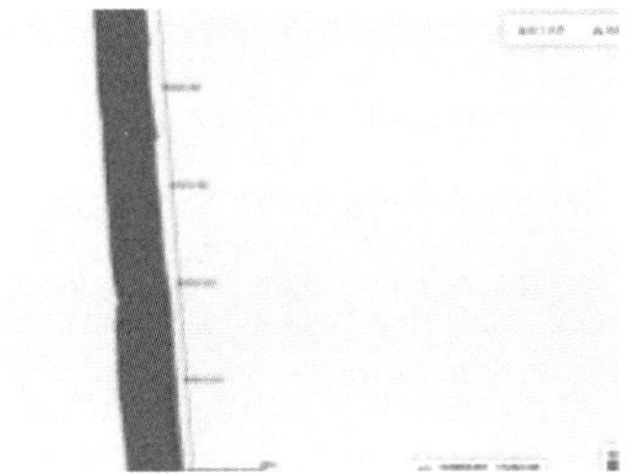

图6-2-14　振动传感器的安装压路机压实面积监控

2.现场应用

每台压路机安装压路机施工监测系统、温度传感器、定位装置等硬件,采集碾压温度、速度及遍数(初压、复压、终压),现场信息传输至后台,以图形化形式实时显示碾压温度、碾压速度、压实遍数(不同压实遍数显示不同颜色)。

数据也实时通过安装在驾驶室内的指示平板引导压路机操作手及时对薄弱区域加强碾压。在智能振幅振频传感设备安装之后,在车载压实系统可以图形化展示压实轨迹、状态,振动频率、车辆位置层数等信息,供机车手掌握碾压情况。

3.取得效果(环保、成本)

提高了施工过程中的信息化,降低了由现场管理人员凭经验、主观判断碾压速度和遍数可能带来的误差,使作业人员能够实时掌握碾压情况,提高了路面施工质量。

(七)预制箱梁一次性封锚工具

1.应用背景

明董高速二合同横跨众多道路、河流,设大、中、小桥共2316m/10座,桥梁上部结构预制梁板主要分为箱梁与T梁,分别为预制箱梁763片,预制T梁771片。由于工期紧张、梁板数量及种类较多，为了保质保量完成生产任务，本合同段采用综合性场站集中预制生产。

在保证梁板顺利完成施工任务的同时，也要全面保障每一道工序施工质量。封锚是梁板预制生产最后环节，也是对张拉压浆质量效果的一种保护措施。因此，为了保障封锚的施工质量与进度，本合同段研发出一种一次性封锚工具（图6-2-15）。

图6-2-15　一次性封锚工具

2.现场应用

一次性封锚工具是由空心圆柱头与推杆组成，均为铁制品，各零件以焊接方式连接。空心圆柱头直径稍大于锚具直径1~2cm制作，推杆长度30cm，推杆要求穿心过空心圆柱头，并于穿透处推杆端头加焊一片直径同锚具直径的铁贴片，使用前空心圆柱头内壁及铁贴片要求均匀涂抹脱模剂。

采用一次性封锚工具，首先将拌制均匀的水泥砂浆置入圆筒结构内，然后手持封锚工具，垂直对准锚具端头，匀速推动推杆，将砂浆推至锚具端头，收杆前静压10~15s，防止封锚砂浆整体掉落，收杆时将铁贴片对封锚面进行微抹收面，完成一次封锚作业（图6-2-16~图6-2-19）。

图6-2-16　封锚装砂浆

图6-2-17　封锚挤压

图6-2-18　封锚抹面

图6-2-19　封锚单独效果

3.取得效果(环保、成本)

一次性封锚工具进行作业,封锚砂浆密实,表面平整,成型后整体外观更美观,且模具便于装拆,并可重复利用。

一次性封锚工具制作简单、易于操作、效果优良,极大提升与促进预制梁板整体外观质量及施工效率。一次性封锚工具在本合同已经大面积推广应用,在今后的施工中同样具有广泛的应用前景。

(八)新型预制梁板预埋泄水孔固定装置

1.应用背景

传统预制梁板,一般在预留泄水孔位置放置PVC管或者木塞,利用预埋钢筋进行简单固定,然后进行梁板混凝土浇筑,但是这种传统预埋泄水孔固定方式,有较大的缺点:

①预埋的PVC管或者木塞在混凝土浇筑时,在混凝土的压力下普遍会偏离原先预埋位置;

②在混凝土的压力作用下,预埋的PVC管或者木塞本身会变得倾斜,对施工质量产生较大影响,对后期的泄水管施工也会产生较大影响。

2.现场应用

为减少传统泄水孔烦琐预埋工序以及后续施工过程中扰动现象,本项目创新研发简易新型的泄水孔固定装置(图6-2-20)。该装置由自制加长的螺栓拉杆、PVC预埋管筒直径的铁垫片以及拉杆尾部焊接的固定杆组成。

图6-2-20　现场施工图

3.取得效果(环保、成本)

新型预制梁板预埋泄水孔固定装置工艺简单、成本低、操作简单、可循环利用,极大地提高了预留泄水孔位置的精确度和施工质量,提高了工作效率,为后续工作提供了便利。

(九)钢箱梁现浇桥面板三角托架支撑结构

1.应用背景

明董高速二合同大牟家枢纽内主线桥与匝道桥下跨济青高速公路,桥梁上部结构形式为连续钢混组合梁,在桥面系施工过程中需要保障下方道路通行安全,传统的钢箱梁悬臂端施工耗费的时间、人力和机械较多以及存在大型构件掉落风险的技术问题。如何安全高效地完成桥面混凝土浇筑成为施工重点问题之一。

三角托架结构型式:横梁端部有一个竖向插接口,方便护栏围挡的安装;横梁与下弦杆形成稳定受力的闭合三角形;三角形内部又设有三道加强弦杆,增加支撑受力;直角处设一连接孔,用于M22高强螺杆与翼缘板的连接,连接孔高度高于横梁高度,为模板与方木预留空间;下部顶角处设一加强孔,用于顶托与钢箱梁腹板形成水平支撑;在钢箱梁翼缘位置,用磁力钻在距离边缘10~15cm位置设置φ22的预留孔洞,预留孔洞纵向间距为1m。图6-2-21为三角托架安装效果。

图6-2-21 三角托架安装效果

2.现场应用

支架结构与钢箱梁采用螺杆连接。支架结构体系操作简单、安装便捷,所有操作环节均在桥面上完成,不需要机械辅助措施,减少对下部既有道路通行的封锁与干扰,通过箱梁加工时预留孔进行连接固定减少了对梁体的损伤。

3.取得效果(环保、成本)

三角托架结构与钢箱梁采用螺杆连接,不仅减少了施工过程中下方既有道路的安全隐患,还减少了焊接料的使用,对施工环境有较大的改善,对施工具有一定的经济及安全效益。

第七章

专题篇

第一节　地方协调

一、策略导向，融会贯通

冯梦龙《东周列国志》第四十七回："凤声与箫声，唱和如一，宫商协调，喤喤盈耳。"项目公司与地方政府是相互依托的关系，一个新建工程项目的征地拆迁、施工建设、末期收尾都离不开地方政府的支持与帮助。明董公司与地方政府关系的好坏在某些程度上决定着项目建设的快与慢。而协调就是双方单位之间就项目建设过程中出现的问题、矛盾、解决办法提供一个沟通思想、化解矛盾、解决问题的一个平台。

征拆协调不仅是处理明董公司与地方政府的关系，更是协调明董公司与村民的关系，这是工程建设的第一难事。在高速公路工程等大型基建工程的建设中，征拆协调工作是一个项目工程建设前期的头号任务，它贯穿整个项目建设的全过程。征拆协调工作进展得顺利与否，直接关系到一个在建项目的整体工程进展、经济效益、节点把控及作业队伍稳定等方面。

明董项目为做好征地拆迁工作，采取了如下措施：

(1)领会文件精神，熟悉政策法规。作为征拆协调人员，要学习地方建设文件、领会会议内容及精神、掌握地方政策法规、熟悉自己本职范围内的业务知识和工程要求。在了解和熟悉当地基本情况之后，要认真学习国家及地方省市批准的征地拆迁补偿标准及有关工程建设的政策法规，并将这些文件法规熟记于心、落实于行，以便于在以后的征地拆迁协调工作中能够准确地把握政策条款、灵活熟悉地运用，从而推进工程进度。

(2)做好正面宣传，用好地方干部。在征拆协调工作过程中做好以下几点：①要给地方老百姓当好政策法规的宣传员，做好正面宣传，使老百姓知法、懂法、守法。②当有些村民不懂法、不守法时，就要寻找地方村、镇党委政府人员及有威望的长辈或地方公安人员给予帮助协调解决，或进行说法教育，解决处理好问题。③当工程建设与村民利益发生冲突时，要及时与村委负责项目建设的协调人员进行沟通联系，没有过不去的"坎"，没有解决不了的问题，只要有耐心和信心，再难、再大的问题都会得到解决。④凡涉及村民集体利益的经济补偿问题，必须有村级以上的组织通过签订补偿协议书的方式进行解决；当有个别村委协调人员不愿管理一些事务时，要及时上报镇一级领导机构，说明情况征得同意后可自行处理，以免带来不必要的麻烦。

(3)依靠地方党政，与民和谐相处。作为一个国家大型基建施工总承包企业，每到一个地方搞项目工程建设，都离不开与地方县(区)政府、乡镇政府、村民委员会(或社区)和村民打交道。在项目工程建设过程中，需要把握和处理好以下几个方面的关系：①紧紧依托项目工程所在地县(区)、乡(镇)两级党委政府和村级组织，发挥他们在当地的政治地位和领导核心的作用，促进工程项目红线征地拆迁协调的顺利推进。②妥善处理好与工程线路经过的地方村级组织和村民之间的关系。村委会是最小的“行政机构”——基层群众性自治组织，他们是村民最依靠的组织，他们最了解村民的所思、所想、所作、所为，村民有什么问题和困难都要向村委会询问了解、解决所遇问题。在进行工程建设征拆协调工作时，凡是涉及永久性征地和临时性用地，都与村民的房屋、土地、地面附属物等密切相连，息息相关，都要涉及方方面面的问题，还有一些细枝末节，这些问题都需要由村委会来组织协调处理解决。为此，作为征拆协调人员，要经常性地主动与地方村委会负责人保持联络，与他们建立起良好的关系，通过他们的方式及时处理村民所提出的有关项目征拆“问题”。③项目经理部或工区在力所能及的情况下，积极给当地政府和村级组织办一些实事、好事，以进一步融洽双方关系，搞好支持协调和配合工作，既为企业赢得了荣誉，同时宣传了企业品牌，又支持了地方政府的公益事业。

二、降本增效，明董有妙招

（一）深研概算，以余补缺

在工程建设行业，概算是编制预算以前，通过概略统计得出的不精确的收支数据。概算主要分为可行性研究投资估算和初步设计概算两种。随着工程建设各直接或间接投资主体和工程单位、建设单位经济意识的增强，初步设计概算在工程建设领域的作用越来越大，受到的重视程度也越来越高。

在明董高速工程建设初步设计概算中，总概算涵盖了多项费用，以建筑安装工程费及土地征用及拆迁补偿费用两项费用占据主要部分。在项目建设初期、现场大干场面尚未形成阶段，资金的流转主要受征地拆迁进度的控制。根据明董公司与潍坊市（青岛市）签署的《投资合作协议》，征地拆迁费用按照批复的概算金额，由潍坊（青岛市）指定的征地拆迁责任主体包干使用。因此，征地拆迁费用的概算将直接影响到地方征地拆迁工作的开展，一旦概算金额无法涵盖征迁工作开展过程中产生的实际费用，将会导致征迁进度受资金制约，间接造成工程建设进度将滞后，若是处理不当，将对明董公司造成无法承担的经济损失。

另外，由于《投资合作协议》中仅对包干费用总金额进行了约定，具体各项费用分配比重由地方人民政府决定，明董公司仅能凭借初步设计概算明细书及工作经验对其分配情况进行预测和粗略计算。因此，在资金拨付过程中也不能完全排除概算分项金额与征地拆迁实际费用不匹配的问题出现。

以高密市为例，高密市征地拆迁费中青苗及地面附着物补偿费概算金额为9829.25万元，在实际赔补过程中产生费用仅为6500万元，两者间产生3329.3万元的富余资金；而在高密市取土场使用费中，概算金额远远不足以支撑实际产生费用。经明董公司领导深研概算、认真计算、缜密把关，确定青苗及地面附着物补偿费富余资金可完全补齐取土场使用费不足部分，最终经明董公司与高密市政府深入沟通磋商后完成了资金的调配，避免了相应资金的过量流出，在一定程度上为公司节省了一笔可观的费用。

在对明董项目概算的深度研究及整体把控下，在整个项目资金支付工作过程中未出现某项费用拨付不及时而阻断征地拆迁进度的情况，未耽误土地组卷及时上报自然资源部，达到了充分利用资金、节约资金的目的，为下步资金的使用留足了周转空间、做好了提前打算，可谓是"一举多得"。

（二）转变思维，独辟蹊径

耕地占补平衡制度是在我国耕地总量动态平衡总原则下确立的一项保护耕地的基本制度，也是《土地管理法》确定的耕保核心制度之一。保护耕地、保障粮食安全是国家战略，也是基于我国土地国情和人口、资源、环境的基本国情而作出的客观选择。截至"十四五"期末，我国可能出现的粮食缺口高达1.3亿t，在这个大环境下，保持足量耕地及足够粮食产能这一战略目标决不能动摇，耕地保护这面大旗依然必须高擎。

明董高速工程建设项目涉及青岛市西海岸新区里程数为21.959km，征地红线范围内用地总面积3388亩，其中基本农田1590.9亩，单价18万元/亩。经统计计算，西海岸新区耕地开垦费概算金额为28636万元。

根据2017年11月23日青岛市西海岸新区管委会办公室下发的有关规定，"耕地开垦费标准提高至每亩15万元"，且"对建设项目经依法批准占用永久基本农田的，缴费标准按照耕地开垦费标准的两倍执行"。在该文件要求下经初步核算，西海岸新区耕地开垦费用高达75860万元，已远远超出概算金额47224万元。

面对无法突破的地方政策、高额的超概算费用，明董公司及时转变思路，与地方政府磋商异地购买指标的可能性，后经西海岸新区政府多次上会讨论，同意异地购买指标解决耕地指标问题。在解决模式上，明董公司与出售指标单位通过协商，双方意见最终达成一致，由出售指标单位提供耕地指标2391.2025亩，以满足明董项目补充耕地指标调剂需求。

三、明董高速高密土方工作

明董高速全线需土2435万m^3，其中高密段需土方量1263万m^3，占全线总比51.7%，土方填筑工作量大，建设任务十分繁重；高密境内地势平坦、土资源匮乏、用地性质复杂，取土形势极为严峻。高密土方工作能否顺利开展，直接决定着通车计划能否顺利实施。

依照明董公司与地方政府签署的征迁协议，土资源购买费用包含在征地拆迁费中，地方政府负责提供项目建设所需要的土方。

项目建设初期，现场尚未形成大干局面。在上述各种不利因素下，明董公司未雨绸缪，在清表尚未大面积开展时便组织施工、监理单位配合地方政府开展取土场考察工作，形成一条"寻找土场、考察土场、落实质量、对接手续"同步开展的高效工作链，顺利考察取土场20余处，为后续土场落实留下了充足储备。

土地组卷工作高效完成后，项目建设正式进入大干阶段，但因为土地手续办理烦琐、地方民事难以处理，前期考察的多处取土场均难以落地、无法供土。在该情况下，高密市协调办发挥地方管理优势，积极协调各市级单位及县市区指挥部，率先提出“扎口土场管理、统一使用调配”的政策，协助高密市政府成立了由高密市委政法委牵头，财政、国土、水利、公安、乡镇等机构协同参与的专项工作小组，全力推进高密土源寻求工作，并引入高密城投公司统揽土方工作。该举措一定程度上降低了土场资源的寻求难度，推进了部分土场临时用地手续办理进度，并在2021年底率先确定老五龙河取土场，解决土方30万 m^3，打破高密市零土场的严峻形势。

在2022年1月完成老五龙河取土场手续办理完成后，地方协调办、明董公司、施工单位便积极主动推进土场取土工作，同时以同样的思路落实其余可用土场的手续，但直至5月份，因为土场补偿款始终未补偿到位，老五龙河土场始终无法取土，其余在办手续的可用土场因老五龙河土场补偿款问题也迟迟难以推进。“扎口管理”模式已不再适用于高密土方工作；6—8月，在新冠疫情、区域降水量大等不可控事件影响下，地方交通管控政策收紧，人员机械周转调配受限，出现各土场手续办理困难、土方运输无法顺利开展，对明董项目有序推进造成前所未有的困难。

为解决“扎口管理”模式带来的问题，提高后续土方供应效率，明董公司主动出击，与潍坊市交通运输局、高密市协调办等单位多次协调、共同努力，探讨确定了“取土场为主、社会土源为辅、自购土源相结合”新模式，逐步消除了高密城投公司的制约。

随着新模式的逐渐运行，土方工作实现了不小的突破。首先是转变思路，以整治河道方式落实河道土场，促成了北郊新河、店子河等河道土场及多处社会土源；其次是在高密协调办的支持配合下协调国土部门，以土地整治方式落实土场，在雨季无法施工期间完成青龙山土场用地手续办理。这几处土场一经完成手续办理，即刻启动取土工作，实现了多处土场同步取土的大干局面。

另外，参考诸城段“基本农田作土场”模式，经过各参建单位多方考察、调度，了解手续办理流程、协调国土同步开展手续办理，在极短时间内确定西方戈庄基本农田土场，再次证明基本农田作土场的可行性。

同时，明董公司积极发挥能动性及调遣力，调度施工单位在现有土场及社会土源外，以不扰乱土方市场价格为原则，对20km内的可用土源进行自购。截至10月初，土方填筑量累计约220万 m^3，日供土量达到3万 m^3，但仍无法满足施工需求。

2022年下半年，路基施工正是大干阶段，但高密协调办提供的取土场供土效率逐渐减缓，现场施工进度受到严重影响。面对此时困境，明董公司多方调度施工、监理单位，以“只有抢到现场的土才是看得见、摸得着的”为宗旨，要求增设人员、机械，全力从河道内“抢先备土”，利用红线内场地进行存土、翻晒，同步加大取土场内的日取土效率，河道取土量远超土场供土量，侧面缓解高密协调办提供土场的供土压力。

2023年是明董项目通车的决胜之年，为顺利完成路基施工计划，明董公司采取多边措施，从根源掌握土方情况、根据情况实时调整应对策略，以保证土方工作大干快进。具体如下：

(1)通过实地勘察及数据溯源,对高密段路基填筑情况进行系统性排查,准确落实剩余方量及日供应量,倒排工期,要求施工单位严格执行明董公司制定的供土计划,并在12月底前限时完成已有土场取土。

(2)转变土方来源风向引领,为保障年底通车任务顺利完成,明董公司正式确定后续土方供应以自购为主,督促施工单位加大土源自购力度,同步调度取土场尽可能尽快取土、尽可能多取,减少后续自购土的需求压力,侧面控制自购土价格。

(3)明董公司提供充足资金保障,从中间计量工作入手,提高施工单位自购土结算频率,实行“运费一月两付”的结算模式,以保证施工单位在购买自购土后有充足资金进行下一轮自购土进场,减少施工单位购土、备土资金压力,形成良性运转。

截至2023年初,高密段土方缺口已基本落实,填筑量累计约850万m^3,日供土量平均8万m^3,巅峰时期突破10万m^3。

在高密土方问题上,明董公司始终牢牢把握征迁协议包干大原则,在未增加土资源费用的前提下,持续对接潍坊市、高密市各级单位,根据当前面临问题实时制定应对策略,兼顾巨细地指导施工单位开展土方工作,取得了节省土资源费约1.7亿元、累计填方占比70%以上的卓越成效。

四、征迁——明董建设排头兵

明董高速全线需土2435万m^3,其中高密段需土方量1263万m^3,占全线总比51.7%,土方征地拆迁是明董公路建设前期至关重要的环节,是加快推进项目建设的基础和关键,项目征迁工作的高速高效开展得益于地方协调办及相关政府部门的大力推进。从征地拆迁动员大会的召开到红线内土地面积勘测、房屋调查及拆迁补偿协议的签订和资金兑付等各项工作的全面开展,离不开协调办及地方政府的主动协助。面对征迁工作中不可避免的路基填筑断点问题、难点问题、钉子户问题,地方协调办积极协调、主动出击、多措并举,协同明董公司攻坚克难,采用化整为零,逐个突破的方式逐步解决。同时,政府部门领导高度重视征地拆迁工作,多次前往征地拆迁现场指导工作,并定期召开拆迁清障调度会,对征地拆迁工作上一阶段成果进行总结,深入分析征地拆迁下一步工作局势,指方向、作谋划、定措施,针对“拆迁是天下第一难事”,对各镇、村(社区)征地拆迁工作“有力、有序、有效”开展做好指导,为明董项目注入强大而新鲜的活力源泉。同时,明董公司专门设立高密工作站与西海岸工作站,派驻专人与地方协调办紧密联系、密切合作,有效推动地方征迁进度。

征迁工作能够顺利推进,除政府领导的高度重视及适时指导,顺畅的工作机制是基本组织保证。在协调办和地方政府的主导下、建设单位配合下,由乡镇、街道(村)、施工单位组成的“三位一体”征地拆迁组织体系以及“属地负责”的工作机制,有效发挥了街道办事处、项目工作组、基层组织的主体作用和党组织的战斗堡垒作用,切实增强了征地拆迁工作的时效性,在推进征地拆迁工作中发挥了巨大作用。街道(村)作为责任主体推进的同时,乡镇各有关部门全力配合服务,形成“街道一盘棋、上下一条心”的有利局面,充分调动和发挥了各部门作用，呈现出大兵团联合作战格局。另外，在各部门配合下实行的进度周报制、例会制等制度，对准确掌握各村征地拆迁进度，确保及时甚至提前完成征迁任务起到了有效的督促作用。

在征地拆迁的具体工作中，施工单位始终坚持主动沟通、协作共进的原则，与相关单位对接融洽，主动与村组紧密配合、沟通协调，协同地方协调办到现场实地考察，踏勘征迁难点，边走、边看、边想、边议，共同致力于征地拆迁工作。

为加快征地拆迁，推进明董项目进程，地方协调办积极开展与基层组织的征迁工作。在此过程中，协调办工作人员充分利用各种机会，以文件、公示专栏等方式向沿线群众大力宣传征地政策，并经常加班加点，走家串户，深入到村级单位，倾心交流，动之以情、晓之以理，耐心细致地解释政策，并让村民们更深入地了解到高速公路建设的意义，在得到广大群众的理解和支持后，勘测清单盖章及补偿协议签订工作得以有条不紊地开展。

随着征地拆迁工作逐步推进，矛盾点逐步显现。因征地补偿款未能及时拨付，加之受历史遗留问题影响，部分村民坚持在未拿到用地补偿款的情况下不同意签字确认，更有部分村集体对补偿面积及价格存在质疑。在此状况下，地方协调办工作人员主动出击，多次与村委会书记及村民沟通，曾因一家住户不同意土地征用而反复交流多达十余次，经常协调到深夜，最终通过讲政策、摆事实、明道理的方式，换位思考，与对方建立信任和理解的沟通渠道，逐渐缓和对方的抵触情绪，了解到征迁的必要性及必然性之后，签署了补偿协议。

第二节　涉铁转体桥

一、工程概况

明董高速与胶济客专交叉处铁路里程K112+390.811=道路里程K34+484.058，交角θ=71.93°;与胶济线交叉处铁路里程K112+432.795=道路里程K34+466.525，交角θ=71.32°位于峡山站至高密站区间。交叉处铁路为双电气化铁路，其中胶济铁路为国铁Ⅰ级，线路为多线并行，胶济客专为双线路客运专线，铁路交通繁忙。转体桥从胶济线K112+433、胶济客专K112+391附近上跨胶济线和胶济客专，桥梁全长210m。梁体分两幅，单幅桥梁宽度为19.73m，跨径组合为(90+90)m预应力混凝土T构+30.2m装配式预制小箱梁。T构主梁分5段预制，左右幅同时转体，顺时针转体71°(试转10°)，转体质量为14601t。

二、项目策划设计

(一)平面设计

根据本项目的特点，为了便于对全线的管理和控制，以及对外沟通的便利，生活区与施工区分开设置，设置独立会议室、厨房并配备供暖和消防设施，完全能够满足项目部人员办公和生活所需。

生活区设在蔡家站社区，道路交通方便，距离施工现场0.9km。设置独立会议室、厨房并配备供暖和消防设施，完全能够满足项目部人员办公和生活所需。

施工区设在施工现场，采用集中箱房设置两个办公区，满足设备管理单位、监理单位等配合单位办公所需；现场实行全封闭管理，现场分南、北两个工区设置，拥有独立的安保实施，现场设钢筋加工厂1处，小型钢筋加工棚1处，材料库1处，并规划半成品存放区4处，满足施工材料加工、存放要求；现场南北设置便道4条总长为0.5km，便道宽度5m，填方高度约80cm，采用C25混凝土硬化满足雨季施工要求；临时用电就近接山东高速第二合同段工程630kVA变压器，一级线路采用$3\times240mm^2+2$铝芯电缆敷设共0.7km，二级电缆敷设工程量共计1.13km。在施工现场设置1台Ⅰ级配电箱，6台Ⅱ级配电箱及开关箱18个，现场主线路走向采用埋地敷设方式，其余线路根据现场实际情况作出调整，以达到合理、优化的配线。现场南北共设置塔吊4座，并采用起重机配合可以便捷高效地完成垂直运输任务。

(二)现浇梁施工方案设计

1.支架设计

转体支架采用钢管柱贝雷梁支架和盘扣脚手架两种方式组成现浇梁支撑体系，因临建营业线施工安全系数高地基基础采用碎石土换填1.9m，上铺设30cm砂石褥垫层及25cm钢筋混凝土垫层有效保证支架基础的稳定。梁体分A、B、C5段预制，其中A节段因转体球铰及上承台限制采用钢管柱贝雷梁支架，B、C节段采用承插式盘扣脚手架，支架按营业线管理要求设置防抛网、缆风绳、作业平台及临边防护设施，有效地保证支架现浇梁施工安全。

2.排水设计

(1)主墩基坑排水

主墩基坑回填采用C20片石混凝土回填，回填时在承台与基坑中间预留2个集水坑，集水坑尺寸为1m×1m×1m。雨水进入基坑内时从集水坑用水泵及时将水抽出，防止基坑内积水。在基坑围护结构顶部四周设挡水墙，挡水墙采用砖砌，外面用砂浆抹面增加防水性能，挡水墙截面尺寸为0.3m×0.3m。设置挡水墙能有效防止基坑外积水进入基坑内。

(2)支架排水

支架地基面积大于支架搭设面积四周各1.5m，地基处理边缘采用砂浆抹坡并预留截水沟，截水沟断面尺寸为50cm×50cm预制块，截水沟汇集至施工场地排水沟排出场外既有沟渠。支架基础平面设置1.5%的人字形横坡，使雨水流入边缘的截水沟，确保支架不受雨水浸泡。

(3)现浇梁浇筑

转体段现浇梁分A、B、C5段预制，梁高最高处为9.5m，最长节段长为38m。每段均一次性浇筑。每幅先对称浇筑A段；待A段预应力建立后再对称浇筑两个B段；B段预应力张拉完成后再对称浇筑两个C段；转体完成后对称浇筑两个现浇段。现浇箱梁采用顶、腹板开窗预埋混凝土输送软管，2台56m汽车泵配合浇筑的施工方案。现浇箱梁梁段混凝土一次浇筑完成，混凝土浇筑采用纵向分段、水平分层的方式连续浇筑。纵向沿桥墩中线自低处向两端高处对称浇筑；横向先浇筑中间腹板区，再同步对称浇筑两侧腹板区，待腹板区浇筑至与底板顶高程基本齐平后浇筑两侧底板区，底板区浇满后再依次分层交替浇筑中腹板、边腹板，腹板槽灌平后，开始浇筑桥面板混凝土。桥面混凝土也从中间向两侧连续分段浇筑，每段2m，以利表面收浆抹面。

（三）转体工艺设计

T构转体Ⅱ级施工，要点施工时间为2023年9月27日1:00~2:20（80min），转体角度61°，正式转体前解除梁体约束进行称重配重工作，配重工作完成后转体前一天进行试转体（试转角度10°），通过试转确定转体最大启动力和平衡状态动力，点动位移等相关参数。正式转体中采用基于BIM（建筑信息模型）的桥梁转体智能化实时可视监控系统进行实时监测、评估及预警桥梁转体过程中的工作状态，转体弧长剩余30cm时停止转体进行精调，转体到位后对梁体进行封固完成转体。

（四）工期设计

项目部自2022年11月9日开工以来在施工计划上按照细化的施工作业计划在施工管理的全过程中严格遵照执行并根据施工实际进展及时调整人员机械配备，确保各项工作始终控制在计划的科学轨道上；在劳力安排上，选用有丰富施工经验的队伍进场，劳力配备充分合理，有节有度；在机械使用上，做到进场前全面保修，施工中及时保养，确保机械完好率和使用率，必要时加大投入；在材料上，按照物资总控计划合理安排材料进场时间，保障供给，采取措施确保材料资金，尽量提前备料；在作业工序上，做好施工工序的转换和紧密衔接。避免施工中断，在本工序施工的同时做好下一工序施工的准备。

三、现场施工

（一）桩基施工

桩基施工经过对邻近营业线作业特殊性、施工工期、地质条件等综合考虑采用旋挖钻施工工艺，但施工过程中遇到坚硬岩层，极大地影响旋挖钻机钻进效率。项目部通过专家咨询及现场试验最终克服困难。采用先捞沙桶钻进后桶钻钻进，再组和钻进行扩孔，最后捞沙桶捞沙的组合钻孔方式有效地提高了工作效率，圆满地完成桩基施工任务。

（二）球铰安装

球铰分上、下球铰安装，吊装前技术人员对球铰吊装进行检算，考虑1.5倍吊装安全系数及0.8吊装折损系数，经检算确定采用130t起重机进行吊装施工，现场提前标记处起重机摆放位置保证起重机进场在指定位置支立。

(三)预制梁支架安装

预制梁支架安装采用支架沉降智能监测系统,通过轴力计、位移计、应力应变计、倾角计等设备,找出支架的薄弱环节,为支架监测位置、测点数提供依据;可以掌握支架应力分布及变化情况、施工过程中支架在荷载作用下是否发生水平位移、支架立柱内力变化情况、施工过程中面板在荷载作用下是否发生沉降以及沉降量多少、施工过程支架在荷载作用下倾斜变化情况,为分析评价支架安全风险提供可度量的依据,保证施工过程安全。

项目部同时设置一台多功能天气监测系统,随时观测降雨情况及风力大小根据方案中规定的预警值采取相应的技术措施。

(四)大体积混凝土浇筑

项目部购置智能测温系统主要由传感器、接线盒、智能终端组成,可以实现远程系统温度监控、系统根据设定时间自动数据收集温度数据形成测温记录。

项目部设置智能喷淋养护系统,有效地克服了既有人工洒水养护用水量过多或不足及养护效率低的问题,达到全湿润的养护标准。

(五)桥梁转体

桥梁转体重点在于转体精度控制,项目部主要采用三种测量监测方法进行精准控制:①项目部在上转盘转台处设置弧长及角度观测标尺,下承台线路中线处设指示针,指针对准0刻度,人工对转体角度进行宏观观测。②采用基于BIM的桥梁转体智能化实时可视监控系统进行实时监测、评估及预警桥梁转体过程中的工作状态对转体过程转速及剩余弧长控制。③项目部同时布置2台莱卡全站(每幅1台)仪测量复核梁体端头中心位置转体剩余角度及轴线偏差;利用电子水准仪和莱卡全站仪进行最后转体姿态调整。

四、现场安全措施

项目部严抓严控,坚决杜绝现场违规作业、违章指挥、违反劳动纪律等三违行为。现场施工中严格落实临近营业线施工要求,严禁无计划、超范围施工。

(一)体系制度建设

明董项目建立健全安全质量环保职业健康管理制度体系,体系文件包括:安全生产管理体系、质量和生产管理体系、环境保护和水土保持管理办法、职业健康管理办法;安全生产管理制度有全员安全生产责任制、安全教育培训、风险管控等44项管理制度;质量管理制度有冬季和高温季节施工质量保证措施、工程质量检查验收制度等18项管理制度。

(二)上级文件宣贯情况

明董项目本年度共进行局、公司文件宣贯15次,济南局文件宣贯46次。通过文件宣贯,让大家清醒认识当前安全生产面临的严峻形势,克服麻痹大意和侥幸思想,深刻吸取其他单位事故教训，切实做好施工现场安全生产工作，消除安全隐患。

（三）安全教育培训情况

明董项目由于邻近营业线施工，按照中铁三局三公司及济南铁路局安全教育培训要求，主要开展新进场人员培训、营业线施工安全教育培训、三级安全教育培训、事故警示教育、各工种安全教育培训、特种作业人员安全教育培训、防洪教育等安全教育，按照未经安全教育培训不上岗的要求，确保进场人人培训，培训合格方可上岗。本年度共进行安全教育培训659人次，经考核全部合格。

（四）开展安全生产相关活动

在济南铁路局集团公司涉铁办和工程项目管理所组织下，胶济铁路立交桥工程、胶州省道219转体桥工程等12个转体桥工程的项目经理、总监理工程师，以及工程项目管理所各建设项目部指挥长、工管安质室主任及相关工程项目主管，在中铁三局明董转体桥现场召开转体桥T构模板组立施工防风管控措施现场观摩交流会。

（1）2023年6月份开展安全生产月专项活动。

（2）2023年7月3—4日开展防洪抢险救援演练。

（3）2023年8月4—5日开展消防应急救援演练。

（五）现场安全管控

加强组织管理、制度建设；开展营业线施工管理制度、办法、细则等文件宣贯学习活动；开展漂浮物管理、临时用电管理、大型机械管理、高空作业管理等专项主题教育活动；积极开展天气预报信息传达、落实、跟踪监测工作。坚持进行班前、班后漂浮物加固、清除隐患处理；完善应急预案内容、提高应急处置能力。

五、涉铁管理措施

明董转体桥于2022年11月份开工，由于工期紧张，项目部在天气寒冷、技术力量薄弱的情况下进行了桩基施工，根据地质勘探说明显示，桥址区主要地层为第四系全新统（Q4al+pl）冲洪积层粉土、粉质黏土、下伏中生界白垩系王氏群砂岩力学强度一般。选用旋挖钻机（冲击钻机配合）钻孔施工。钢筋笼在钢筋场地集中加工制作，运输车运到现场，使用起重机安放钢筋笼，混凝土采用罐车水平运输，采用导管法灌注混凝土。桩基施工完成后进行基坑开挖，开挖方式采取从上到下逐层开挖，并按照要求进行放坡。基坑开挖至基底，承台施工期间及时对基坑采取井点降水，保证基坑的干燥。破除桩头，检测桩基，检测合格后进行系梁、承台钢筋绑扎、模板安装及混凝土浇筑施工等。主墩承台施工前准备好支座、滑道等预埋件，并根据设计要求进行安装，安装过程中必须保证安装精度。系梁、承台模板采用组装钢模板，并采用内拉外顶的施工工艺。转体系统是实施转体施工的关键部位，转体结构由下转盘（承台）、转体支座、上转盘、转体牵引系统组成。下转盘为支承转体结构全部质量的基础，转体完成后，与上转盘共同形成基础。下转盘上设置转体系统的转体支座、钢管混凝土撑脚的环形滑道及转体拽拉千斤顶反力座等。上转盘是转体的重要结构，在整个转体过程中形成多向、立体的受力状态。

墩身模板采用钢模板，模板接缝少，整体吊装速度快，效率高。经检查合格后用起重机吊装就位。然后四周由拉索固定，模板就位加固后检查其中心位置及高程、垂直度及预埋件，模板与钢筋间采用同墩身混凝土强度等级的混凝土垫块。墩身施工采用承插型盘扣式钢管脚手架作为施工支架，并挂设防护网进行防护。

2×90mT构主梁采用单箱双室斜腹板箱形截面，中支点中心梁高9.5m，端部中心梁高3.8m，梁底线形按1.6次抛物线变化，端部等高段长5m。梁部T构单侧A～C节段转体前在支架上现浇，长2×84.88m。梁体采用纵、横、竖向三向预应力体系，其中纵向预应力钢束采用ϕ15.2~21、ϕ15.2~19、ϕ15.2~15钢绞线，锚下控制张拉应力为1395MPa。预应力采用顶、腹、底板布束方式布置。横向预应力采用3~15.2mm预应力钢绞线，锚下控制张拉应力为1320MPa。竖向预应力筋采用直径21.8低回缩预应力锚索，锚下控制张拉应力为1357.8MPa。

转体梁为T型刚构，采用承插型盘扣式满堂支架现浇方案。现浇梁施工紧随下转盘施工，进行地基处理、支架搭设、底模安装、底板、腹板钢筋绑扎、钢绞线穿束、内膜安装、顶板钢筋绑扎等可平行施工的工序。T构的沉降、线性控制、模板的支护刚度、大体积混凝土浇筑、支架预压、预应力施工成了项目施工的重点和难点，在施工过程中，集团公司成立了专门领导小组，精心编制了转体施工方案。同时由于胶济货运线和胶济客专运行繁忙，平均每3min就有一辆列车驶过施工现场，为确保既有线路列车的安全运行，项目部制定精确的工程计划，提前了解列车时刻表和交通管制措施，确保施工人员能够在列车通行的间隙进行作业。

9月27日凌晨1时，经过80min连续紧张施工，由建设管理集团投资建设、中铁三局集团承建的明董高速上跨胶济线、胶济客专立交桥在空中“优美”转身，顺利完成转体任务，为年内明董高速全线通车奠定了坚实基础。

第三节 泊里互通顶升

泊里枢纽互通白马河大桥原桥中心桩号为K79+227，桥梁宽度28m，上部结构为装配式预应力混凝土简支T梁。白马河大桥共顶升17跨，顶升长度为425m，顶升改造方案涉及桥台改造、墩柱接高、加高盖梁及加厚垫石多种类型，其中最大顶升高度为284cm。项目白马河大桥于2023年7月27日正式封路，9月12日全部顶升就位，后期墩柱接高、加高盖梁于10月9日全部完成，自封路至顶升改造施工完成仅用时72d，提前顺利完成所有顶升改造工作。

泊里枢纽互通白马河大桥下穿河道，施工现场地势低洼，地基情况复杂，且现场临时结构较多，结构受力较为复杂，施工难度大。明董公司坚持以问题导向，积极开展科技攻关，督促施工单位从施工力学行为研究、施工关键技术研究、基于数字孪生的大坡度宽断面桥梁整联顶升智慧管控三方面开展研究,为“卡脖子”难题下技术“良方”;顶升中不放过每一个细节,保证了8组PLC智能顶升液压泵站、122个顶升千斤顶精准有效工作,确保了顶升过程中顶升误差始终保证在±3mm内。

白马河大桥顶升改造工程的顺利结束,为明董项目年内建成通车奠定了坚实的基础。项目建成通车后将为青岛、潍坊两市增加南北交通大通道,对进一步完善山东省高速路网主框架,提升路网整体效益,助推山东半岛城市群建设和胶东经济圈一体化发展,带动北部港口群与董家口港联动发展等都具有重要意义。

第四节　明村西枢组导改

一、拆除工程概况

明村西立交跨线桥位于青岛平度市明村镇中心以西,三合山以北,景村镇南侧,上跨荣潍高速(S16)与新潍高速(S21)连接,实现两高速间交通转换。

本桥全长308.2m,共分为3联11跨,既有桥梁上部结构为预应力连续空心板和变截面预应力钢筋混凝土连续箱梁,其中第一联跨径组合:左幅3×25m+16.6m预应力连续空心板,右幅4×25m预应力连续空心板,下部结构为直径为1.5m双柱墩结构;第二联跨径组合:35m+45m+35m变截面预应力连续箱梁,主跨横跨荣潍高速,桥梁设计净高5m,下部结构为直径1.8m独柱墩;第三联跨径组合为:左幅4×25m预应力连续空心板,右幅3×25m+16.6m预应力连续空心板,下部结构为直径1.5m双柱墩结构。左右幅主梁之间用1cm厚泡膜软板隔离,桥面为10cm沥青混凝土,两侧采用新泽西护栏防护。

二、前期准备工作

(一)桥梁拆除交通组织

本桥第二联上荣潍高速,为保证明村西既有上跨荣潍高速跨线桥拆除安全,桥梁拆除采用荣潍高速全封闭施工,封闭时长为32h,封闭时段为2023年6月13日8:00—次日5:00。

荣潍高速北半幅封闭点设置在NK45+400处,荣潍高速南半幅封闭点设置在D匝道分流处(NK44+300图纸里程)、D匝道分流处(NK44+750图纸里程)及新潍高速分离处(-K0+490)采用移动钢护栏道路封闭,新潍高速A匝道合流处采用锥桶引导封闭。

荣潍高速拆桥全封闭期间,潍坊至荣城方向行车可出石埠立交收费站绕行G308蓝莓大道从明村立交处上荣潍高速;荣城至潍坊方向行车可出明村立交收费站绕行G308蓝莓大道从石埠立交处上荣潍高速。

(二)施工现场安全环保防护

(1)拆除前对明村跨线桥下各涵洞口设置2m高彩钢瓦硬质围挡,在CK0+330西侧老通道处、H匝道桥东侧处设置大门,安排专人封闭值守。

(2)一、三联桥梁上部结构拆除时为保证荣潍高速正常运营,防止桥梁拆除过程中弃渣飞入运营线内,在施工范围内沿波形护栏设置3m高彩钢瓦硬质围挡。

(3)上跨荣潍高速桥梁拆除前将荣潍高速车辆导流至高速两侧保通道上,并将桥梁拆除施工范围的中央分隔带及波形护栏两侧波形钢护栏拆除。在桥梁拆除、清理完毕后按原有线形恢复高速中央分隔带及路肩侧波形护栏,破损的护栏进行更替。

(4)为防止梁体破除时混凝土落块损坏路面,沥青路面上敷设双层土工布及一层彩条布后再铺设50cm厚沥青铣刨料。

(三)广告牌、防落网拆除

由于附属设施质量较轻,与桥梁整体刚度无影响,桥梁导改完成后采用人工进行拆除,人工无法拆除的附属设施可利用氧气乙炔进行切割,附属设施拆除完毕后,人工配合机械将广告牌、防落网等杂物装车运至指定位置堆放。

(四)沥青铺装层清除

沥青混凝土采用铣刨机,铣刨时渣土车跟随铣刨机纵向进退式接料,收集的沥青铣刨料暂存于荣潍高速两侧用于跨荣潍高速跨线桥拆除路面保护。

三、施工过程

在各收费站值守人员与交警通报全部封闭完成30min后,各值守点进行封闭,组织机械进入施工现场。

(一)拆除防撞护栏

桥梁两侧20m范围内设置隔离带并设专人防护,谨防行人窜入被混凝土渣砸伤。组织大型破碎锤上桥面对防撞护栏进行机械破除。当机凿破碎掉落的混凝土块较大时,桥下小型破碎锤再次进行破碎。

(二)上部结构拆除

本跨线桥第1、3联为预应力连续空心板,第2联为变截面预应力箱梁,为保证荣潍高速拆桥过程中交通尽快恢复,整桥拆除顺序为先第2联,后第1、3联。单联梁板拆除原则为纵、横向平衡对称,化整为零,纵向顺序为先跨中、后墩顶,横向顺序为先翼缘板、后顶板、最后腹板,拆除过程由专人全程指挥,确保纵、横对称拆除,避免桥体因不均衡受力而发生倾覆纵、横向拆除。

拆除顺序:翼缘板破除—非实心段横向连接拆除—外腹板拆除—次腹板破除—内腹板拆除—实心段拆除。

(1)每孔桥面上布置2台破碎锤对预应力筋的翼缘板破除,由跨中向墩顶机械破碎。

(2)非实心段横向连接拆除前全站仪放样空心板梁腹板区域画线标记,腹板区域确定后破碎锤立于桥面纵向后退式开孔破碎顶、底板混凝土直至将相邻腹板间横向连接钢筋裸露。

(3)钢筋裸露完成后破碎锤撤离桥面后,在每孔桥梁两侧布设2台长臂破碎钳将裸露的外腹板横向连接钢筋钳断,再使用破碎钳破碎最外侧腹板混凝土。

(4)当所有腹板混凝土凿除完毕后,最后将破碎锤移至墩顶处拆除剩余实心端混凝土。

(三)下部结构拆除

在上部主梁拆除完,同步对墩柱、台帽、系梁及承台进行拆除。拆除时破碎锤自上而下地逐步将墩柱、台帽等破碎,拆除过程中遇到钢筋连接时利用破碎钳进行切割。

拆除过程中应安排专人对下部结构进行观察,发现墩柱发生倾斜时立即停止作业,调整破碎锤站在倒伏方向的后方将墩柱凿除。

(四)路面清理

上跨荣潍高速现浇箱梁全部拆除完成后,将破碎后的钢筋混凝土块和荣潍高速路面铺设的沥青铣刨料清理干净,并恢复施工范围内中央分隔带及路肩侧波形护栏。

第五节　2023年高速集团观摩会

明董项目是2021年山东省重大储备类项目,也是山东省高速公路网“九纵五横一环七射多连”中“连四”线莱州至董家口公路的组成部分。明董高速的建成,将为青岛、潍坊两市增加南北交通大通道,对进一步完善山东省高速路网主框架,提升路网整体效益,助推山东半岛城市群建设和胶东经济圈一体化发展,带动北部港口群与董家口港联动发展等都具有重要意义。对沿线城市经济社会发展的拉动支撑作用将更加突出。

根据高速集团、建设管理集团统一安排部署,为贯彻落实高速集团党委关于抓好重点工程建设项目质量、安全等方面的新要求、新部署,不断推进平安工程、精品工程建设。加强高速集团在建项目建设经验交流,提升项目建设管理水平。根据高速集团工作安排,决定在明董项目开展高速集团标准化施工观摩会。

6月15日,高速集团2023年度高速公路建设现场观摩会在明董高速三合同如期举行,高速集团领导,集团工程管理部、高速股份、路桥股份、建设管理集团、工程咨询集团、基础设施建设公司、省交通规划设计院、齐鲁高速股份、交建集团等单位有关人员,各在建高速公路项目办相关负责同志,各在建项目建设、设计、施工、监理及其他相关单位共计70余人参加了此次观摩活动(图7-5-1)。

此次观摩,明董公司选取了明董高速三合同路面施工标准段作为观摩点之一。明董公司、总监办、驻地办及三合同紧紧围绕深入贯彻习近平总书记关于打造“精品工程、样板工程、平安工程、廉洁工程"重要指示精神，精心准备，超前谋划，组织召开多次迎高速集团观摩部署会，成立会务、现场、应急保障等工作小组，下发《明董项目观摩会具体安排及分工》《集团现场观摩活动调度工作表》《关于做好集团观摩活动准备工作若干要求的通知》等文件，确保观摩活动各项准备工作安排落实到位。

图7-5-1　2023年高速集团观摩会

三合同根据部署会议精神及通知要求迅速成立"迎观摩会活动落实小组"，下发准备工作详细清单，确定各工区现场布置责任人，负责各工区迎检段落杂物清理修整，彩旗、条幅、宣传牌布设等工作。设立内业准备工作小组，负责组织人员编写观摩点汇报材料、主持词和讲解词，设计展板版面，准备展示柜展示内容等工作。设立礼仪准备工作小组，负责礼仪接待人员选举和培训，设置现场讲解员和服务人员，安排现场交通指挥员。设立安全、环保、文明、标准化准备工作小组，负责观摩现场安全标志牌、安全车、通道桥、上下马道护栏、宣传标语（条幅）、彩旗等迎检物资准备，并安排好移动厕所，应急药物，应急救护车，临时休息棚等后勤保障；同时负责观摩迎检点现场布置，准备展示柜、展示屏，音响。各单位及全体员工上下一心，全力以赴，决心以高标准、高质量的要求完成此次观摩活动准备工作。

为了迎接此次观摩活动，三合同主要负责人全身心投入，身先士卒，带领三合同全体员工付出了巨大的努力。多次组织专题会议和现场会议，针对可能遇到的问题和难点进行了深入探讨并制订有效的解决方案。同时，为了确保观摩活动的顺利进行，三合同还投入了大量的精力，多次组织观摩演练，通过观摩演练，及时发现可能存在的问题并立即采取了有效的解决措施。在整个观摩活动的筹备过程中，三合同全体员工始终保持高度的责任心和敬业精神。他们认真对待每一个细节，确保活动的每一个环节都得到了充分的准备和安排。这种专业和专注不仅为团队树立了榜样，更为此次观摩活动取得圆满成功奠定了坚实的基础。

在观摩活动到来前一天，三合同主要负责人更是严谨细致地召开调度会，对各项准备工作进行最后的梳理和完善，从解说词的审查把关到现场布置，每一个环节都追求尽善尽美。

各工作小组成员之间更是密切配合、协同作战。针对可能出现的突发情况，精心制定了详细的应急预案，确保在出现状况时能迅速响应、有效处置。同时，加强与相关部门的沟通和协调，力求做到观摩会现场万无一失。通过这些努力，三合同这次观摩活动中以高度的责任心和敬业精神，为活动的圆满成功作出了突出贡献。此次观摩活动的成功举办，不仅展示了三合同在工程建设方面的实力和水平，而且充分体现了项目负责人的敬业精神和团队的专业素养。

此次观摩活动内容丰富、行程紧凑。观摩组一行重点观摩了明董高速三合同路基、路面、防排、下部结构及护栏等工程建设情况以及在施工过程管控、亮点工程打造、标准化建设等方面内容。

观摩会上，由明董公司、总监办、驻地办、三合同各业务负责人组成的讲解员小组分别围绕工程基本情况、亮点措施实施情况、项目建设标准化、安全生产标准化、五小四新应用、品牌党建等方面做工作汇报。这些讲解员们以专业的知识和深入的理解，向观摩组展示了明董项目在工程建设过程中的创新运用和标准化实施情况。活动现场共展出展板38块，通过大屏幕实景展示，展板讲解，实地观摩等活动方式向观摩组展示了明董项目在建设过程中所运用到的先进施工工艺和技术亮点。其中重点展示了玻璃钢纤维泄水槽、中央分隔带绿化设滴灌水管等先进的施工工艺和技术，这些创新性的应用不仅提高了工程建设的效率和质量，而且为安全生产管理提供了新的思路和方案。在科技创新方面，观摩会上还展示了明董项目在工程建设中引入的五小四新应用，如"新型矮T梁端头调节台座"等。这些创新的应用不仅提高了施工效率和质量，而且为工程建设带来了更多的可能性，也为整个行业的发展提供了新的思路和方向。此外，讲解员小组还通过展板和实地观摩等方式，向观摩组展示了明董项目在工程建设过程中的标准化实施情况。这些标准化的实施大大提高了明董项目建设的效率和质量。

观摩组还对明董高速三合同程的建设情况进行了详细的考察，并对明董项目在施工管理、创新工程、标准化建设等方面的出色表现给予了高度赞赏。在观摩会后，与会人员就质量管控、技术创新等方面进行了观摩交流。观摩组了解到，明董项目全体参建单位在施工建设过程中，始终保持高度的质量控制意识，严格把关每个环节，采取了一系列科学有效的管理措施，确保了施工质量的稳定和提升。同时，明董项目团队积极引进创新性的施工技术和工艺，不断优化施工流程，提高施工效率和质量。此外，施工过程中，各参建单位十分注重环境保护和资源利用，积极推行绿色施工理念，采取环保材料和工艺，减少对自然资源的消耗和环境污染。

观摩会后，观摩组召开了项目建设管理培训会，集团党委常委、副总经理房建果做开班讲话，来自集团总部、高速股份、建设管理集团、工程咨询集团、济南发展公司、东泰工程咨询公司的6名讲师进行现场授课。培训会解读了集团《质量提升三年攻关行动方案》，并讲授了各项目建设过程中的好经验、好做法。

培训会还强调了集团各有关单位及在建项目应深刻认识质量安全管理的重要性，把观摩会上的先进技术做法推广应用到实际工作中,全面促进集团高速公路建设管理水平不断提高。对下一步工作的安排:一要坚决扛牢高速公路建设责任,以百分之百的热情和舍我其谁的精神,承担起项目建设的光荣使命;二要充分认清当前项目管理形势的复杂性和严峻性,全力抓好项目质量安全建设,切实维护集团工程建设大局;三要全力塑造行业典范,强化全过程质量安全管理,紧盯安全质量隐患薄弱点,不断提升精细化施工水平,打造集团工程建设优质品牌。

明董项目自入场建设以来,积极对标先进、拓展思路、高标严管,不断提升项目精细化管控水平,加强安全质量管理和施工标准化建设,深入践行交通强国山东示范区建设,继续坚持施工建设高标准、高质量、高要求,确保优质、高效完成建设施工任务,努力把明董高速项目打造成为内实外美的标杆项目。

第八章

技术论文

石墨尾矿泡沫混凝土应用技术研究

王术剑[1]　袁祥云[1,2]　胡少鹏[3]　许皓[1,2]　张栋[1,2]　姚庚[3]
（1. 山东高速建设管理集团有限公司，山东省济南市 250001；
2. 山东高速明董公路有限公司，山东省潍坊市 262200；
3. 中交公路长大桥建设国家工程研究中心有限公司，北京市 100120）

摘　要：本文从石墨尾矿的细度和掺量、矿物掺合料种类、水料比、养护方式等角度，对石墨尾矿泡沫混凝土性能的影响规律进行研究。试验表明：掺入石墨尾矿可以提高泡沫混凝土的强度，矿粉最佳掺量为25%；当水料比为0.39，石墨尾矿泡沫混凝土的工作性和强度达到最优；当矿粉掺量为10%时，能够提升石墨尾矿泡沫混凝土的强度；石墨尾矿泡沫混凝土的抗冻性能随着重度的增加而逐渐提高。标准养护条件更有利于石墨尾矿泡沫混凝土强度的提升，在施工过程中做好养护措施，保障石墨尾矿泡沫混凝土的质量。

关键词：石墨尾矿　泡沫混凝土　水料比　抗冻性能

1　引言

泡沫混凝土是通过化学或者物理发泡的方式，在胶凝材料、细集料、外加剂和水组成的浆体中引入大量微小且封闭的气孔所形成的无机轻质多孔材料，是一种轻质、节能、利废、环保、不燃且低成本的新型工程材料。在行业和地方标准中，泡沫混凝土也称作气泡混合轻质土或者泡沫轻质土。近年来，泡沫混凝土在建筑、交通、矿山回填等诸多工程领域取得了广泛的应用。

石墨尾矿是石墨行业产生的副产品，大量石墨尾矿的存放占用了大量土地，造成环境污染。平度市是山东省石墨尾矿的主要产生地。在工程建设中如果可以有效地利用石墨尾矿，不仅能解决石墨尾矿堆存占地、减少对周围环境产生的污染等问题，而且能有效节约能源和资源，创造良好的环境效益、社会效益和经济效益。

本文主要研究将石墨尾矿作为泡沫混凝土的细集料，石墨尾矿泡沫混凝土的干密度、力学性能和抗冻性能，为其应用于回填工程提供技术支持，变废为宝，实现对石墨尾矿的大宗利用。

2　原材料

石墨尾矿：山东省平度市石墨尾矿，表观密度2820kg/m^3，粒径范围0~1.18mm，根据颗粒级配分为砂土状和粉土状，主要化学组成和矿物组成见表1和表2。

石墨尾矿的主要化学组成　　表1

氧化物名称	SiO_2	Fe_2O_3	Al_2O_3	MgO	CaO	SO_3	K_2O	TiO_2	Na_2O	MnO
砂土状样品(%)	49.5	9.3	12.5	7.0	9.8	6.1	3.7	0.8	1.1	0.1
粉土状样品(%)	51.5	10.2	13.1	6.3	7.9	5.1	3.7	0.7	1.3	0.1

石墨尾矿的矿物组成　　表2

矿物组成	矿物含量(%)							
	石英	钾长石	斜长石	菱铁矿	角闪石	石膏	普通辉石	黏土矿物
砂土状	20.1	8.2	12.7	28.9	4.4	—	17.6	8.1
粉土状	21.3	2.4	10.1	24.4	5.1	7.4	12.4	16.9

水泥:青岛山水建新有限公司生产的P·O42.5级水泥。性能参数见表3。

山水水泥物理性能参数　　表3

标准稠度用水量(%)	凝结时间(min)		安定性	抗压强度(MPa)		抗折强度(MPa)	
	初凝	终凝		3d	28d	3d	28d
28	236	319	合格	23.2	48.8	4.6	7.8

矿粉:潍坊兴业新兴建材有限公司生产的S95级矿粉,流动度比98%,28d活性指数105%。

粉煤灰:二级粉煤灰。

减水剂:安徽中铁工程材料科技有限公司生产的聚羧酸液体减水剂,含固量19.06%,减水率32%。

早强剂:粉状早强剂,纯度99.3%,pH值为6.6。

发泡剂:北京亚设建材科技有限公司生产的200型和801型发泡剂。200型发泡剂稀释比例为1:80,见表4。

200型发泡剂性能参数　　表4

项目	200型
密度(g/cm^3)	1.02
pH值	7.3
发泡倍数	20
1h沉降(mm)	4
1h泌水量(ml)	21
气泡群密度(g/cm^3)	49

3　制备工艺与试验方法

3.1　制备工艺

石墨尾矿泡沫混凝土选用的制备工艺是通过发泡机的发泡系统将稀释后的发泡剂用机械方式充分发泡并将泡沫加入由水泥、掺合料、石墨尾矿、外加剂和水制成的浆料，混合搅拌后经过泵送系统进行现浇施工，如图1所示。

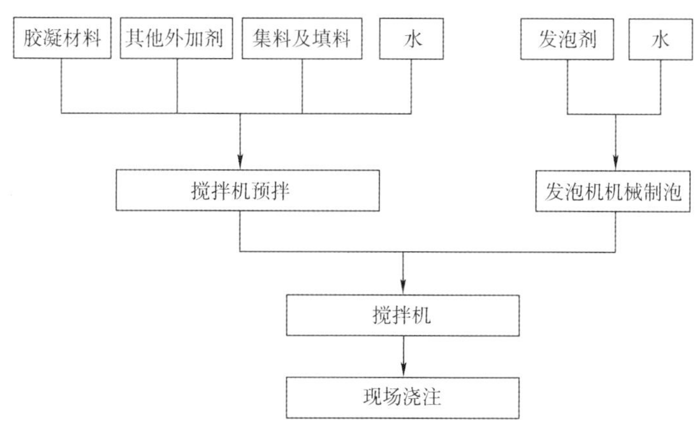

图1　泡沫混凝土制备工艺

3.2　试验方法

根据《泡沫混凝土》(JG/T 266—2011)、《泡沫混凝土应用技术规程》(JGJ/T 341—2014)、《气泡混合轻质土填筑工程技术规程》(CJJ/T 177—2012)和《现浇泡沫轻质土技术规程》(CECS 249—2008)等四项标准，泡沫混凝土的养护方式和测试抗压强度的方法不同，本文选择三种养护方式进行对比试验，测试其干密度和表干密度，然后测试两种密度情况下的抗压强度。自然养护是将试块拆模后放置于实验室，在实验室自然条件下进行养护。标准养护是将试块拆模后放于标准养护室内养护。标准封闭养护是将试块拆模后用密封袋封上后放置标准养护室养护。抗冻性能按照《蒸压加气混凝土性能试验方法》(GB/T 11969—2020)的规定进行测试。

4　结果分析

4.1　石墨尾矿细度、掺量对泡沫混凝土性能的影响

选用砂土状和粉土状两种石墨尾矿进行试验，石墨尾矿掺量分别为干料总量的20%、25%、30%、35%和40%，水料比为0.39，进行湿密度为500级和600级的泡沫混凝土试验。28d抗压强度数据结果如图2所示。

从图2中可以看出，500级的泡沫混凝土抗压强度比600级的泡沫混凝土抗压强度略低，掺入砂土状石墨尾矿比掺入粉土状石墨尾矿泡沫混凝土的抗压强度要高；随着石墨尾矿的掺量增加，抗压强度先增加后降低，在掺量为25%时石墨尾矿泡沫混凝的抗压强度最高。

石墨尾矿砂土状和粉土状化学组成相差不大，但是粉土状中的黏土矿物含量是砂土状的2倍，而且粉土状石墨尾矿颗粒的粒径整体偏细，黏土矿物在泡沫混凝土中具有吸附减水剂和水分的作用，影响石墨尾矿泡沫混凝土的工作性能，使得石墨尾矿不能够均匀分散在浆体中，从而降低了抗压强度。石墨尾矿本身不具有胶凝材料的性能，所以在泡沫混凝土中是作为集料，起到骨架支撑的作用。当石墨尾矿掺量较少时，石墨尾矿可以作为集料，弥补了泡沫混凝土无集料的缺陷，提高了泡沫混凝土的抗压强度；当石墨尾矿掺量逐渐增大，石墨尾矿会降低胶凝材料之间的胶黏作用，从而成为泡沫混凝土中强度的薄弱部分，从而降低了抗压强度。

4.2　*矿物掺合料对石墨尾矿泡沫混凝土性能的影响*

矿粉和粉煤灰作为矿物掺合料能够提升混凝土性能，本文研究两种掺合料对石墨尾矿泡沫混凝土的影响规律，选择矿粉掺量分别为10%、20%、30%，粉煤灰掺量分别为10%、20%、30%，在湿重度500级的石墨尾矿泡沫混凝土中进行试验，结果如图3所示。

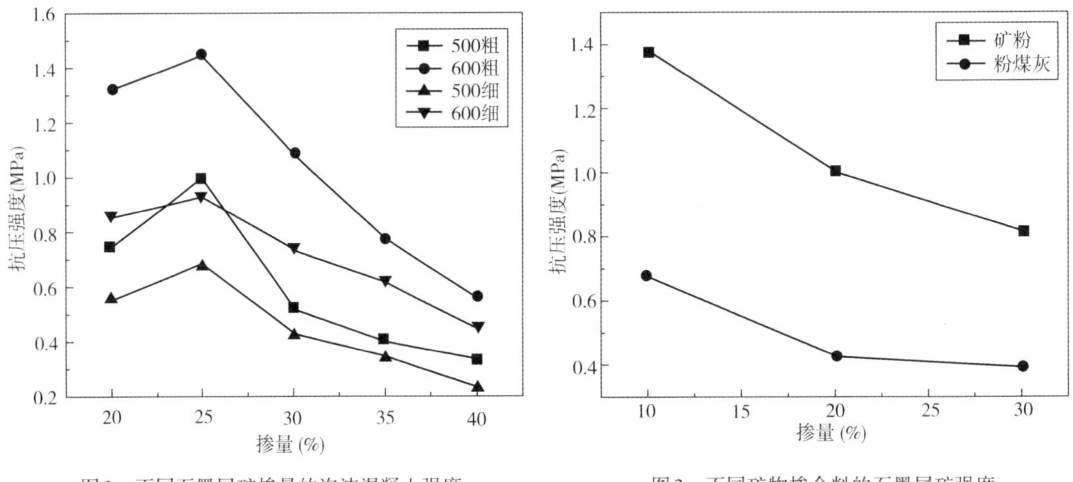

图2　不同石墨尾矿掺量的泡沫混凝土强度　　　图3　不同矿物掺合料的石墨尾矿强度

从图3中的数据可以看出，在湿重度为500级的石墨尾矿泡沫混凝土中加入矿粉和粉煤灰两种掺合料，都对石墨尾矿泡沫混凝土的力学性能有一定的影响。当掺量为10%时，掺入矿粉的石墨尾矿泡沫混凝土抗压强度达到1.38MPa，高于未加入掺合料的石墨尾矿泡沫混凝土抗压强度，掺入粉煤灰的石墨尾矿泡沫混凝土抗压强度为0.78MPa，略低于未加入掺合料的石墨尾矿泡沫混凝土抗压强度。随着两种矿物掺合料掺量的增加，抗压强度都逐渐降低。在掺量为10%时，矿粉的加入可以提高石墨尾矿泡沫混凝土的力学性能。矿粉的粒径比水泥小，能够填充内部结构细小的孔隙，增加孔壁密实度，同时矿粉的火山灰效应也可以提高石墨尾矿泡沫混凝土的抗压强度。而粉煤灰滚珠效应，加入泡沫混凝土中，可以提高泡沫混凝土的流动性，但是由于泡沫混凝土中气孔较多，造成连通孔较多，降低了泡沫混凝土的抗压强度。

4.3　水料比对石墨尾矿泡沫混凝土性能的影响

水料比是影响石墨尾矿泡沫混凝土性能的主要因素，以湿重度为500级和600级的石墨尾矿泡沫混凝土为基础，在水料比为0.30~0.45范围内进行试验，研究影响规律，结果如图4所示。

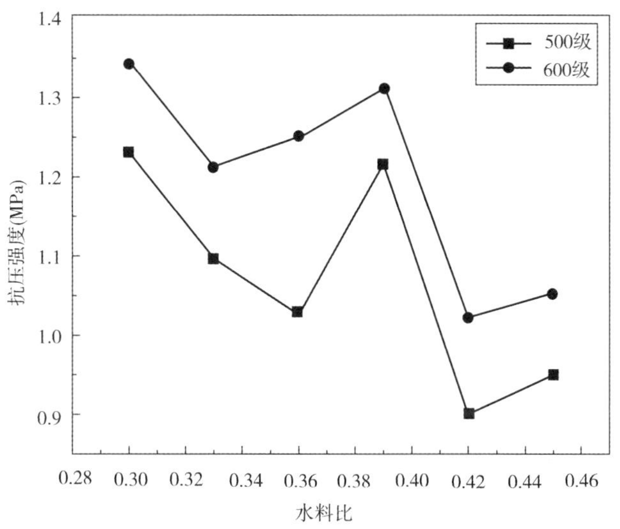

图4　不同水料比的石墨尾矿泡沫混凝土强度

由图4中的数据可以看出，不同的水料比石墨尾矿泡沫混凝土的力学性能存在很大的差异，试验方案是在保证重度相同的前提下改变水料比，湿重度为500级和600级的影响规律相似，随着水料比的增加，在一定水料比的范围内出现先降低后增加的波动。水料比为0.3~0.39和0.39~0.45时，石墨尾矿泡沫混凝土抗压强度随着水料比的增加出现先降低后增高的现象。在0.3~0.36范围内，随着水料比的增加，泡沫混凝土浆体的流动性逐渐增加，但是浆体的黏度还是较大，引入泡沫后，不能够均匀地分布在浆体中，部分泡沫相互融合破损，形成的气孔由小变大，导致石墨尾矿泡沫混凝土强度逐渐降低。当水料比在0.36~0.39范围内时，石墨尾矿泡沫混凝土的浆体黏度逐渐降低，引入泡沫后，能够很好地和浆体融合在一起，当浆体的黏度和泡沫达到相互融合的最佳比例时，泡沫在浆体内部形成均匀分布的封闭气孔，石墨尾矿泡沫混凝土的孔隙结构达到最稳固的状态，强度达到一个较高的值。当水料比在0.39~0.45范围内时，强度的降低是由于浆体变稀，形成的气孔结构孔壁较薄，孔壁对气泡的保护作用降低，出现大量破损，形成较多的连通孔，内部骨架结构失去稳定性。水料比存在一个最佳值，需要根据原材料的情况通过试验确定能够使石墨尾矿泡沫混凝土内部结构形成均匀气孔的水料比。

4.4　养护方式对石墨尾矿泡沫混凝土性能的影响

研究自然养护、标准养护和标准封闭养护三种方式下不同重度石墨尾矿泡沫混凝土的抗压强度影响规律，如图5所示。

在图5所示三种养护方式下，石墨尾矿泡沫混凝土的抗压强度呈现不同的结果，自然养护条件下比标准养护和标准封闭养护的抗压强度低，标准养护条件下的抗压强度最高。自然养护过程中,所处环境的温、湿度影响着石墨尾矿泡沫混凝土内部水化反应,石墨尾矿泡沫混凝土内部水分会逐渐蒸发,导致水化反应不能够彻底的完成,存在一部分未水化的胶凝材料,强度不能达到理论值。标准封闭养护与自然养护的区别在于温度是一定的,但是环境湿度还是逐渐变化,相当于恒温干燥养护,不能够为石墨尾矿泡沫混凝土内部水化反应提供所需的水分。标准养护是恒温恒湿条件下,石墨尾矿泡沫混凝土和其他普通混凝土的强度发展规律一样,几乎可以实现完全水化,使强度发展到设计理论值。所以在石墨尾矿泡沫混凝土工程应用中,只有对其进行及时、正确的养护才能够保证材料的质量。

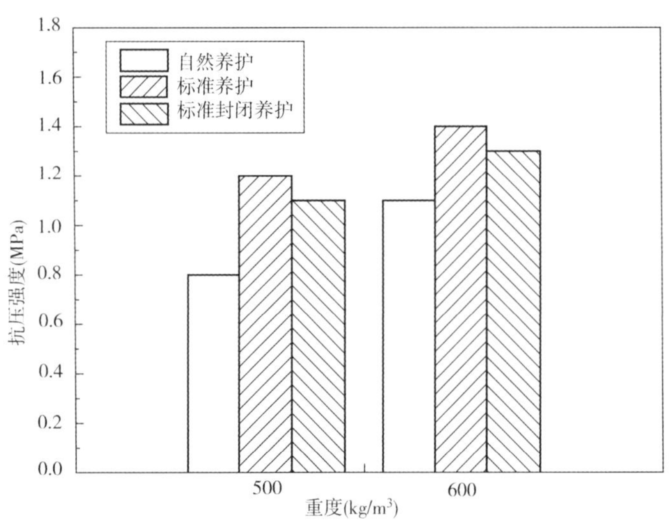

图5 不同养护方式下石墨尾矿泡沫混凝土强度

4.5 石墨尾矿泡沫混凝土重度变化规律

对不同重度的石墨尾矿泡沫混凝土同时进行自然养护和标准养护,记录重度的变化,研究不同养护条件对重度的影响,结果如图6所示。

从图6中可以发现,同一重度的石墨尾矿泡沫混凝土在自然养护和标准养护两种养护方式下的重度变化规律是不同的。自然养护时,石墨尾矿泡沫混凝土所处的环境温、湿度随着不同时间的变化而变化,由于环境湿度比较小,石墨尾矿泡沫混凝土内部的水分不断减少,所以重度不断降低,最后达到表面干燥,内部湿度与环境湿度达到平衡,重度逐渐稳定。在标准养护条件下,环境湿度为95%以上,石墨尾矿泡沫混凝土由于内部孔隙较多,加之内部的石墨尾矿及水泥基材料都具有吸水性,所以不断地从环境中吸收水分,重度不断增加,随着吸收的水分越来越多,重度增加逐渐缓慢,最终趋于平稳。重度的增加量和石墨尾矿泡沫混凝土的吸水率有关。从图6中还可以发现,在相同的养护方式下,不同重度的石墨尾矿泡沫混凝土重度变化规律是相同的,重度越高的内部孔隙较少,吸水率也越小。在工程中,我们需要根据施工环境的变化对石墨尾矿泡沫混凝的配合比进行针对性优化。

4.6 石墨尾矿泡沫混凝土抗冻性能

对500级和600级重度的石墨尾矿泡沫混凝土进行抗冻性试验,按照《蒸压加气混凝土性能试验方法》(GB/T 11969—2020)中规定的方法进行15次冻融循环试验后对试块的容重和抗压强度进行试验前和试验后对比,对比结果如图7所示。

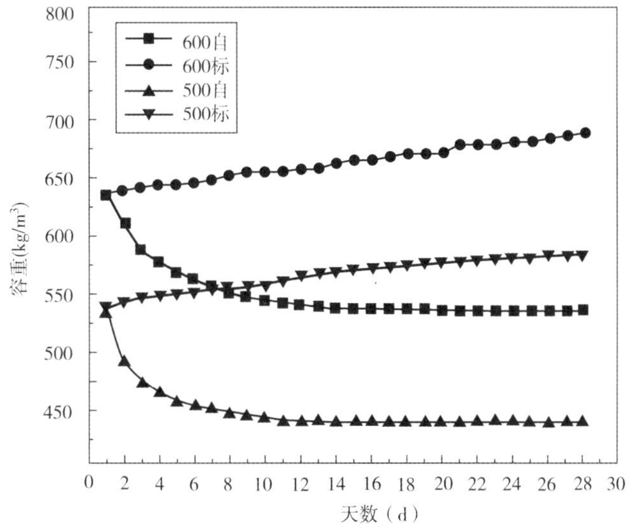

图6 不同养护方式下石墨尾矿泡沫混凝土重度变化

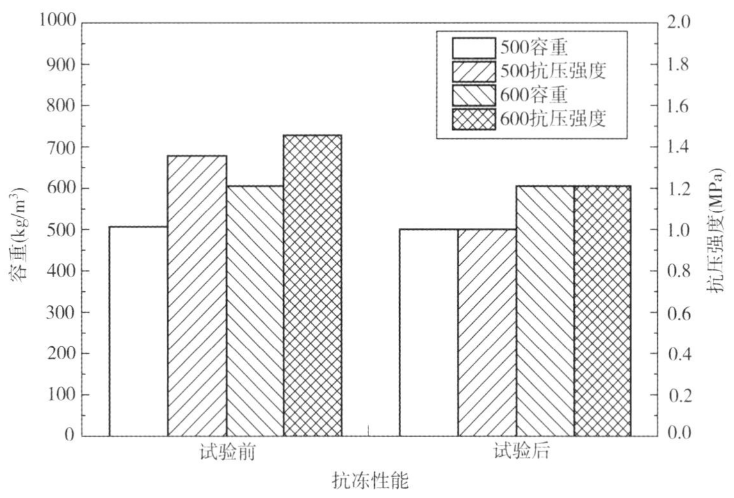

图7 石墨尾矿泡沫混凝土抗冻性能

由图7可以发现,石墨尾矿泡沫混凝土的重度经抗冻性试验后,质量损失较小,几乎无变化。抗压强度有所降低,500级重度的石墨尾矿泡沫混凝土强度由1.35MPa下降到0.99MPa,强度损失率为26.7%。600级重度的石墨尾矿泡沫混凝土强度由1.45MPa下降到1.20MPa,强度损失率为17.2%。由于石墨尾矿泡沫混凝土内部孔隙较多,可以分为闭口孔、开口孔和连通孔,在冻融试验过程中,开口孔和连通孔起了副作用。试验过程中,开口孔和连通孔进入大量的水,在反复冻融过程中,孔壁由于水的膨胀出现破裂,造成结构破坏,降低了强度。石墨尾矿泡沫混凝土随着重度的增加,单位体积内孔隙率降低,抗冻性能逐渐提升。随着石墨尾矿的掺入，泡沫混凝土的孔壁密实度增加，强度提高，使得泡沫混凝土吸水率降低，内部进入的水分变少，减少了冻融过程中膨胀破坏的情况，增强了石墨尾矿泡沫混凝土内部结构抵抗冻融循环的能力，降低了石墨尾矿泡沫混凝土材料质量损失。

5 结语

石墨尾矿作为泡沫混凝土的细集料，能够提升泡沫混凝土的性能，并且可以资源化利用工业固体废物。研究表明：①砂土状石墨尾矿掺量在25%时，掺入石墨尾矿的泡沫混凝土强度达到最优值；②掺入10%的矿粉能够提升石墨尾矿泡沫混凝土的性能；③水料比在0.39时，石墨尾矿泡沫混凝土的工作性能和强度达到最佳；④标准养护条件下，石墨尾矿泡沫混凝土的重度和强度发展比较稳定；⑤石墨尾矿泡沫混凝土的抗冻性能随着重度的增加而提高。

参考文献

[1] 刘磊，牛敏，郭珍旭，等．黑龙江某鳞片石墨层压粉碎-分质分选技术研究[J]．非金属矿，2019，42(6)：57-61.

[2] 中华人民共和国住房和城乡建设部．气泡混合轻质土填筑工程技术规程：CJJ/T 177—2012[S]．北京：中国建筑工业出版社，2012.

[3] 中华人民共和国住房和城乡建设部．泡沫混凝土应用技术规程：JGJ/T 341—2014 [S]．北京：中国建筑工业出版社，2014.

[4] 国家市场监督管理总局，国家标准化管理委员会．蒸压加气混凝土性能试验方法：GB/T 11969—2020[S]．北京：中国标准出版社，2020.

[5] 李涛，许又文．泡沫混凝土强度影响因素研究与应用进展[J]．砖瓦，2022(7)：28-35.

[6] 咸国栋．高性能泡沫混凝土材料制备关键技术研究[D]．济南：山东建筑大学，2021.

[7] HAO Y F，YANG G Z，LIANG K K.Development of fly ash and slag based high-strength alkali-activated foam concrete[J].Cement and Concrete Composites，2022，128：104447.

[8] 肖文淇，赵洪凯．基于泡沫混凝土性能影响的研究与分析[J]．北方建筑，2021(6)：5-8.

[9] 黄玉琴，王瑞燕，龙天艳，等．泡沫混凝土的力学性能优化研究[J]．地下空间与工程学报，2021(17)：603-608.

[10] ALEXANDER DROZDOV，IRINA OSIPENKOVA，OLGA STUPAKOVA.Dependence of foam concrete properties on technological factors[J].E3S Web of Conferences，2020，164：14010.

[11] 张亚梅，孙超，王申，等．不同密度等级泡沫混凝土的性能和孔结构[J]．重庆大学学报，2020，43 (8)：54-63.

[12] 周利睿，耿飞，习雨同，等．气孔结构对泡沫混凝土吸水率和抗压强度的影响[J]．新型建筑材料，2017，44(7)：71-75.

高延性混凝土研发与工程应用

曹洪亮[1,2] 徐凯[1,2] 任京华[3] 孙晟之[1,2] 王晓波[3] 胡少鹏[3]
（1.山东高速建设管理集团有限公司，山东省济南市 250000；
2.山东高速明董公路有限公司，山东省潍坊市 261000；
3.中交公路长大桥建设国家工程研究中心有限公司，北京市 100088）

摘 要：本文研究了水泥种类和外加剂对低收缩高延性混凝土（HP-ECC）工作性能、力学性能和收缩行为的影响，确定了符合桥面负弯矩区标准的HP-ECC配合比。主要解决了钢-混连续组合梁桥负弯矩区及桥面连续混凝土易开裂的问题，通过采用高性能复合材料及优化施工过程等方式来提高混凝土桥面板及桥面连续结构的抗裂性。结合山东明董高速项目工程实施过程中遇到的问题进行分析，开发低收缩高延性工程水泥基复合材料，实现桥面负弯矩抗裂技术的工程应用，大幅降低桥梁全寿命周期成本。

关键词：高延性混凝土 抗裂技术 桥面负弯矩区 工程应用

1 引言

传统的水泥基复合材料（如混凝土等）是全世界应用最为广泛的结构工程材料。随着社会的发展，普通混凝土由于脆性大、自重大等不足限制了其在结构工程中的应用，已无法满足建筑工程中对混凝土材料逐渐增长的性能需求。为解决这一问题，美国密西根大学 Victor Li 教授研制了一种纤维增强水泥基复合材料（Engineering Cementitious Composite，ECC），该材料宏观抗拉极限应变可达到3%~5%，是普通混凝土的200~500倍。ECC以其优异的延展性能，逐渐引起广大学者的重视。ECC是一种基于微观力学和断裂力学理论设计的，通过对纤维和基体进行优化设计，具有准应变硬化特性和多缝开裂特性的材料。不同于普通的纤维增强混凝土（Fiber-Reinforced Concrete，FRC），ECC在裂缝产生后仍然可以保持一定的承载能力，不会出现应力软化的情况。

南京长江大桥引桥T梁桥面连续化改造工程中，使用了ECC作为桥面连续材料。ECC的超高韧性和准应变硬化特性使其可以承受相邻板梁产生的变形。美国密歇根州无缝连接板示范工程使用了30 m^3的ECC，ECC连接板长×宽为5.5m×20.25m，厚度为0.229m。该工程中使用ECC避免了侵蚀因子通过伸缩缝的渗入，控制了裂缝宽度，实现了桥梁两跨之间的低刚度连接。日本北海道美源大桥使用了800m^3的ECC，全长1000m，主跨长340m，其中ECC桥面板厚38mm，通过剪力键连接在钢板上方，由于ECC的高抗拉强度使得桥面板厚度降低，从而降低了桥面板40%的自重。

在桥梁工程中，混凝土翼缘受压、钢梁受拉是钢–混凝土组合梁的最有利受力状态，在实际工程中，混凝土翼缘受拉的情况非常普遍，如连续梁的负弯矩区段等。钢–混凝土连续组合梁通常带裂缝工作，其负弯矩区混凝土板的裂缝开展较大时，将导致混凝土板中钢筋锈蚀，从而影响梁的耐久性。

为解决该问题，常用的技术措施有预加荷载法、调整桥面板浇筑顺序法、调整支点高程法（支座顶升）、采用新型钢混组合结构、设置预应力钢绞线等方法。表1列出了我国近年来正在建设或已建成组合连续梁墩顶负弯矩区域桥面板抗裂性能改善措施的应用情况。

中国典型工程桥面板抗裂措施的应用 表1

桥名	跨径布置（m）	施工方法	桥面板抗裂措施
上海长江大桥	85+5×105+90	整跨吊装	桥面板滞后结合、支点位移
港珠澳大桥	6×85	整跨吊装	桥面板滞后结合、支点位移、组合梁形成前施加纵向预应力
武汉二七长江大桥	6×90	顶推法	桥面板滞后结合、支点位移（跨中临时墩也参与）
杭州九堡大桥	23+78+9×85+55	顶推法	桥面板滞后结合、体外预应力
长沙福元路大桥	90+5×85+60	顶推法	桥面板滞后结合、体外预应力

除此之外，开发超韧性低收缩的高性能混凝土也受到了广泛关注。低收缩高延性混凝土（HP-ECC）是一种新型纤维增强水泥基复合材料。HP-ECC采用最大密实度理论进行配合比设计，通过调整胶凝材料组分和集料级配，实现高模量、低收缩；通过断裂力学和细观力学技术对内掺纤维的种类、尺寸和掺量进行设计优化，充分发挥纤维的增韧防裂效果，大幅提高了混凝土的抗裂性；具有良好的和易性，易于现场浇筑。

明董项目依托工程中多处钢–混组合梁桥使用了HP-ECC优化负弯矩区结构，本文总结了HP-ECC材料的研发历程和施工经验，旨在为HP-ECC在桥梁工程中的应用提供经验。

2 工程概况

明董项目位于山东省潍坊市，主线工程起自荣潍高速（S16）与新潍高速（S21）交叉明村西枢纽处，途经青岛市平度市，在K4+820处进入潍坊市昌邑市境内，再往南在K8+330处进入潍坊市高密市直至标段结束。起讫里程为K0+000 ~ K26+100，设计采用双向六车道，路线长26.10km，其中路基长度22.269km，桥梁长度3.054km，主线大桥1158m/6座，主线中小桥434.5m/7座，天桥339m/3座，互通立交1196m/10座，汽车、机耕通道86道，涵洞35道，下穿济青高铁立交1处（桩板结构）。设计挖方12.98万m^3，填方611.28万m^3。明董高速大牟家枢纽互通、明村西枢纽互通立交多处采用钢–混组合梁桥，桥面铺装断面如图1所示。对于承受负弯矩作用的组合构件，其混凝土板处于受拉状态，混凝土抗裂是急需攻克的关键技术难题。

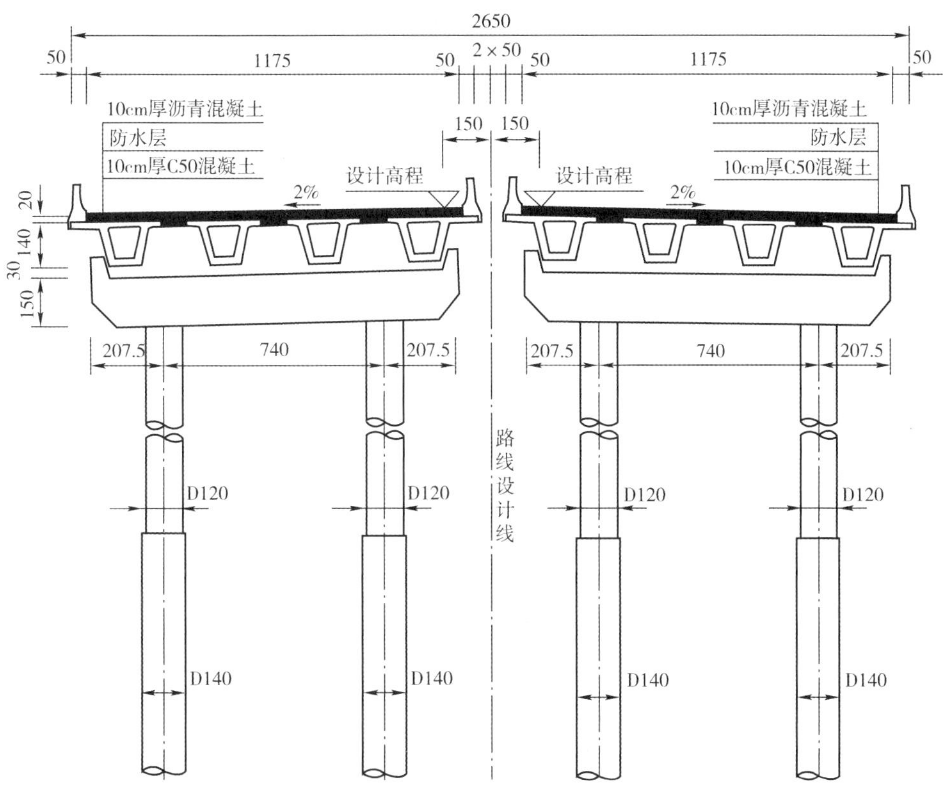

图1　明董高速桥面铺装断面示意图(单位:cm)

原方案中桥面铺装采用10cm沥青混凝土桥面铺装+防水层+10cm C50混凝土桥面现浇层,C50混凝土部分不能较好地满足桥梁负弯矩区的变形和受力要求。考虑到负弯矩区对混凝土收缩开裂的高要求,对铺装方案进行了优化,通过对HP-ECC进行优化,使用钢纤维和聚乙烯醇(PVA)纤维复掺,减少PVA掺量,降低黏度,提高材料韧性和疲劳寿命,新开发一种低收缩高延性混凝土,形成连续组合梁负弯矩区综合抗裂技术,以提高混凝土桥面板的抗裂性,降低桥梁全生命周期成本。

3　高延性混凝土研发

首先利用最大密实度理论设计和优化高延性工程水泥基复合材料,通过胶凝材料配合比设计和集料级配优化,研究水泥、外加剂和矿物掺合料种类及掺量等参数对混凝土性能的影响及其作用机理,提出高延性混凝土基体基准配合比,基于上述研究确定符合桥梁负弯矩区使用标准的高延性混凝土配合比。

3.1　原材料水泥

使用普通硅酸盐水泥和快硬水泥。普通水泥为小野田P·O 42.5普通硅酸盐水泥,密度3011kg/m^3,比表面积362m^2/kg,初凝时间168min,终凝时间221min,28d抗压强度为44.1 MPa,28d抗折强度为7.8MPa;快硬水泥为42.5级快硬硫铝酸盐水泥,密度3250 kg/m^3,比表面积350m^2/kg,初凝时间38min,终凝时间65min,3d抗压强度为58MPa,3d抗折强度为7.5 MPa。微珠为空心型,堆积密度为400kg/m^3;硅粉堆积密度为407kg/m^3,SiO_2含量为92%;砂采用天然河砂,细度模数为2.8;钢纤维选用尺寸为0.22mm×13mm,抗拉强度为2100MPa的镀铜微丝钢纤维,PVA纤维尺寸31μm×12mm,抗拉强度为1550MPa;减水剂采用聚羧酸系高效减水剂,减水率不低于30%,减水剂和消泡剂均为白色粉末状固体,缓凝剂为柠檬酸钠,膨胀剂为北京CSA塑性膨胀剂;试验用水为自来水。

3.2　配合比研究

结合桥面负弯矩区受力机理以及高延性混凝土桥面负弯矩区结构受力性能分析结果,提出高延性混凝土相应指标需求,具体要求见表2。

负弯矩区HP-ECC材料性能指标　　表2

性能指标	坍落度	28d抗压强度	28d抗折强度	干燥收缩
指标要求	≥200mm	≥50MPa	≥12MPa	<400μm

桥梁负弯矩区对混凝土收缩抗裂性能提出了更高的要求,为探究水泥种类和外加剂对高延性混凝土力学性能和收缩性能的影响,考虑到普通硅酸盐水泥早期强度发展缓慢,后期干燥收缩行为严重,为此分别设计快硬水泥+缓凝剂和普通水泥+早强剂两种配比,进行工作性和力学性能对比试验,并且通过掺加膨胀剂改善普通水泥的收缩行为。具体HP-ECC试验配合比见表3。配合比中干混料由水泥、微珠、硅灰和细砂组成。按表3称取各组分原材料,首先将干混料混合搅拌1min,再将两种纤维缓慢撒入继续干拌1min,然后加水搅拌3~5min至浆体均匀。试件成型后密封养护24h,拆模后标准养护28d。

高延性混凝土配合比(kg/m^3)　　表3

编号	干混料			钢纤维	PVA纤维	水	减水剂	缓凝剂	早强剂	膨胀剂
	快硬水泥	普通水泥	其余成分							
SAC	700	—	1400	95	15.5	264	5.5	12.5	—	—
OPC-1	—	700	1400	95	15.5	264	5.5	—	18.5	—
OPC-2	—	700	1400	95	15.5	264	5.5	—	18.5	45

3.3　试验方法

HP-ECC坍落扩展度按照《普通混凝土拌合物性能试验方法标准》(GB/T 50080—2016),力学性能试验按照《混凝土物理力学性能试验方法标准》(GB/T 50081—2019)的规定。收缩性能测试采用接触法测量,接触式变形试件的尺寸为100mm×100mm×400mm,使用有机玻璃模具浇筑成型,模具内壁预置有可拔出的有机玻璃薄片,同时在模具底部预垫厚度1mm的聚四氟乙烯薄片。混凝土的自由变形以初凝时间为起点开始测定。

3.4　试验结果与分析

表4为不同种类水泥和外加剂对HP-ECC坍落度的影响。可以看出3种不同种类的

HP-ECC坍落度均符合≥200mm的要求，但快硬硫铝酸盐水泥制备的HP-ECC流动性较差，主要原因是快硬硫铝酸盐水泥颗粒的平均尺寸小于普通硅酸盐水泥，增加了快硬水泥的标准稠度用水量。从表4中可以看出，掺入4%的膨胀剂使HP-ECC的坍落度降低了10mm，这是因为混凝土的工作性能取决于颗粒上水膜覆盖厚度，膨胀剂颗粒较小，比表面积大于水泥，在水化过程中消耗掉更多的水以形成水膜，降低了HP-ECC的流动性。

HP-ECC坍落度 表4

编号	SAC	OPC-1	OPC-2
坍落度(mm)	255	280	270

不同种类水泥和外加剂对HP-ECC标准养护28d抗压强度和抗折强度的影响如图2所示。与快硬水泥基HP-ECC相比，普通水泥基HP-ECC的抗压强度增加了12.2MPa，抗折强度增加了1.1MPa。快硬硫铝酸盐水泥的早期强度发展较快，但后期会生成较多的钙矾石，产生不均匀膨胀，使混凝土内部结构产生微裂纹，从而对混凝土强度产生不利影响。掺入膨胀剂后会使普通水泥基HP-ECC的抗压强度和抗折强度分别降低3.8MPa和0.5MPa，4%掺量的膨胀剂水化产物对混凝土力学性能的贡献显然不如水泥熟料，并且膨胀剂的粒径更小且结构疏松，在水化反应中比水泥熟料更容易获得水分，导致水泥水化产物减少，降低了混凝土的力学性能。

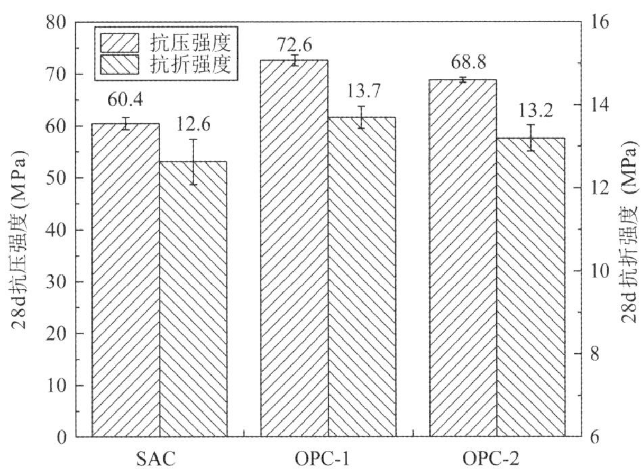

图2 不同种类水泥和外加剂对HP-ECC标准养护28d抗压强度和抗折强度的影响

不同种类水泥和外加剂对HP-ECC收缩性能的影响如图3所示。由图3可以看出，快硬硫铝酸盐水泥基HP-ECC的干燥收缩显著低于其他两组，这是因为快硬硫铝酸盐水泥水化放热主要集中在早期，有利于降低HP-ECC的干燥收缩。此外，快硬硫铝酸盐水泥水化速度较快，短时间内生成较多的钙矾石填充在孔隙中，提供有效的膨胀功，从而降低混凝土收缩率。掺加了膨胀剂的普通水泥收缩值小于空白组，说明膨胀剂可以有效地补偿混凝土的收缩，且与混凝土的收缩性能有较好的适应性。

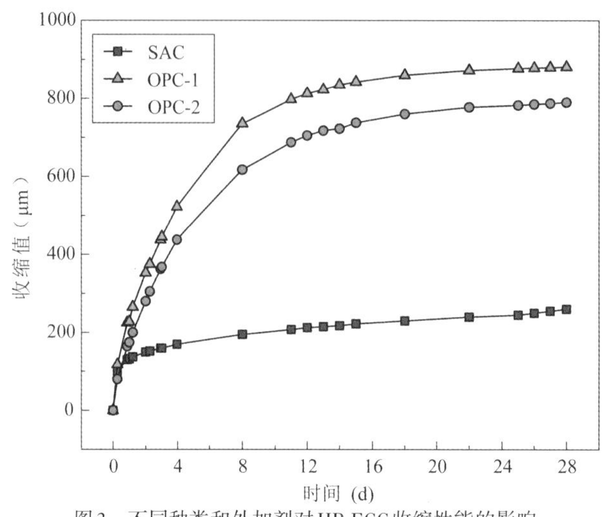

图3 不同种类和外加剂对HP-ECC收缩性能的影响

总体看来，三种不同种类的HP-ECC能够满足工程上对桥梁负弯矩区工作性和力学性能的要求，但普通水泥基HP-ECC的28d收缩值高于400μm，不符合要求，因此可以采用快硬硫铝酸盐水泥+缓凝剂作为符合桥梁负弯矩区使用标准的高延性混凝土材料。

4 工程实施

4.1 高延性混凝土生产工艺

由于现场施工场地条件的不同，HP-ECC采用两种生产工艺：第一种是采用普通混凝土拌和站进行生产，HP-ECC干混料以吨包形式运输到拌和站，从砂石料仓的皮带传送带输送至搅拌机内，外加剂和纤维随着干混料一同输送至搅拌机，如图4a)所示。原材料加入后，干拌90s，加水继续进行搅拌300s，当拌和物达到施工要求的状态后进行放料，然后通过罐车运输到现场。

第二种是在施工现场采用专用搅拌机进行生产，如图4b)所示；通过起重机吊装干混料到现场专用搅拌机投料口，工人将干混料下方割开，干混料进入搅拌机后，将减水剂、添加剂、钢纤维、PVA纤维依次投入搅拌机中，按照配比加入水，进行搅拌，当HP-ECC混凝土经搅拌达到施工要求的状态后进行放料，整个过程10min左右。

4.2 高延性混凝土浇筑及养护

两种生产工艺拌和的HP-ECC浇筑时均具有良好的施工和易性，拌合物坍落度≥200mm，扩展度≥450mm，并未出现离析现象。采用振捣棒或者平板振动器进行振实，振捣时间控制为10~15s，避免表面出现浆面。拐角和模板边缘不易密实的部位，采用多次振捣方式以确保混凝土拌合物密实。

浇筑完成后，立即采用浸水土工布覆盖方法进行养护，养护期间洒水频率为4~5次/d，大风天气时洒水频率为8~10次/d，确保覆盖物一直保持湿润状态，保湿养护7d后进行拆模，再自然养护至28d龄期，现场实施情况如图5所示。HP-ECC负弯矩区铺装养护结束后无裂缝，且同条件养护混凝土的性能指标满足设计要求，见表5。

a)普通混凝土拌和站生产HP-ECC

b)专用搅拌机生产HP-ECC

图4　HP-ECC生产实施工艺

a)浇筑

b)摊铺

c)养护

图5　HP-ECC实施情况

现场同条件养护试件性能指标(MPa)　　表5

材料	7d抗压强度	7d抗折强度	28d抗压强度	28d抗折强度
HP-ECC	65.0	12.0	71.3	16.2

4.3　实施规模及效果

山东明董高速依托工程中使用低收缩高延性混凝土约800m^3，避免了桥面负弯矩区部位开裂，确保行车安全性和舒适性，解决了因桥面负弯矩区开裂引起的桥面破损、行车舒适性降低、桥墩盖梁水侵害、桥梁耐久性降低、维修成本增大等问题，提高了公路桥梁的使用寿命。按照桥梁运营期为30年计算，普通混凝土需要维修6次，而该项目技术维修次数为3次，维修成本减少了50%，约3600万元，具有良好的经济效益。

5　结语

本文以高延性混凝土为主要研究对象，充分结合桥面负弯矩区混凝土铺装层的特点以及高延性混凝土的特点，对HP-ECC的工作性能、力学性能和收缩性能进行了试验研究，确定了符合标准的HP-ECC配合比；在山东明董高速多处钢-混组合梁桥工程中进行了HP-ECC的应用，进一步研究了桥面负弯矩区结构高延性混凝土拌和、运输、浇筑及养护等施工环节中所需设备、工艺的要求，提出高延性混凝土桥面负弯矩区现场施工成套工艺，并对工程实施期间遇到的问题提出解决措施。

(1)与普通水泥基HP-ECC相比，快硬硫铝酸盐水泥基HP-ECC的流动性和力学性能略有降低，但快硬硫铝酸盐水泥基HP-ECC 28d干燥收缩最小，能够满足桥面负弯矩区混凝土对收缩性能的指标要求，因此快硬水泥是解决负弯矩区收缩开裂问题的关键。

(2)4%掺量膨胀剂的掺入对HP-ECC流动性和力学性能有小幅度的降低，但对于HP-ECC收缩行为的改善比较明显，说明与HP-ECC的自收缩和干燥收缩有比较好的适应性，膨胀剂的用量还需在特定使用环境下通过试验确定。

(3)HP-ECC在桥梁工程中，可与新型抗拔不抗剪连接件形成连续组合梁负弯矩区综合抗裂技术，以提高混凝土桥面板的抗裂性，大幅降低了桥梁全生命周期成本。

参考文献

[1] 甘磊，吴健，沈振中，等．硫酸盐和干湿循环作用下玄武岩纤维混凝土劣化规律[J]．土木工程学报，2021，54(11)：37-46.

[2] O'HEGARTY R，KINNANE O，NEWELL J，et al.High performance，low carbon concrete for building cladding applications[J].Journal of Building Engineering，2021，43：102566.

[3] ZHU H，HU W-H，MEHTHEL M，et al.Engineered cementitious composites (ECC) with a high volume of volcanic ash：Rheological，mechanical，and micro performance[J].Cement and Concrete Composites，2023，139：105051.

[4] LU C，YUAN Z，YANG C，et al.Tensile properties of PVA and PE fiber reinforced engineered cementitious composites containing coarse silica sand[J].Journal of Building Engineering，2023，75：106913.

[5] 冯鹏．复合材料在土木工程中的发展与应用[J]．玻璃钢/复合材料，2014(9)：99-104.

[6] 李卓，陈玉立，单玉麟，等．正交异性钢-混凝土组合板负弯矩区抗弯性能分析[J]．东南大学学报(自然科学版)，2023，53(3)：485-495.

[7] 朱宏平，朱爱珠，李正，等．负弯矩区钢-SFRC组合桥面板抗弯性能试验研究[J]．建筑钢结构进展，2023，25(12):73-84.

[8] 孙宗磊，艾宗良，张誉瀚．钢-混结合连续梁负弯矩区耐久性提升技术研究[J]．铁道工程学报，2022，39(12)：54-59.

[9] 王振波，王鹏宇，朱凤强，等．混杂纤维ECC的纤维分布规律及力学性能研究[J]．华中科技大学学报(自然科学版)，2023，51(7)：84-89.

[10] CAO F，MIAO M，YAN P.Effects of reactivity of MgO expansive agent on its performance in cement-based materials and an improvement of the evaluating method of MEA reactivity[J].Construction and Building Materials，2018，187：257-266.

[11] 聂光临，孙诗兵，姚晓丹，等．普通硅酸盐水泥与快硬硫铝酸盐水泥复配砂浆性能研究[J]．混凝土与水泥制品，2014，(3)：10-13.

[12] 张占强，李顺凯，陈平，等．高活性氧化镁膨胀剂对UHPC性能的影响[J]．功能材料，2023，54(4)：4189-4195.

机制砂参数对水泥混凝土力学性能影响研究

袁祥云[1] 曹磊[2] 张栋[1] 王建才[1]
（1.山东高速建设管理集团有限公司，山东省济南市 250014；
2.济南市交通运输事业发展中心，山东省济南市 250000）

摘　要：合理控制水泥混凝土中机制砂掺量是改善混凝土工作性能的有效措施。本文结合某地区实际工程，研究机制砂掺量对水泥混凝土性能的影响，在相同水灰比条件下向天然河砂中掺配5种比例的机制砂，制备水泥混凝土试件模块，测试其和易性和抗压强度。结果表明：当机制砂掺配比例为50%时，坍落度下降速率最快，初期坍落度相对于未掺配机制砂的混凝土减少了11.9%，1h后坍落度减少了15.7%，但仍能满足坍落度要求；水泥混凝土7d、28d的抗压强度相对于未掺机制砂的水泥混凝土分别提高了约3.4%、5.5%。综合考虑水泥混凝土的和易性、抗压强度以及经济性，推荐机制砂掺配比例≤50%。

关键词：机制砂　天然河砂　掺配比例　水泥混凝土　工作性能

1　引言

近年来，我国水泥混凝土需求旺盛，根据我国混凝土与水泥制品行业的数据，仅在2020年上半年中国商品混凝土累计产量11.52亿m^3。国务院印发的《2030年前碳达峰行动方案》中明确指出要提高矿产资源综合开发利用水平和综合利用率，鼓励应用替代原生非金属矿、砂石等资源，绿色发展已在混凝土与水泥制品行业发展中达成共识。

水泥混凝土是由水泥、砂、石等用水混合结成整体的工程复合材料。细集料作为混凝土重要的组成部分之一，其品质对混凝土拌合物的工作性和硬化混凝土的力学性能均具有重要影响。天然砂作为混凝土优质的细集料，被大量开采且接近枯竭。由于天然砂不可再生，加之政府对长江、黄河等主要产砂区实施了限采和禁采措施，市场出现了严重的供不应求现象，天然砂价格水涨船高但质量却出现下滑，远超国家规定的颗粒级配标准。在此背景下，使用机制砂替代天然河砂，并掌握其对水泥混凝土力学性能的影响规律显得尤为必要。

机制砂是指花岗岩、石灰岩等矿石经机械破碎、筛分而得到粒径<4.75 mm的岩石颗粒。近年来，有不少学者试验研究了机制砂混凝土。吴庆红等将细度模数3.6、石粉含量1.2%的机制砂与天然砂以1∶1的配比结构制备C70、C80混凝土。试验表明：机制砂能配制出高强、高性能混凝土。张冬等用机制砂和天然砂配制的混凝土进行抗冻性对比试验，冻融循环100次后发现机制砂混凝土质量和强度损失率均比天然砂混凝土低，表明机制砂混凝土的抗冻

性能优良。杨玉辉等通过C80机制砂泵送混凝土配制试验。结果表明:在混凝土中添加7%的石粉能够发挥凝胶材料的功能作用,在填充混凝土结构空隙的同时将显著提升其强度水平。吴隆德等通过研究水灰比、砂率对水泥混凝土工作性能和力学性能的影响,发现降低水灰比,机制砂混凝土的工作性能、强度和耐磨性能均能得到增强,增加砂率虽有利于混凝土工作性能的提高但对耐磨性的增强效果不佳。王稷良等以天然砂混凝土为基准,对比研究机制砂中石粉质量分数、砂率变化对混凝土抗压强度与耐磨性的影响,发现在石粉质量分数>10%时,石粉的增加会使机制砂混凝土的磨损变大,降低砂率提高机制砂混凝土的耐磨性能。

上述文献对机制砂的研究取得了良好的成果,但研究主要以工作性、强度等为研究出发点,主要侧重于机制砂的替代率、石粉等因素与混凝土力学性能的关系方面,表现出较为显著的差异性,缺乏机制砂含量与混凝土力学性能之间的量化分析。因此,本文在配合比相同的前提下,通过向天然河砂中掺配不同比例机制砂,开展混凝土力学性能试验,详细分析混凝土和易性及抗压强度等性能,掌握不同机制砂参数对混凝土力学性能的影响规律,为机制砂的合理掺配提供合理化建议。机制砂若替代部分天然河砂用于混凝土的生产,可有效缓解天然河砂匮乏的窘境,降低建设成本,具有良好的社会经济效益。因此,研究机制砂掺量对水泥混凝土性能影响对公路工程建设有着极为重要的意义。

2 工程概况

山东省在综合交通网长期规划中提出“九纵五横一环七射多连”的高速公路网规划布局。明董高速为其“连四”线莱州至董家口的主要组成部分,起点为平度市明村镇,途经青岛平度市和潍坊诸城市等地,终点至西海岸新区泊里镇;其北接已建成新潍高速S21和荣潍高速S16,南至青岛董家口港区。明董高速的实施为青岛、潍坊两市交通增加了南北大通道,为进一步完善山东省高速公路网主框架,提升路网整体效益,助推山东半岛城市群建设和胶东经济圈一体化发展等都具有重要意义。

试验依托明董高速诸城段项目主线技术标准,采用双向六车道,设计速度为120km/h,路基宽度为34.5m,桥涵设计汽车荷载等级采用公路—I级。该段是明董高速互通立交最密集、工程体量最大的路段,所需水泥混凝土巨大,隧道部分和路堑下路床部分挖方质地坚硬,是机制砂的理想料源,可将满足强度、硬度、坚固性要求的母岩加工成砂石料应用到全线水泥混凝土制备中。

3 材料与试验

试验制备的水泥混凝土强度等级为C30,所用细集料为级配良好、质地坚硬、颗粒洁净的天然河砂和水洗机制砂。

3.1 原材料

(1)细集料。天然河砂和水洗机制砂产地分别为平度、安丘,两种砂试验技术指标见表1、表2,其形状特征图如图1所示。

天然河砂试验技术指标　　表1

技术指标	规范要求	实测值
含泥量(按质量计)(%)	≤3.0	1.5
泥块含量(按质量计)(%)	≤1.0	0.4
细度模数	2.3~3.0	2.8
堆积密度($kg·m^{-3}$)	≥1400	1522
空隙率(%)	≤44.0	41.3
表观密度($kg·m^{-3}$)	≥2500	2591

机制砂试验技术指标　　表2

技术指标	规范要求	实测值
细度模数	—	3.2
泥块含量(按质量计)(%)	≤1.0	0.4
石粉含量(按质量计)(%)	≤3.0	2.8
亚甲蓝MB值($g·kg^{-1}$)	≤1.4	1.3
压碎值(%)	≤25	15

a)天然河砂

b)机制砂

图1　试验用天然河砂和机制砂形状特征图

(2)粗集料。采用粒径4.75~9.5mm、9.5~19mm、19~31.5mm的石灰岩碎石，产自莒县。粗集料试验技术指标见表3。

粗集料试验技术指标　　表3

检测项目	技术要求			检测结果		
	Ⅰ类	Ⅱ类	Ⅲ类	4.75~9.5mm 实测值	9.5~19mm 实测值	19~31.5mm 实测值
含泥量(按质量计)(%)	≤0.5	≤1.0	≤1.5	0.3	0.4	0.5
泥块含量(按质量计)(%)	0.0	≤0.2	≤0.5	0.0	0.0	0.0
针片状颗粒(按质量计)(%)	≤5.0	≤10.0	≤15.0	4.5	4.0	3.5

续上表

检测项目	技术要求			检测结果		
	Ⅰ类	Ⅱ类	Ⅲ类	4.75~9.5mm 实测值	9.5~19mm 实测值	19~31.5mm 实测值
坚固性(%)	≤5	≤8	≤12	3	3	3
碱活性(%)	膨胀率<0.10			0.03	0.03	0.03

(3)水泥。采用青州中联P·O42.5级普通硅酸盐水泥,其试验技术指标见表4。

普通硅酸盐水泥试验技术指标 表4

技术指标		规范要求	实测值
比表面积(m^{-2}/kg)		300~500	336
凝结时间(min)	初凝	≥45	176
	终凝	≤600	243
抗折强度(MPa)	3d	≥3.5	4.4
	28d	≥6.5	9.8
抗压强度(MPa)	3d	≥17.0	24.6
	28d	≥42.5	46.2
碱含量(%)		≤0.60	0.38

(4)粉煤灰。F类Ⅰ级,生产厂家为华电龙口,其试验技术指标见表5。

粉煤灰试验技术指标 表5

技术指标	规范要求	实测值
烧失量(%)	≤5.0	2.7
细度(%)	≤12.0	9.1
需水量比(%)	≤95.0	9.1

(5)外加剂。选用山东新材料高强聚羧酸减水剂,拌和用水采用拌和站地下水,其试验技术指标见表6、表7。

外加剂试验技术指标表 表6

技术指标		规范要求	实测值
减水率(%)		≤25	28
泌水率比(%)		≥60	0
含气量(%)		≤6.0	2.6
凝结时间差(min)	初凝	-90 ~ +120	15
	终凝		20
pH值		6.5 ± 1	5.6

续上表

技术指标	规范要求	实测值
氯离子含量(%)	≤0.020	0.036
总碱量(%)	≤10.00	1.29

拌和用水试验技术指标 表7

技术指标	规范要求	实测值
pH值	≥5.0	7.1
不溶物(mg/L^{-1})	≤2000	251
可溶物(mg/L^{-1})	≤2000	414
硫酸盐离子含量(mg/L^{-1})	≤500	84
氯离子含量(mg/L^{-1})	≤600	68
碱含量(mg/L^{-1})	≤1500	79

3.2 水泥混凝土配合比设计

水泥混凝土配合比为(水泥+粉煤灰):河砂:石:水:外加剂=(311+55):772:1111:3.66:150,强度等级为C30,配合比设计坍落度为160~200。水泥混凝土配合比数据见表8。

水泥混凝土配合比数据 表8

材料名称	水泥	粉煤灰	细集料	粗集料			减水剂	拌和水
				5~10mm	10~20mm	20~30mm		
混凝土用量($kg·m^{-3}$)	311	55	772	222	667	222	3.66	150

3.3 水泥混凝土试件的制作步骤及养护

(1)试验根据确定的C30混凝土配合比,称取定量水泥、石灰等原材料搅拌均匀。

(2)视情况加入减水剂,继续搅拌150s,使集料与水泥浆完全包裹,拌合料达到手握成团效果。

(3)立方体试模中刷脱模油后放入1/2混合料,用振捣棒搅拌均匀振捣30次后将试模加满,重复振捣30次。

(4)试模放置机械振动仪上,仪器运行5s、静置10s、再运行5s后取下。

(5)使用单相震动抹光机将试模表面抹平,在其表面刻下机制砂与天然河砂配比。

(6)将振动成型的试件放入到水泥混凝土养护室内进行养护24h,脱模试件编号后,继续养护28d后取出,在阴凉通风处晾5h,进行水泥混凝土抗压强度的试验。

3.4 试验方法

配分比。试验根据水泥混凝土C30强度等级进行配合比设计,在固定用水量、胶凝材料用量、砂石用量的前提下,天然河砂和机制砂2种细集料按质量比进行掺配,机制砂掺入比例分别为0%、25%、50%、75%、100%,共计5组,每组2份平行试样,如图2所示。对配制的混凝土进行坍落度试验和抗压强度试验，试验结果取均值。机制砂与天然河砂掺配方案见表9。

a)机制砂掺配25%

b)机制砂掺配50%

c)机制砂掺配75%

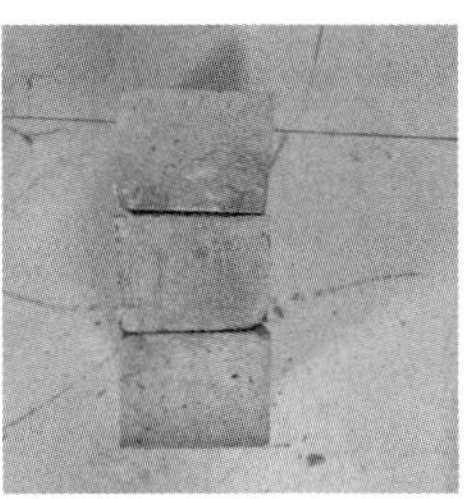
d)机制砂混凝土试块

图2 不同机制砂掺配比及水泥混凝土试块示意图

机制砂与天然河砂掺配方案 表9

材料名称	机制砂与天然河砂掺配比例(%)				
	第一组	第二组	第三组	第四组	第五组
机制砂	0	25	50	75	100
天然河砂	100	75	50	25	0

河砂与机制砂的细度模数计算。根据《建设用砂》(GB/T 14684—2022)的规定，制取砂500g在不同套筛下进行筛分，称出各号筛的筛余量，进行分计筛余百分率和累计筛余百分率的计算，得出细度模数，即

$$M_x = \frac{A_2 + A_3 + A_4 + A_5 + A_6 - 5A_1}{100 - A_1} \tag{1}$$

式中：M_x——细度模数；

A_1、A_2、A_3、A_4、A_5、A_6——4.75mm、2.36mm、1.18mm、0.60mm、0.30mm、0.15mm筛的累计筛余百分率。

细度模数试验易于操作、数据直观，国内工程人员通常将细度模数作为细集料的控制指标，其主要反映全部颗粒的粗细程度，机制砂水泥混凝土配制时应着重关注砂的细度模数。天然河砂与机制砂细度模数见表10。

河砂与机制砂细度模数 表10

检测项目	细度模数	结果判定
天然河砂	2.80	中砂
天然河砂3:机制砂1	2.88	中砂
天然河砂1:机制砂1	2.95	中砂
天然河砂1:机制砂3	3.13	中砂
机制砂	3.20	粗砂

4　试验结果及分析

4.1　水泥混凝土和易性

本文采用机制砂替代部分天然河砂细集料，研究机制砂掺量对水泥混凝土流动性损失的影响，水泥混凝土配合比设计坍落度180~220 mm。不同机制砂掺量的水泥混凝土坍落度试验图如图3所示，水泥混凝土和坍落度试验结果见表11。

a)机制砂掺配0%

b)机制砂掺配25%

c)机制砂掺配50%

d)机制砂掺配75%

e)机制砂掺配100%

图3　不同机制砂掺量的水泥混凝土坍落度试验图

水泥混凝土和坍落度试验结果　　表11

掺配比例	坍落度(mm)		保水性	黏聚性
	混凝土初期	混凝土1h后		
天然河砂	210	200	良好	良好
天然河砂3:机制砂1	200	190	良好	良好
天然河砂1:机制砂1	185	160	良好	良好
天然河砂1:机制砂3	160	125	较差	良好
机制砂	150	100	较差	良好

机制砂掺量对水泥混凝土和易性的影响如图4所示。当细集料全部为天然河砂时，水泥混凝土初期和1h后的坍落度均为最高，保水性与黏聚性良好，相同水胶比条件下随着机制砂掺配比例的增大，混凝土的坍落度越来越小，下降速率呈递增趋势，混凝土1h后坍落度损失较混凝土初期坍落度更快，这是因为机制砂棱角性强，颗粒不规则，多呈三角形或矩形，

砂浆有裂隙和孔洞，滚动润滑作用较差，且随着掺配比例增大石粉含量上升，导致过快地吸走水分和水泥浆体，造成混凝土流动性较差。在机制砂掺配比例为50%时，混凝土坍落度下降速率最快，初始坍落度相对于没有掺配机制砂的混凝土坍落度减少了11.9%，1h后坍落度减少了15.7%，但仍能满足坍落度要求。在机制砂掺配比例>75%时，混凝土和易性、流动性显著变差，初始坍落度相对于没有掺配机制砂的混凝土坍落度减少了23.8%，1h后坍落度减少了37.5%，此时已不能满足设计要求。

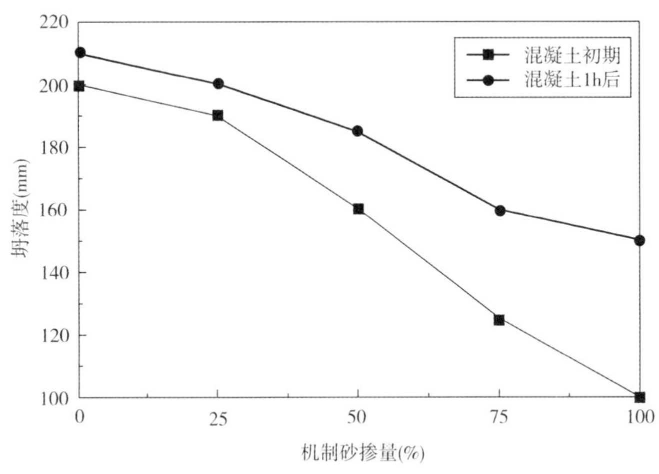

图4　机制砂掺量对水泥混凝土和易性的影响图

机制砂掺量对水泥混凝土凝结时间的影响如图5所示。掺配机制砂混凝土凝结时间应满足规范要求，初凝时间不早于45min，终凝时间不迟于600min。当掺合料占总胶凝材料比例一定，机制砂掺量从0提升到25%时，混凝土初凝时间略微增加；当机制砂掺量达到25%时，由于浆体中的粗颗粒增多，在用水量不变、水泥掺量相同条件下，有利于水泥形成初始的凝聚结构，从而缩短了水泥混凝土凝结时间。混凝土的终凝时间随机制砂掺量的增加呈降低趋势，而终凝时间缩短将有利于混凝土提前拥有强度和提前拆模。

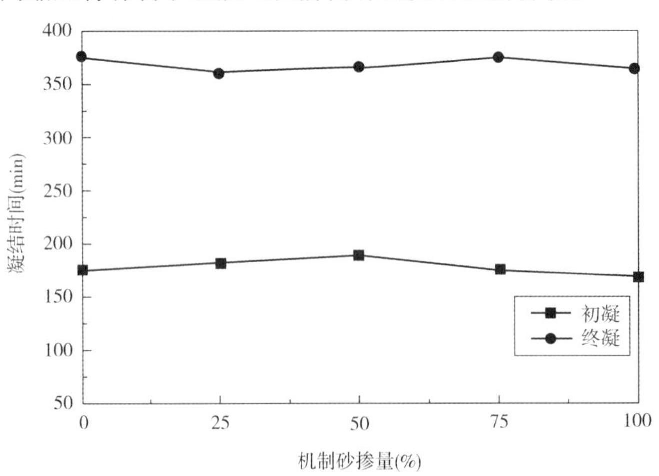

图5　机制砂掺量对水泥混凝土凝结时间的影响图

4.2 水泥混凝土抗压强度

本文采用机制砂替代部分天然河砂细集料，研究机制砂掺量对水泥混凝土抗压强度的影响。水泥混凝土抗压强度试验图如图6所示，试块压缩后形态图如图7所示。水泥混凝土抗压强度试验结果见表12。

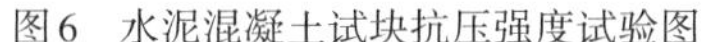

图6 水泥混凝土试块抗压强度试验图

图7 水泥混凝土试块压缩后形态图

水泥混凝土抗压强度试验结果 表12

掺配比例	3d抗压强度(MPa)	7d抗压强度(MPa)	28d抗压强度(MPa)
天然河砂	27.4	31.9	41.3
天然河砂3:机制砂1	29.8	32.3	42.3
天然河砂1:机制砂1	28.2	33.1	43.6
天然河砂1:机制砂3	28.5	33.7	46.1
机制砂	31.9	34.7	47.1

机制砂掺量对水泥混凝土抗压强度的影响如图8所示。由图8可知，在相同配合比条件下，随着机制砂掺配比例的增加，混凝土抗压强度随之提高。当机制砂掺量为50%时，混凝土7d强度相对于没有掺机制砂的混凝土强度提高了3.4%，混凝土28d强度相对于没有掺机制砂的混凝土强度提高了约5.5%，这是因为机制砂中有较多表面粗糙且不规则颗粒，棱角多且形状尖锐，颗粒间咬合作用强，形成颗粒嵌锁效应；粗糙的颗粒表面使砂与水泥砂浆间结合更好，改善了混凝土浆体集料间的界面结构，机制砂中所含的石粉起到了填充作用，也增加了混凝土密实度，从而使混凝土强度得以提高。

4.3 水泥混凝土用砂成本

在保证混凝土各项基本性能满足要求的前提下，掺入机制砂替代混凝土中的天然河砂，可以有效地缓解目前市场天然河砂资源紧缺和砂价居高不下的局面，积极响应国家环保政策号召，实现固体废物资源的循环再生综合利用。由于各地区细集料品质和种类不同价格会有所差异，本文对当地市场砂石材料在试验阶段的价格进行了统计，在运输距离相同、强度等级C30水泥混凝土只考虑细集料用量的情况下，天然河砂、水洗机制砂成本约为

110、80元/t。当用砂量772kg/m³时计算机制砂掺配比例0%、25%、50%、75%、100%所对应的经济成本，如图9所示。

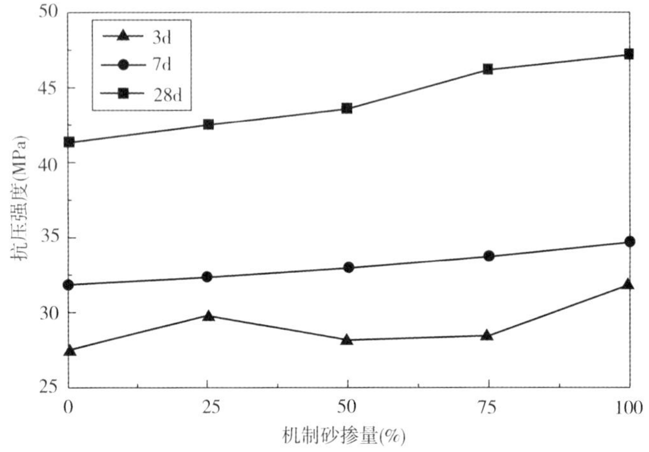

图8　机制砂掺量对水泥混凝土抗压强度的影响图

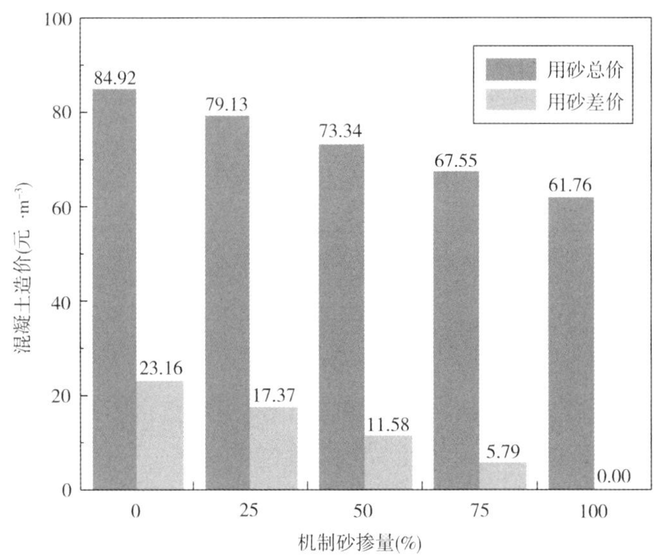

图9　机制砂掺量对水泥混凝土成本的影响图

由图9可知，机制砂价格明显低于天然河砂价格。随着机制砂掺配比例的提高，用砂成本不断降低，平均1m³混凝土可节约用砂成本5~23元。若大量使用机制砂代替部分天然河砂可以有效降低工程造价，具有良好的经济效益。

5　结语

本文研究基于水泥混凝土C30强度等级配合比，在固定水胶比、用水量、胶凝材料用量、砂石用量的前提条件下，按质量比进行天然河砂和机制砂两种细集料的掺配，制出工作性能、力学性能和体积稳定性能均满足标准要求的机制砂混凝土，测量其和易性、抗压强度等性能参数，得出以下结论：

（1）相同水胶比下随着机制砂掺配比例的增大，混凝土的坍落度越来越小，下降速率呈递增趋势。当机制砂掺配比例为50%时，混凝土的坍落度下降速率最快，混凝土的初期坍落度相对于未掺配机制砂的混凝土减少了11.9%，混凝土的1h后坍落度损失较初期坍落度更快，减少了15.7%；机制砂掺配比例含量过高会使得混凝土变得黏稠，和易性变差，但仍能满足坍落度要求。

（2）当掺合料占总胶凝材料比例一定，机制砂掺量达到25%时，有利于水泥形成初始的凝聚结构，且混凝土的终凝时间随机制砂掺量的增加呈降低趋势。相同水胶比条件下水泥混凝土7d、28d的抗压强度相对于未掺机制砂的水泥混凝土分别提高了约3.4%、5.5%，混凝土抗压强度随着机制砂掺配比例的增加而提高，但石粉含量过高对混凝土强度会产生消极影响。综合考虑水泥混凝土和易性、抗压强度等因素，机制砂掺配比例宜小于50%。

（3）机制砂具有较好的坚固性和耐久性。用机制砂代替天然河砂可进一步降低用砂成本，并且用砂成本随着机制砂掺配比例的提高不断降低，1m^3混凝土可节约用砂成本5~23元，具有良好的经济效益。

参考文献

［1］陈飞宏.机制砂水泥混凝土路面抗滑耐久性研究［D］.南宁：广西大学，2020.

［2］中国混凝土与水泥制品协会经济运行部.2020年中国混凝土与水泥制品行业经济运行回顾和展望［J］.混凝土世界，2021（3）：8-20.

［3］胡鞍钢.中国实现2030年前碳达峰目标及主要途径［J］.北京工业大学学报（社会科学版），2021，21（3）：1-15.

［4］胡晓曼，董献国.机制砂和细砂在高性能混凝土中的研究［J］.混凝土与水泥制品，2012（1）：13-16.

［5］ZHAO S B，DING X X，ZHAO M S，et al.Experimental study on tensile strength development of concrete with manufactured sand［J］.Construction and Building Materials，2017（38）：247-253.

［6］艾志勇，李娟燕，舒小平，等.机制砂级配对高强混凝土工作性能的影响［J］.交通科技，2019（3）：135-138.

［7］吴庆红，陈岳，张娟.利用地方材料配制C70、C80高性能混凝土［J］.重庆建筑，2006（1）：85-89.

［8］张冬，刘文高，李洪金，等.机制砂在混凝土中的应用技术试验研究［J］.山东建材，2007（2）：65-68.

［9］杨玉辉，周明凯，赵华耕.C80机制砂泵送混凝土的配制及影响因素［J］.武汉理工大学学报，2005（8）：27-30.

［10］吴隆德，赵发伟，张锋，等.机制砂混凝土耐磨性能初步研究［J］.公路，2010（7）：178-181.

［11］王稷良，田波，柯国炬，等.机制砂及石粉含量对路面水泥混凝土耐磨性的影响研究［J］.公路，2011（7）：207-211.

［12］SARAVANAN S，NAGAJOTHI S，ELAVENIL S.Investigation on compressive strength development of geopolymer concrete using manufactured sand［J］.Materials Today：Proceedings，2019，18（1）：114-124.

［13］李林军.特细砂和机制砂配制C50高性能混凝土的应用研究［D］.西安：长安大学，2008.

［14］程成，宋少民，杨楠.高吸附性机制砂细颗粒对胶砂和混凝土性能影响的研究［J］.混凝土世界，2018（2）：85-88.

[15] 郑振尧,李冬,姜立孟.机制砂级配调整及混凝土泵送施工质量控制[J].新型建筑材料,2020,47(11):126-129.

[16] 王振,李化建,黄法礼,等.不同岩性石粉-水泥胶砂流动性和力学性能研究[J].硅酸盐通报,2019,38(5):1585-1590.

[17] 中华人民共和国国家质量监督检验检疫局,中国国家标准化管理委员会.建设用砂:GB/T 14684—2022[S].北京:中国标准出版社,2021.

[18] 姜梅英.卵石机制砂颗粒级配对混凝土性能影响及微观结构分析[D].南宁:广西大学,2021.

基于高延性混凝土的桥面负弯矩区构造优化分析

齐德龙[1] 秦凯强[2] 李沛钊[1] 马鹏程[1]
(1.山东高速明董公路有限公司,山东省潍坊市 262200;
2.中交公路长大桥建设国家工程研究中心有限公司,北京市 100011)

摘 要: 本文以明董高速为背景工程,对全线钢-混组合梁进行了统计,选取40m+60m+40m桥型为代表进行研究,建立精细化有限元模型;对负弯矩区材料、桥面板钢筋、墩顶梁底填充混凝土等因素对负弯矩区受力性能的影响进行了分析;总结了负弯矩区HP-ECC桥面板应力分别沿长度、厚度方向的应力分布规律;对负弯矩区进行了优化分析,给出优化方案。HP-ECC的高延性特性使得桥面板钢筋的受拉特性进一步发挥,从而降低其自身拉应力,减小负弯矩区开裂风险。将原设计方案18m全厚度采用HP-ECC,优化为墩顶10.4m范围内顶部20cm区域和剩余两端各3.8m范围、顶部10cm区域采用HP-ECC材料。该方案既能满足负弯矩抗裂性能,又能节约HP-ECC用量。以40m+60m+40m桥梁方案为例,经核算原方案HP-ECC用量为133.7m^3,优化后方案HP-ECC用量为70.6m^3,可节约HP-ECC用量47.2%。

关键词: 钢混组合梁 负弯矩 局部分析 构造优化 HP-ECC

1 工程概况

明董高速起于青岛平度市明村镇以西,荣潍高速(S16)与新潍高速(S21)交叉的明村西枢纽处;途经平度市、昌邑市、高密市、诸城市和西海岸新区5个县市区,终于青岛市西海岸新区泊里镇岭前头村西北,顺接规划疏港二路。该项目的实施,将为青岛、潍坊两市增加南北交通大通道,对进一步完善山东省高速路网主框架,提升路网整体效益,助推山东半岛城市群建设和胶东经济圈一体化发展,带动北部港口群与董家口港联动发展等都具有重要意义。

对该工程全线钢–混组合桥梁进行统计,共有钢-混组合梁13座,其中40m+60m+40m和30m+45m+30m两种桥型最具代表性。下面将选取40m+60m+40m桥型为代表进行负弯矩区HP-ECC各参数的研究。

2 参数影响分析

2.1 模型建立

采用ABAQUS建立精细化局部模型。根据整体有限远计算结果,选取墩顶负弯矩区43m长的钢混组合梁段进行计算分析,其中边跨段长18.5m、中跨段长24.5m。混凝土采用实体单元,钢主梁采用壳单元、钢筋采用桁架单元。本研究采用弹性模型进行分析,即C50混凝土、HP-ECC、钢筋以及钢梁采用弹性本构关系。边界和荷载结果由整体模型中获取。负弯矩局部分析模型如图1所示。

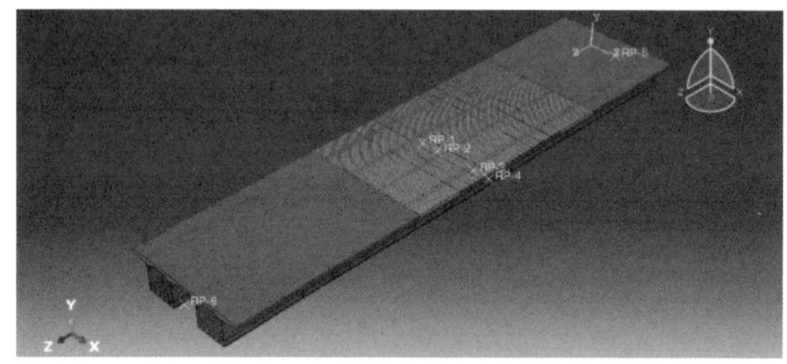

图1　负弯矩局部分析模型

2.2　负弯矩区材料的影响

负弯矩区梁段采用强度等级C50混凝土的计算结果如图2、图3所示。其中,墩顶负弯矩桥面板最大应力为13.04MPa。

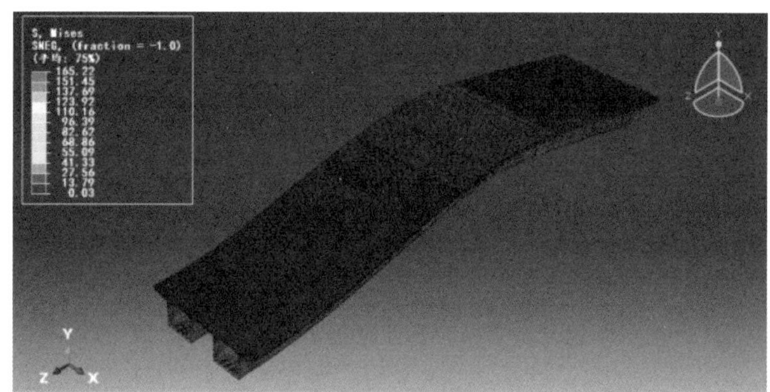

图2　整体梁段应力结果

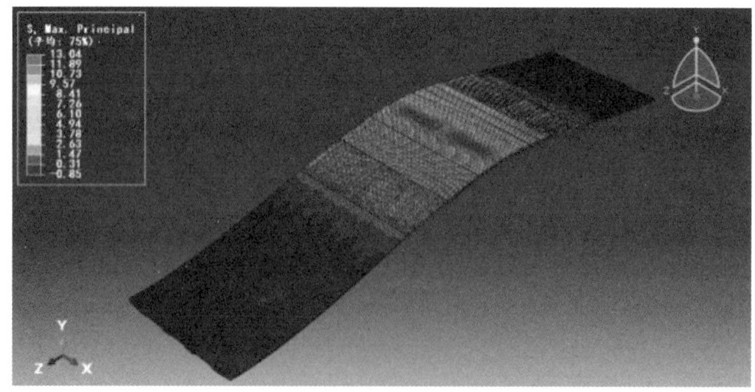

图3　桥面板应力(C50部分)

负弯矩区墩顶10.4m范围采用HP-ECC的计算结果如图4所示。其中,墩顶负弯矩桥面板最大应力为12.18MPa。与强度等级C50混凝土相比墩顶最大应力有一定程度的降低,大约7%左右。其应力减小是由于HP-ECC弹性模量(取值28GPa)与强度等级C50混凝土弹性模量(34.5GPa)相比降低带来的影响,由此也可以说明,弹性模量的降低,即负弯矩桥面板刚度的降低会一定程度减小其自身拉应力。但由于未考虑材料塑性的影响,导致其桥面板整体刚度下降较小,为充分体现出HP-ECC高延性的优点,其HP-ECC带来的影响也较小。

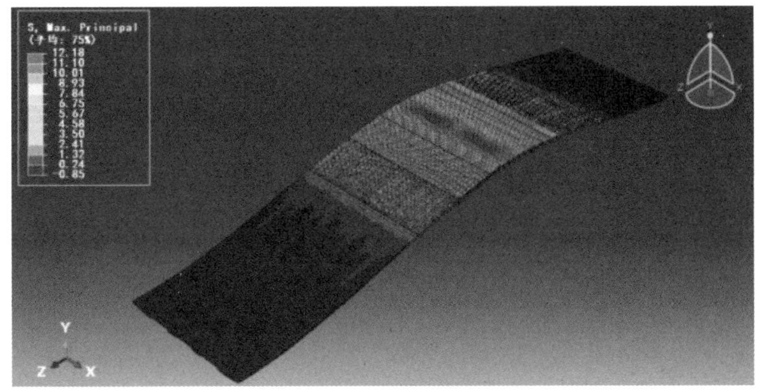

图4　桥面板应力(HP-ECC部分)

2.3　钢筋的影响

在上述强度等级C50模型计算的基础上,考虑桥面板钢筋的影响,其桥面板应力计算结果如图5所示。其负弯矩区最大应力为12.02MPa,与不考虑钢筋结果13.04MPa相比,降低1.02MPa,约9%左右。由图5可以看出,钢筋的存在分担了桥面板的受力,但由于未考虑材料塑性的影响,桥面板整体变形较小,导致钢筋变形不大其分担的应力也较小。

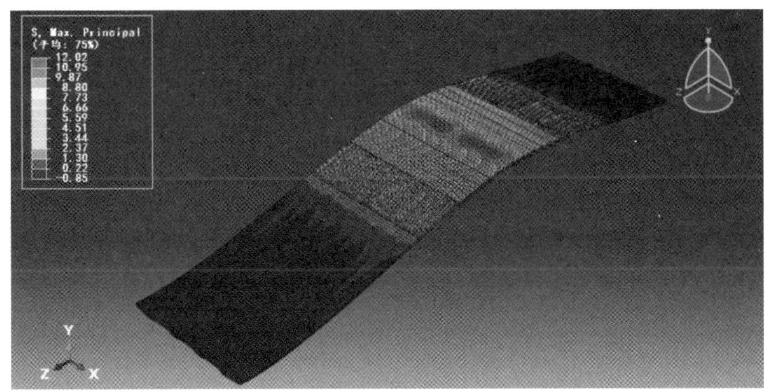

图5　桥面板应力(考虑钢筋)

2.4　填充混凝土的影响

在上述强度等级C50模型计算的同时考虑钢筋的基础上,又进一步考虑墩顶填充混凝土的影响,应力计算结果如图6所示。其负弯矩区最大应力为10.92MPa,与不考虑填充结果

12.02MPa相比，降低1.1MPa，约9%左右。由图6可以看出，负弯矩区钢梁底部填充混凝土的存在，增大了截面整体刚度，导致变形减小，进而减小桥面板应力。

图6　桥面板应力（考虑墩顶填充混凝土）

3　负弯矩区优化分析

3.1　桥面板应力分布规律

为更直观地对桥面板应力分布进行分析，本文通过细化并提取区段应力结果，进行色度图绘制，其弹性分析的桥面板应力分布如图7所示。横坐标代表桥面板纵向位置，0即墩顶中心位置；纵坐标代表桥面板厚度，0.4代表桥面板顶部；其应力大小用色度来表示，图中数值代表其沿桥面板横向分布的最大值；图中等值线为C50混凝土抗拉强度标准值2.74MPa。

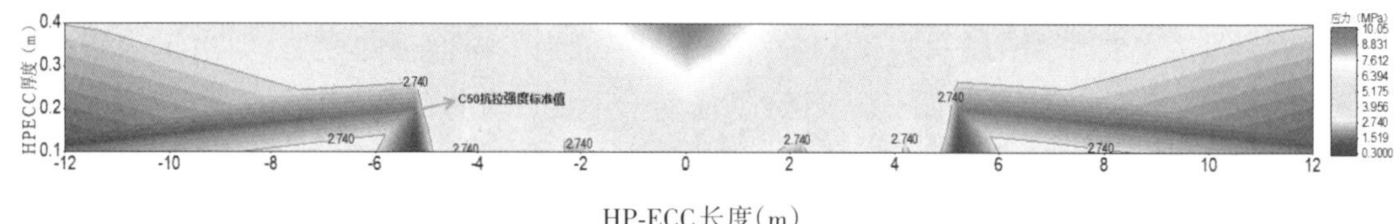

HP-ECC长度（m）

图7　桥面板应力分布

由图7可以看出，墩顶10m左右的区域的应力结果整体超过C50混凝土抗拉强度标准值2.74MPa。但从弹性分析结果来看，为减小桥面板负弯矩区的开裂风险，其2.74MPa红色等值线以上区域都应采用HP-ECC。

3.2　塑性分析

前一阶段在弹性分析的基础上，完成了负弯矩区材料、桥面板钢筋、墩顶梁底填充混凝土等因素对负弯矩区受力性能的影响，以及负弯矩区HP-ECC桥面板应力分别沿长度、厚度方向的应力分布规律。本部分将进一步考虑材料塑性的影响，对负弯矩区的受力性能进行分析。通过弹性阶段分析结果，钢筋和钢主梁应力均未超过其材料的屈服强度，并且距负弯矩区较远的C50混凝土桥面板处于受压状态，且其压应力较小。由于计算模型较大、单元多，为提高分析效率，仅考虑墩顶负弯矩区HP-ECC材料的塑性。

其钢筋最大应力为136MPa、桥面板最大应力为4.07MPa，未达到HP-ECC拉应变1.5%对应的拉应力4.5MPa，说明HP-ECC满足负弯矩区抗裂的要求。

桥面板沿长度方向应力分布(塑性)如图8所示。

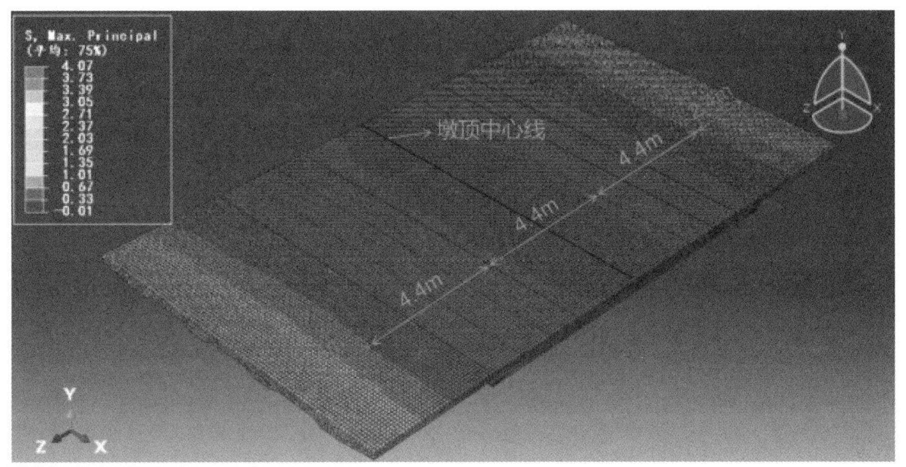

图8　桥面板纵向应力分布(塑性)

从塑性分析结果可以看出，负弯矩区采用HP-ECC材料可以满足桥面板抗裂要求，并且从桥面板应力分布来看，超过2.74MPa的塑性模型应力分布区域与弹性模型应力分布区域基本一致。

3.3　弹塑性结果对比

对弹性分析结果与塑性分析结果进行对比分析，结果表明：弹性分析的钢筋最大应力为70MPa，塑性分析的钢筋最大应力为135MPa；弹性分析的桥面板最大应力为10MPa，塑性分析的桥面板最大应力为4.1MPa。

考虑HP-ECC塑性变形后，其桥面板最大拉应力由10MPa减小为4.1MPa，降幅达到60%，相应的，其桥面板纵向钢筋应力由70MPa增大至135MPa，但远未达到其钢筋屈服应力。说明HP-ECC的高延性特性使得桥面板钢筋的受拉特性进一步发挥，从而降低其自身拉应力，减小负弯矩区开裂风险。

3.4　裂缝宽度计算

为进一步说明负弯矩区受力及开裂情况，依据《公路钢筋混凝土及预应力混凝土桥涵设计规范》(JTG 3362—2018)的规定进行裂缝宽度计算。

钢筋表面形状系数$C1$取1，长期效应影响系数$C2$计算值为1.519，受力性质为钢筋混凝土板式受弯构件$C3$取值为1.15，保护层厚度c为50mm，钢筋直径为28mm，配筋率计算值为0.0105。通过计算公式可得出，当钢筋应力70MPa时，裂缝计算宽度为0.15mm，以裂缝宽度0.15mm为要求，从钢筋应力分布结果(图9)可以得出，墩顶10m左右范围内钢筋应力较大，导致其开裂后裂缝宽度也较大，因此应重点关注该区域的抗裂风险。

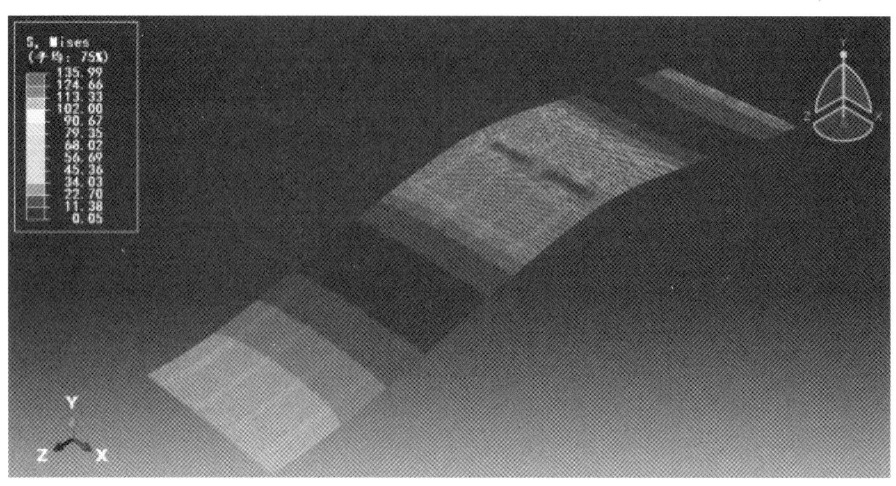

图9　钢筋应力结果

3.5　方案优化

综合以上弹塑性分析结果，墩顶负弯矩区开裂风险较大的区域采用HP-ECC高性能材料是合理的，但原设计方案将墩顶两端18m范围全部采用HP-ECC材料是较为保守的，其HP-ECC厚度及长度存在优化空间。结合应力分析结果，同时考虑桥面板顶部对抗裂需求较高，而桥面板内部和底部开裂对结构安全使用性能和耐久性影响较小，考虑将原设计方案18m全厚度采用HP-ECC，优化为墩顶10.4m范围内顶部20cm区域和剩余两端各3.8m范围顶部10cm区域采用HP-ECC材料。

为进一步验证优化方案的合理性，本研究对优化后方案也进行了计算分析，其桥面板应力分布参考图7弹性结果进行整理，结果如图10所示。

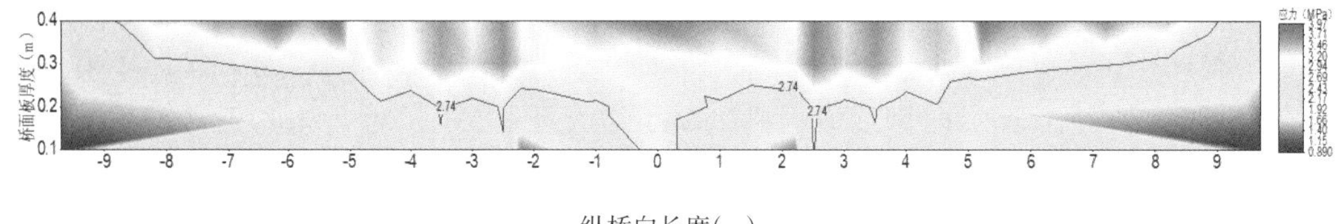

纵桥向长度(m)

图10　桥面板应力分布(优化方案)

从分析结果来看，该方案既能满足负弯矩抗裂性能，又能节约HP-ECC用量。以40m+60m+40m桥梁方案为例，经核算原方案中HP-ECC用量为133.7m³，优化后方案中HP-ECC用量为70.6m³，可节约HP-ECC用量47.2%。

4　结语

对明董高速全线钢-混组合梁进行了统计，选取40m+60m+40m桥型为代表进行研究，结合整体有限元计算结果，选取墩顶43m长的钢混组合梁段进行负弯矩区优化分析。针对负弯矩区材料、桥面板钢筋、墩顶梁底填充混凝土等因素对负弯矩区受力性能的影响进行了分析；总结了负弯矩区HP-ECC桥面板应力分别沿长度、厚度方向的应力分布规律，并对负弯矩区进行了优化分析，给出优化方案。具体结论如下：

（1）C50弹性模量为34.5GPa，HP-ECC弹性模量为28GPa（本计算采用数值，来源于试验数据）。与C50弹性模量相比，HP-ECC弹性模量有所降低，弹性模量的降低会导致负弯矩桥面板刚度的降低，从而在一定程度减小其桥面板自身拉应力。

（2）负弯矩区钢筋的存在分担了桥面板的受力，但由于未考虑材料塑性的影响，桥面板整体变形较小，导致钢筋变形不大其分担的应力也较小。

（3）负弯矩区钢梁底部填充混凝土的存在，增大了截面整体刚度，导致变形减小，进而减小桥面板应力。

（4）从塑性分析结果可以看出，负弯矩区采用HP-ECC材料可以满足桥面板抗裂要求，并且从桥面板应力分布来看，超过C50混凝土抗拉强度标准值的塑性模型应力分布区域与弹性模型应力分布区域基本一致。

（5）考虑HP-ECC塑性变形后，其桥面板最大拉应力由10MPa减小为4.1MPa，降幅达60%；相应的，其桥面板纵向钢筋应力由70MPa增大至135MPa，但远未达到其钢筋屈服应力。说明HP-ECC的高延性特性使得桥面板钢筋的受拉特性进一步发挥，从而降低其自身拉应力，减小负弯矩区开裂风险。

（6）将原设计方案18m全厚度采用HP-ECC，优化为墩顶10.4m范围内顶部20cm区域和剩余两端各3.8m范围顶部10cm区域采用HP-ECC材料。该方案既能满足负弯矩抗裂性能，又能节约HP-ECC用量。以40m+60m+40m桥梁方案为例，经核算原方案HP-ECC用量为133.7m^3，优化后方案HP-ECC用量为70.6m^3，可节约HP-ECC用量47.2%。

参考文献

[1] 曹小博，陈刚．新型钢混组合梁桥面板结构的分析研究[J]．公路，2021，66(1)：208-211.

[2] 段银龙，余海辉，徐东进．大跨径连续钢混组合梁的设计及关键技术研究[J]．城市道桥与防洪，2021(8)：119-123，18.

[3] 陈龙．钢-混组合梁新型界面连接及传力机理研究[D]．南京：东南大学，2018.

[4] 贾硕．公路钢-混组合梁桥面板受力特性与工程对策研究[D]．济南：山东交通学院，2019.

[5] 李聪．钢-混组合连续梁负弯矩区受力性能研究及实用新型装置[J]．公路工程，2021，46(1)：18-22，80.

[6] 叶建龙，余茂峰．钢-混凝土组合结构在跨线桥中的应用[J]．公路，2011(8)：29-33.

[7] 陈正星，刘甜甜．钢-混凝土组合梁负弯矩区设计方法的国内外规范对比分析[J]．公路，2020，65(8)：203-206.

[8] 王彬，刘来君，季建东．临猗黄河大桥组合梁负弯矩区力学性能优化措施研究[J]．桥梁建设，2021，51(6)：85-91.

[9] 罗兵，马冰．钢-UHPC-NC组合梁负弯矩区受力性能试验研究[J]．桥梁建设，2021，51(1)：58-65.

[10] 孔令方，邵旭东，刘榕．钢-UHPC轻型组合梁桥面板受弯性能有限元分析[J]．公路交通科技，2016，33(10)：88-95.

[11] 刘君平,徐帅,陈宝春.钢-UHPC组合梁与钢-普通混凝土组合梁抗弯性能对比试验研究[J].工程力学,2018,35(11):92-98,145.

[12] 李笑,胡志坚,贺岩.PC梁桥负弯矩区UHPC-NC结构的抗裂性能[J].华南理工大学学报(自然科学版),2022,50(11):35-43.

[13] 吴文清,戴金希,王文炜,等.考虑界面滑移的钢-混组合连续梁负弯矩区抗裂性试验[J].桥梁建设,2022,52(4):16-23.

[14] 段树金,王园园,梁显,等.负弯矩作用下钢-混凝土组合与叠合梁静力性能试验研究[J].铁道学报,2020,42(9):120-126.

石墨尾矿生态路面基层材料研发

李天[1,2]　吴登睿[1,2]　姚庚[3]　葛建东[1,2]　柳大伟[4]
(1.山东高速建设管理集团有限公司,山东省济南市 250014;
2.山东高速明董公路有限公司,山东省潍坊市 262200;
3.中交公路长大桥建设国家工程研究中心有限公司,北京市 100120;
4.山东华潍工程监理咨询有限公司,山东省潍坊市 261061)

摘　要:以水泥为结合料,以石墨尾矿为被稳定材料,拌和形成水泥稳定石墨尾矿,用于高速公路路面基层修筑。本文结合工程实际需求,研究了该生态路面基层材料的原材料性质,通过击实试验和无侧限抗压试验,确定了水泥稳定石墨尾矿配合比。结果表明:石墨尾矿满足高速公路建设对于路面基层材料的力学性能要求,石墨尾矿生态路面基层材料的研发与应用可解决尾矿堆存引起的一系列问题,具有良好的经济效益和社会效益。

关键词:石墨尾矿　生态　路面基层　配合比设计

1　引言

明董高速起于青岛市平度市明村镇以西,途经平度、潍坊、高密、诸城和西海岸新区五个县市区,终于青岛市黄岛区,是山东省高速公路网“九纵五横一环七射多连”中的主要组成部分。项目主线全长130.52km,采用双向六车道高速公路标准建设,设计速度120km。平度石墨资源丰富,是中国的优质石墨重点产区之一,明董高速起点附近堆存有大量石墨尾矿。

石墨尾矿是排放的尾矿矿浆经自然脱水后形成的工业固体废弃物,排放强度为12.07,即每生产1t石墨精矿排出12.07t尾矿,而石墨尾矿的利用率不到10%。石墨尾矿属于细粒尾矿,在含水率不小于30%的状态下具有流变性,不利于稳定堆存,且残余石墨使其颗粒黏聚性差,干式堆存也易出现滑坡问题。石墨尾矿大量堆存不仅占用土地资源,还是潜在的地质灾害源,易产生安全隐患;会对周边环境造成影响,石墨浮选用化学试剂在尾矿库经长期氧化、风蚀、溶滤,易引起水体化学污染。细颗粒在风起时成为尘暴源,污染大气环境。尾矿库长期不能生长植被,易造成周边沙化蔓延,影响周边区域植被生存。

路面基层是道路重要的结构层次,材料消耗量巨大。每生产1m^{3}传统的路面基层材料消耗2~2.3t天然土石料,80~160kg水泥、石灰或粉煤灰。填筑缺土是我国高速公路建设过程中的常见问题,明董高速大部分位于平原区域,耕地多,建设用土资源紧张。将石墨尾矿用于制备生态型路面基层材料,既可充分利用石墨尾矿,大量消纳工业固体废弃物,又可减少自然资源的消耗，解决道路建设材料短缺问题，对于经济社会的可持续发展具有重要意义。

石墨尾矿不同于天然土石料，为有效利用石墨尾矿的固有特性制备生态型路面基层材料，解决明董高速建设用土短缺问题，对水泥稳定石墨尾矿用作路面基层材料进行研究。

2 试验原材料的物理化学特性

石墨尾矿取自平度市，呈黄褐色沙土状，肉眼可见部分片状闪亮颗粒。观察石墨尾矿库中水流方向和尾矿沉积规律，发现靠近出水口处尾矿粒径较大，远离出水口处粒径较小。在尾矿库不同位置进行取样(图1)，烘干后充分破碎，进行筛分试验，其颗粒级配见表1，筛分曲线如图2所示，细度模数分别为0.73、1.06，均为特细砂。根据《公路土工试验规程》(JTG 3430—2020)进一步确定，该种石墨尾矿应为粗粒土—砂类土—细粒土质砂—黏土质砂(SC)。

a)尾矿1

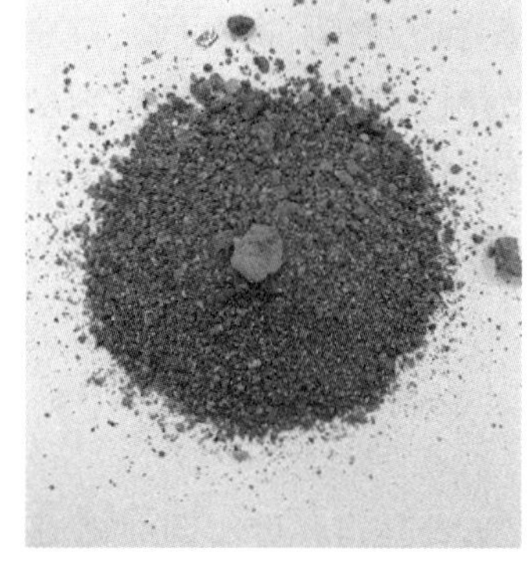

b)尾矿2

图1 石墨尾矿样品

石墨尾矿颗粒级配 表1

筛孔尺寸(mm)	筛底	0.15	0.3	0.6	1.18	2.36
石墨尾矿1累计筛余(%)	100.0	47.8	17.5	7.7	0	0
石墨尾矿2累计筛余(%)	100.0	69.9	30.7	5.0	0.2	0

针对两种石墨尾矿样品分别进行X射线荧光分析、X射线衍射试验，石墨尾矿的化学成分、矿物组成分别见表2、表3。石墨尾矿的二氧化硅含量介于40%~55%范围内，氧化铝含量占13%左右，氧化钙含量占8%左右，氧化钙和氧化铝含量都较高，石墨尾矿活性较高；且其中硅、铝含量较高，与传统建材成分接近。主要矿物组成为石英、菱铁矿、斜长石、普通辉石等，其中菱铁矿含量占比20%~30%。

水泥采用P·O 42.5，密度为3.06g/cm^3，比表面积为355m^2/kg，标准稠度用水量为28%，初凝时间为236min，终凝时间为319min，28d抗折强度为7.8MPa，28d抗压强度为48.8MPa。

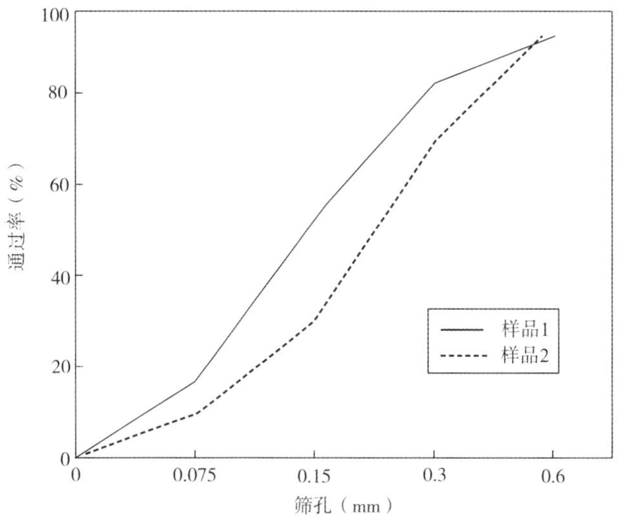

图2　石墨尾矿筛分曲线

石墨尾矿的主要化学成分　　表2

氧化物名称	SiO_2	Fe_2O_3	Al_2O_3	MgO	CaO	SO_3	K_2O	TiO_2	Na_2O	MnO
石墨尾矿1(%)	51.5	10.2	13.1	6.3	7.9	5.1	3.7	0.7	1.3	0.1
石墨尾矿2(%)	43.5	17.6	12.6	9.0	7.7	4.9	3.1	1.0	0.3	0.1

石墨尾矿的矿物组成　　表3

矿物组成	矿物含量(%)							
	石英	钾长石	斜长石	菱铁矿	角闪石	石膏	普通辉石	黏土矿物
特细砂1	21.3	2.4	10.1	24.4	5.1	7.4	12.4	16.9
特细砂2	21.6	7.7	16.2	20.7	7.1	—	15.7	11.0

3　配合比设计

3.1　液限、塑限的测定

液限、塑限反映了土中水对土性能的影响，其准确取值直接影响土壤定名和相应土基承载能力的确定，在工程实际中具有重要意义。为估算击实试验的最佳含水率，采用液塑限联合测定仪进行液限和塑限测定（表4、图3）。测得试验选用的石墨尾矿塑限为17.4%，液限为24.8%，塑性指数为7.4%。

贯入深度和含水率　　表4

组别	贯入深度(mm)		含水率(%)	
1	4.5	4.6	11.6	11.7
2	13.5	13.6	20.1	20.4
3	19.8	19.9	23.8	24.0

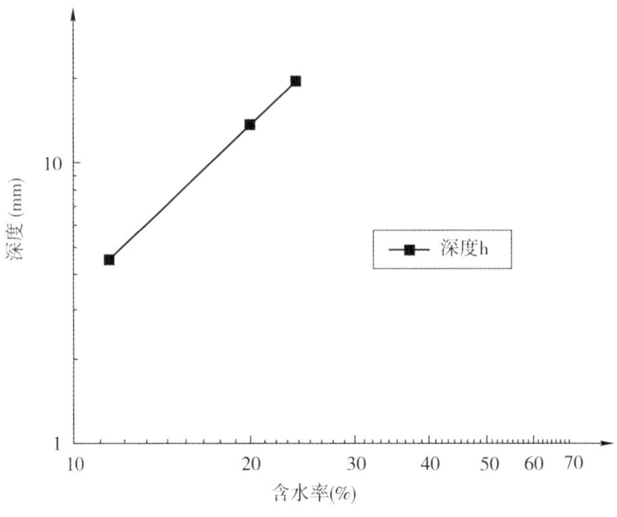

图3 石墨尾矿的锥入深度与含水率关系

3.2 击实试验

根据《公路工程无机结合料稳定材料试验规程》(JTG 3441—2024)中规定,砂性土预定最佳含水率约比塑限小3%。因此,确定试验含水率分别为12%、13%、14%、15%、16%。常规水泥稳定土水泥含量为4%~6%,考虑到石墨尾矿土体强度较低,为保证最终强度,因此水泥含量选用较大量,即5%、6%、7%、8%、9%、10%。

击实试验采用重型击实,分5次装填,每层击实27次。试件高度12.7cm,体积为997cm³。

本文进行不同含水率和不同水泥掺量的正交试验,在同一水泥掺量下,绘制干密度-含水率曲线(图4),确定最佳含水率和最大干密度。

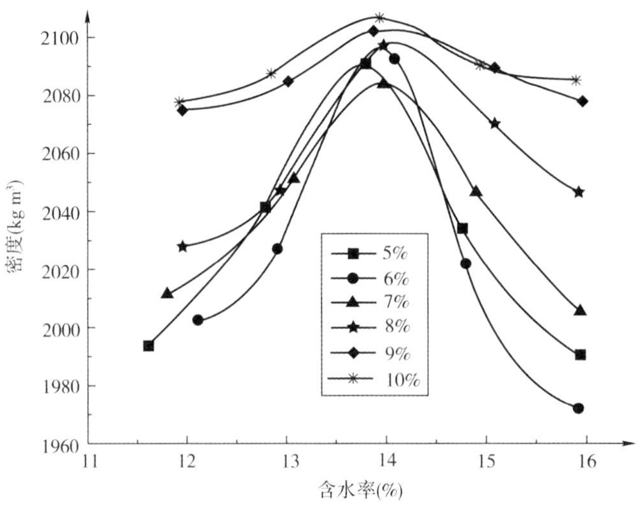

图4 不同水泥掺量下的击实曲线

由图4可知,土体击实后的干密度存在最大值。当土中含水量较小时,水的主要存在形式为黏结水,形成包裹在土颗粒外围很薄的水膜,土颗粒间的摩阻力较大,因而土颗粒难以挤密，不容易压实。随着土中的含水率逐渐增大，水在土颗粒间起着润滑作用，土体变得易于压实。若土中含水量进一步增大，多余的水则变成自由水，土中空隙被自由水充盈，形成“水囊”，阻止土体颗粒进一步密实，压实效果反而降低。因此，只有在最佳含水量条件下，才能获得最好的压实效果。随着水泥掺量的增加，击实曲线越来越平缓，即密度值极差越小。这是因为与土体颗粒相比，水泥颗粒较小，在搅拌过程中可轻易填充空隙，因此密度较大。在最佳含水率前后，由于含水率适当，土体之间孔隙极小，水泥填充效益影响较小，因此不同水泥掺量导致的密度差异不大。根据击实曲线确定不同水泥掺量下的最佳含水率和对应的最大干密度，见表5。

不同水泥掺量的最佳含水率和对应的最大干密度　　表5

水泥掺量(%)	最佳含水率(%)	最大干密度(kg/m^3)
5	13.8	2090
6	13.9	2097
7	14.0	2085
8	14.1	2100
9	14.1	2105
10	14.2	2105

3.3　无侧限抗压强度试验

根据确定最佳含水率和最大干密度，制作试件，石墨尾矿为细粒式材料，采用高50mm、直径50mm的试件，每组6个。成型后4~6h后进行脱模，脱模后进行常规养护[(20±2)℃，湿度≥95%]。常规养护6d后，浸水养护1d；之后进行无侧限抗压试验。

根据相关标准要求，水泥稳定土类应用于高速公路底基层时，应满足7d无侧限抗压强度≥2MPa。因此，在水泥掺量为8%时，水泥稳定石墨尾矿可满足高速公路底基层要求，石墨尾矿可用于高速公路建设。不同水泥掺量下的无侧限抗压强度见表6。

不同水泥掺量下的无侧限抗压强度　　表6

水泥(%)	无侧限抗压强度(MPa)					
5	1.65	1.83	1.70	1.81	1.72	1.77
6	1.82	1.88	1.85	1.80	1.78	1.87
7	1.98	2.07	2.01	2.05	1.99	2.08
8	2.23	2.36	2.30	2.21	2.32	2.28
9	2.74	2.69	2.79	2.71	2.66	2.73
10	2.90	2.98	2.83	2.91	2.88	2.90

4　结语

(1)试验表明，石墨尾矿可用于高速公路底基层填筑。水泥作为胶凝材料，可以很好地稳定石墨尾矿。

(2)通过击实试验,得知水泥稳定石墨尾矿的最大干密度和最佳含水率随水泥掺量的增加而增加。

(3)与普通水泥稳定土相比,水泥稳定石墨尾矿用作底基层时,相同强度所用的水泥掺量较大。

参考文献

[1] 黄天勇.尾矿综合利用技术[M].北京:中国建材工业出版社,2021.

[2] 边炳鑫,李哲,解强.煤系固体废物资源化技术[M].北京:化学工业出版社,2018.

[3] 沈卫国.工业固体废弃物生态路面基层材料的制备与应用[M].北京:中国建材工业出版社,2021.

[4] 中华人民共和国交通运输部.公路土工试验规程:JTG 3430—2020[S].北京:人民交通出版社股份有限公司,2021.

[5] 万磊.铁尾矿用作路面基层材料的研究[D].长沙:中南大学资源加工与生物工程学院,2015.

[6] 中华人民共和国交通运输部.公路工程无机结合料稳定材料试验规程:JTG 3441—2024[S].北京:人民交通出版社股份有限公司,2024.

[7] 中华人民共和国交通运输部.公路沥青路面设计规范:JTG D50—2017[S].北京:人民交通出版社股份有限公司,2017.

[8] 中华人民共和国交通运输部.公路路面基层施工技术细则:JTG/T F20—2015[S].北京:人民交通出版社股份有限公司,2015.

第九章

建设者心声

明 董 的 灯

无论是在夜幕降临、华灯初上的傍晚，还是在夜深人静、皓月当空的深夜，如果你路过那条街，看到那栋楼，有几排灯依然亮着，不必想，不必问，那肯定是明董公司的灯。

如果你认为山东高速建设管理者的日常生活就是“上午一杯茶、一张报，下午工地遛一圈”，那说明你真的不了解这个行业。在明董项目有三个“不好意思”，即“正常下班”不好意思，“吃饭早了”不好意思，“上班觉得没事干”不好意思。这里的人，似乎已经习惯了早出晚归、披星戴月、埋头拉车、奋力向前的生活。有时候难免会问，这么狠、这么拼、这么玩命，这群人究竟是为了什么？其实，时间长了、思考久了、浸透够了，渐渐地也就明白了。

一、明董的灯是“使命”的灯

依然记得去年开工现场准备期间，那盏从附近村庄拉线架起的白瓦灯，撑起了7个不分日夜的抢干局面。灯光下，是明董项目坚决完成任务的信心、敢于破难攻坚的决心。在疫情紧和征迁协调工作难的双重困境下，层层突破，提前3个月开工，完成山东省人民政府交给的任务，那是明董的第一盏灯。哪有一下就能造出大海，必须先从小河川开始，明董项目一开工就牢牢坚守质量安全底线，丝毫不敢大意，23项质量安全规章制度在一个又一个深夜中起草，发向全线。这都是每个不眠者的担当和付出，才让明董项目有章可循、有条不紊地得以推进。安全生产开工第一课、第21个全国安全生产月、质量安全培训会、“秋季大干”劳动竞赛调度会、首届“尽美杯”试验和电焊技能大比武、首件箱梁全线观摩会等多个首次的顺利实施，也正是有了每个不眠者的细心筹划，才能不出差错。正是他们的不眠，才有了我们的安心。

二、明董的灯是“信念”的灯

明董公司有一半员工是刚毕业的学生，耕耘学海二十载，立志用自己的所学回报社会，用自己的所知服务交通。为了同一个目标，走到了一起，聚首在明董。他们本有着不同的喜好，来到这以后，加班成了他们唯一的爱好。为了方便交流，小伙们建立了“十点之前不准下班”的微信群，群里不只有工作，还有喜怒哀乐。大家团结一致，从初来时的懵懂，到现在的独当一面，时间见证了一切。大半年的时间，他们日常巡查、专项检查、月度检查、季度检查37次，排查安全隐患2107项，抽检原材料21次，印发工作日志28期、明董简报19期，处理信访投诉17项，发布期刊论文、QC成果4项。小伙们虽然干的事不那么显眼，但是每项工作都事关项目的质量安全和稳定。他们用心做着每一件事，认真较真，不依不饶，用实际行动兑现自己的承诺，用坚持付出践行自己的信念。

三、明董的灯是“奋进”的灯

当你推开每个办公室的门，时常会看到办公桌一摞摞的资料和图纸，排满这个月工作计划的白板。“忘我”已经成了明董公司员工的常态，很多员工为了赶工作宁可省去自己的午休时间，晚上到综合处领泡面加班到凌晨二三点并不稀奇。办公室当作宿舍，工地也就成了家，牺牲了陪伴家人的时间，却收获了不一样的快乐。有那么几个年轻人，永远冲在最前面，他们的身影经常出现在施工一线，面对质量安全隐患，他们坚持原则、是非分明，眼里容不得一粒沙子；当现场遇到不懂的地方，他们像学生一样虚心请教身边的监理、施工人员和经验丰富的工人师傅们。都说年轻人的热情是三分钟热度，总会随着时间的推移慢慢消耗掉，可明董公司的年轻人却始终保持高昂的工作热情。明董公司重视对年轻人的培养，坚持每周一开展“明董课堂”，年轻员工轮流走上讲台，锻炼了自己，也带动了他人。把施工现场当课堂，把基层实践当教材，促使年轻人尽快成长。人人比着干、人人争着干，“内卷”一度成了明董公司年轻人最流行的词。去年，有的年轻员工为了备战技能比赛，深夜12点去试验室做试验，被领导戏称为“这一生总要当一次‘傻子’”。我觉得，“傻子”不该是一种调侃，也不应是茶余饭后的戏谑，应该是一种向上的力量，勇争第一的精神、舍我其谁的精神。

唯有长明灯，依然照深殿。深夜里闪烁的不只是星光，更有明董公司奋斗的灯光。我想，这就是我所追寻的灯，以后的以后，无论处于任何岗位、做任何工作，我都将秉持这盏灯，不忘初心，一路向前！

监理如何做好品质工程建设

建设品质工程，不仅仅是设计图纸的简单复现，更关键的是施工过程中依据各种规范、图纸、技术文件等要求对每一道工序的质量把控；而复现的过程是工程建设者心血和汗水的凝聚，正是这种凝聚才让最终的产品拥有了灵魂。

每一名工程建设者的工地生活都是枯燥乏味的，见证多了钢模板和混凝土的冰冷后往往剩下的只有耐性和韧性，“耐性和韧性”让部分参与建设者在自己的岗位上干出了一定的成绩，这些成绩与他们拥有的职称、职位、课本知识等无关，更体现出了他们的一份真诚和责任。

一、开好头、立好点

施工准备的过程是急促的，每一名参与建设的监理人员要想在最短的时间内储备到足量的专业知识，需要熟知多本的规范、标准和设计图纸，而作业指导书弥补了这一缺项，它作为一个集成文件起到了有效指导施工的作用；然后就是监理人员责任心的培养了，如何让冰冷的管理制度激发每个监理人员内心存在的热情，依据网格化管理形成的监理组织架构起到了重要作用。

回忆2021年，二工区作为明董高速一合同展开施工局面的主场，其地位是毋庸置疑的，所以必须委派能力强的监理人进驻。第一驻地办一位专业监理工程师在担任起二工区监理负责人时说道："施工的工艺和过程大同小异，施工的细节、盲区才是大家应该重点关注的，所以检查和验收的过程中要仔细认真，不能以面盖点。"所以依据"五件套"要求，每一名现场监理人员人手一份工序检查细目表，针对每个分部、分项工程，在正式开工前依据山东高速集团标准化、作业指导书、图纸和检查细目表要求，从场地准备、人员设备准备、试验准备及技术准备等方面进行检查，确保每道工序准备充分，细节考虑到位，从而保证了每个分部、分项工程合格，如混凝土工程(包括桩基、桥涵下部及梁板预制)，对上述工程重点检查钢筋根数、焊接、绑扎、保护层、钢筋间距、模板拼缝、模板支撑等是否达到文件要求，确保合格后方可进行混凝土浇筑。正是这样超前监理的"耐心和责任心"才让工程质量得到了绝对的控制，才让明董高速一合同开了个好头。

二、把好关、细思量

回忆2022年，面对混凝土工程外观质量出现下滑的趋势，第一驻地办积极响应项目公司及总监办开展的混凝土外观质量提升活动并将成果贯穿始终；施工时，严格控制混凝土原材料砂和外加剂的质量，现场混凝土坍落度，对坍落度不合格、工作性不符合要求的混凝土清出施工场地，不得用于实体工程浇筑；在施工工艺方面，第一驻地办专业监理工程师宋工，通过不断地摸索、实践和总结，得出了一套不锈钢复合钢模板打磨养护和涂刷脱模剂的方法，取得了很好的效果。宋工是一个行事稳健、细密的人，他有一种不服输的"韧劲"。事情先从一个电话说起，午餐时间专业监理工程师宋工接到现场监理的电话，反映第一板涵洞混凝土试验墙身拆模后局部出现过量气泡眼，在详细询问情况后，宋工放弃了休息时间赶到了工地，经过更加直观、细致的观察和与施工班组人员的详细交流后，最后锁定在了振捣、复合模板打磨和涂刷脱模剂上；第二板试验节完成后，排除了混凝土振捣的原因；后来通过细致的观察5+1复合钢模板的整体打磨过程发现，工人所用的钢丝毛刷质地较硬，容易造成不锈钢面微观上的毛糙，从而使振捣过程中的气泡粘连在模板上不容易排出，针对此要求更换质地相对较软的线毛刷，同时对模板不锈钢面进行了细致保养和修复，并增加一遍乳性脱模剂涂刷；在经过第三板试验节后，混凝土墙身气泡眼明显减少，达到了最终较为理想的效果。

经过此事件后，每次混凝土实体工程拆模，他都会第一时间赶到现场，及时进行检查、验收和总结，并联合试验室监理人员针对其他混凝土工程表面存在的局部蜂窝麻面、水纹、成品损伤等问题召开现场会议进行配合比、施工工艺总结。

三、不厌烦、实测量

施工的过程中事情琐碎，加班更是家常便饭，也给每一名监理人员造成了一定的困扰，但大家的初心一直没动摇过。在烈日炎炎的夏天，监理人员除了加强现场实体各工序质量验收力度的同时，重点加强过程监理，对每个工序、每个部位均进行仔细验收和实测实量，及时纠正不合格的工序，并将合格的数据及影像资料等第一时间反馈到驻地办及相关工作群里。

驻地办各专业监理工程师每日对施工现场进行巡视检查，发现隐患及时要求排除，并如实记录；每月至少举行综合性检查1次，通报现场存在的质量隐患及典型问题；坚持每日“班前会”，做好相应班组安全技术交底工作，提高参建人员的质量安全意识。

预制梁场现场监理刘工是个胖乎乎的大男孩，他曾经开玩笑说：“一晚上保持四五次，明董项目能让我瘦20斤，但不管怎么样都得起床挑灯验收，要不然不放心”，正是这样不厌其烦的工作状态锤炼了每一个监理人员。

一支笔、一篇稿无法涵盖三年的兢兢业业，明董项目的成功不是偶然的，是每个参建者凝聚汗水的结果；驻地办的成果也不是随便取得的；回忆整个建设过程，参与的人、发生的事均体现着坚持；“耐性和韧性”已经铭刻在每个参建人员的脊髓中，好像从没有夺目过，更加没有消失过，寂寂无闻而又让人时刻怀念。

梦想臻创蓝天

2023年10月12日中午12时10分，沥青拌和站伴随着弥漫在空气中的刺鼻沥青味，“隆隆隆”的机器声不绝于耳。此时正值明村枢纽匝道路面抢工的高峰期，头顶着“蓝、红、白”三种安全帽的工程师在炎炎烈日下观察着混合料状态，检查出料温度，确保无花白料、离析现象。尽管他们的脸上已掩不住疲惫状态，但大家对完成通车目标都表现出一致的决心和信心，坚信通车梦即将实现……

两年前，明董高速第一驻地办组建工程部、试验室、计量室、办公室四大机构，明确各组织机构的工作目标、工作范围、工作职责、工作思路，为保障工程质量、安全、廉政三大体系建设奠定了强而有力基础。

全盘谋划，攻坚克难为质量，确保“腾飞”之本。首先，从原材料出发，实地考察各种进场材料的加工过程与质量高低，杜绝不合格材料进入施工现场，并指派专人进驻钢结构加工厂，对钢结构加工材料及工序进行全过程控制管理。其次，立足于“预防为主，先导试点”的原则，抓住首件工程的各项质量指标进行综合评价，总结首件工程施工经验、改进不利于质量控制和工程进度的方法措施，从而确定最佳施工工艺，建立样板工程。然后，加强施工现场的控制。凡是施工方案都经过明董高速第一驻地办的层层审批，其中关键性工程方案还需经专家认证，并在方案确定后，召集相关施工管理人员进行方案的宣贯。明董高速第一驻地办所辖合同段面对土源紧缺土质较差的困境下通过对土壤改良掺4%的水泥，使得路基压实度、弯沉取得良好效果。最后，通过规范使用监理通知单和监理指令，约束施工队伍的不规范行为，以加强施工现场管理。

创新创效，“星火燎原”，服务美好交通。较“长城”牌摊铺机相比，一合同在上面层施工中选用“中大”摊铺机，有效解决了沥青路面离析的问题。传统混凝土试件需人工记录信息，相对费时费力。使用近场通信（NFC）技术设备，通过在单一芯片上集成感应式读卡器，感应式卡片和点对点通信的功能，利用移动终端实现移动身份识别、防伪。NFC技术使得混凝土试件管理更规范化、数据化、标准化。根据国家新标准要求，驻地办试验室新购新型水泥胶砂搅拌机及水泥胶砂振实台，有效减少了环境、噪声污染，试验过程更加智能化、信息化。周戈庄互通E匝道低碳高性能水泥稳定碎石基层的应用经济上大幅度降低成本，由于二氧化碳的减少，混合料抗拉强度的提高，“低碳水泥”的引入预示着绿色、环保之路将会开辟得更远、更宽，我国“低碳混凝土”的发展指日可待。

温暖人心，共建和谐团队。言曰：“冬天，最怕的不是外面冷。而是心里没有温度。”此话不假。无论是天涯还是海角，有爱的地方就不会让人感到孤单。“独在异乡为异客，每逢佳节倍思亲。”我们来自祖国大江南北汇聚一堂。每逢传统节日之际，大家都会收到项目负责人的祝福，大家一起包饺子、做美食，欢聚一堂，品尝佳肴、畅饮美酒，虽无家人陪伴，却能感受到浓浓的温暖与关怀。2022年那场疫情中，总有一些故事，让我们记忆犹新；总有一些身影，让我们刻骨铭心；总有一些画面，让我们感动不已……驻地办专业监理工程师时刻督促大家进行核酸检测，“戴好口罩，保持间距，勤洗手，勤通风”。这是他对大家叮嘱最多的话语。此外，他还每日对走廊宿舍等进行消毒，确保大家生活环境安全健康。在工地上一日3次检查每个路口值班人员温度检测表、来往车辆人员情况，调查登记进、退场人员状况，以确保工地常驻人员稳定性。他和我们一样都是普通人，但他认为“守护大家的健康，确保工地安全，是他的责任，理应承担更多的义务。”他在平凡的岗位上做着不平凡的贡献，是值得尊敬的“平凡英雄”！在这场没有硝烟的战“疫”中，“双向奔赴”的温情无声传递着。

“栉风沐雨砥砺行，春华秋实满庭芳。”项目伊始，本着“公平公正、比学赶帮超”的理念，明董公司组织了第一届“尽美杯”试验检测实操技能比武大赛。我驻地办参赛人员兢兢业业、刻苦钻研水泥标准稠度用水量、细集料筛分、粗集料压碎值三项试验的操作细节，最终取得“团体二等奖”的优异成绩。

“灼灼韶华，风禾尽起。”2022年正值明董项目关键之年，路基路面桥涵各项工程觥筹交错，进度参差不齐。我驻地办试验人员在紧张繁忙的工作中有条不紊地完成各项工作外，利用业余时间勤学苦练，怀揣梦想，用执着与坚持在山东省交通运输厅组织的年度比对试验中取得“满意”的优异成绩。聚树成林、聚滴成河，“不积跬步，无以至千里，不积小流，无以成江海”，积聚个人力量于集体，团结方可铸造奇迹。2023收官之年，明董公司通过举办“不负芳华，畅享明董”金秋跑步健身活动，激发了全体参建人员的工作热情，为明董高速顺利通车增添了浓墨重彩的一笔。比起梦想，实现更美好。历经3年，明董项目众志成城，携荣誉而归。作为明董项目的一名参建人员，同她携手并进，见证了她的辉煌与艰辛。

金秋十月，丹桂飘香；红柿挂头，谷穗弯腰。攻坚克难，知责行任；明董捷报，福祉百姓。

我们欢呼雀跃，自豪感油然而生！为“十四五”建设的宏伟蓝图取得阶段性胜利，为明董高速公路的美好发展书写华丽篇章，同时为自己能为项目工程质量保驾护航，尽绵薄之力而充满了无限的满足与成就感。

明董项目安全生产管控措施

一、加强全员安全教育，增强安全生产意识

为贯彻落实山东省安委会、省交通运输厅、集团公司关于开好安全生产“开工第一课”的工作要求，扎实开展“开工第一课”活动。每月定期组织开展全线安全教育培训，以外部讲师系统讲、内部讲师专题讲和“考试+竞赛”相结合形式，传达上级相关安全文件精神，进行典型事故警示教育，为全体参建人员敲响“警钟”。根据省安委办《关于深入学习贯彻安全生产八抓20项系列创新举措的通知》工作要求，定期组织开展专题学习，将“八抓20项”创新措施试题纳入安全生产“大学习、大培训、大考试”专项行动之中，推动“八抓20项”创新举措的学习培训覆盖项目全员，督促各参建单位全体员工真学、真懂、真会、真用。

二、强化安全隐患排查，实施隐患清单销号

坚持“管生产必须管安全”的基本原则，重点加强重要工序、关键部位、高危作业和节假日特殊时期的安全管控工作，组织全线安全负责人针对临时用电、高接高、涉铁、钢箱梁等专题专项开展整治行动。通过组织开展复工复产安全大检查、节前安全大检查、两会期间每日检查、重大隐患专项整治、互查互检等活动，制定隐患排查清单，根据清单制定应对措施，划分责任区间、责任人，从人、物、环、管四个方面进行管控，限期销号。明董项目开工至今，全线已累计排查整改安全隐患9000余条。

三、安全生产晨会

明董公司按照省安委办关于落实企业安全生产“晨会”制度的通知以及建设管理集团晨会范本内容，要求各合同段结合当日施工实际，由班组长负责对工人进行安全晨会宣讲、施工管理人员进行监督，重点对昨日安全工作进行总结，对今日工作进行部署和安全工作的提醒，对存在的风险点及预防措施、应急救援方式及注意事项、宣誓等内容进行重点讲解；切实将安全生产晨会工作落实到每一天、每一个人，通过潜移默化的灌输，使安全工作深入人心，时刻做到警钟长鸣，有效防范事故发生。同时，由总监办对晨会上传情况进行督促、审核，对未上传、流于形式的单位给予通报、罚款等措施，确保安全生产晨会工作落到实处。

四、安全生产网格化管理

明董项目全面推行安全生产网格化管理工作，各参建单位成立了安全生产网格化管理

工作领导小组,明确了网格化责任分工、具体事项,并根据施工阶段、作业内容、安全要点等对施工现场进行网格动态规划,根据施工现场网格化管理单元的划分情况,建立施工现场网格长、副网格长、网格员为层级责任人的三级网格安全管理体系,各网格人员按照职责分工,各司其职,做好各自网格范围内的安全管理工作,形成完善的安全保障体系,发挥各自在安全管理中的作用,使网格化管理体系有效运行,安全生产得到保障。

讲好“明董故事”

日月不肯迟,四时相催迫,转瞬间,明董项目工程建设已快接近尾声。回顾2021年3月,正是大地回春、鲜花初绽的美好时节,在广袤的齐鲁大地上,伴随着机械的轰鸣声,打造潍坊、青岛发展的新引擎,勾勒山东半岛区域发展新版图的南北大通道——明董高速工程项目正式启动。有这么一群意气风发的年轻人,告别了昔日美好的校园生活,怀着美好的希望和憧憬成为明董项目这个大家庭中的一员,正式开始崭新的人生历程。接下来将通过他们工作中的点滴来讲述属于自己的“明董故事”:

一、脚踏实地,积极推进三线迁改工作

明董项目西海岸新区段三线拆迁工作启动晚,遗留问题多,同时叠加协调人员反复调整,征地拆迁费用超概等原因,造成西海岸新区段三线迁改困难重重。明董项目西海岸新区段迁改在面临诸多不利因素情况下,一辆车、一支笔,白天来回穿梭于施工便道,现场对迁改管线进行“点数”,晚上加班梳理资料,准确掌握142处管线迁改进展情况,为对接地方人民政府及管线单位开展后续协调工作提供可靠的一手资料。

针对管线迁改中的各项疑难问题,多次组织召开协调碰头会、专题会,制订详细的周计划,拆解细化成为日计划,以“今日事、今日毕”的工作态度,逐项销号的形式强迫自己完成每日计划,将每日工作形成痕迹化材料为下步工作安排提供依据,提高工作效率,确保各项管线迁改问题稳步向前推进。

二、紧盯靠上,扫清泊里互通建设一切阻碍

责任两个字,写起来简单,说起来容易,但要真正把它“挑”起来,就会觉得它很沉重。只有知责于心、担责于身、履责于行,才能在工作中冲在前,干在前。泊里枢纽互通内水、电、气、通信等管线错综复杂、相互交叉,沈海高速封路手续……各项工作环环相扣,任务重,协调难度超乎想象,各种制约因素叠加致使泊里枢纽互通成为明董项目建设的关键性控制节点。在建设压力如此繁重的情况下,深知须肩负起重担,身居一线,紧盯靠上。青宁燃气管线单位对匝道保通路的路基段跨越燃气管道的承重力存在顾虑,制约影响路基填筑施工,为打消对方顾虑,连夜蹲守验算单位,督促评估单位尽快完成数据验算,最终以验算数据说服

青宁燃气管线产权单位;沈海高速青岛交发集团对旧桥顶升质量存在顾虑影响封路手续办理,便深夜亲自盯靠在桥梁荷载试验现场,督促工作人员整理数据,最终按期完善封路手续相关资料,实现泊里枢纽互通保通路导改调流,为泊里枢纽互通工程建设扫清障碍,开创极为有利局面。

三、主动作为,整合资源降低建设成本

青岛水投管线在泊里枢纽互通,与多个匝道存在交叉,在管线迁改方案制订初期,便主动沟通联系青岛水投管线产权单位,优化调整迁改管道线形,避免水管线再次穿越匝道路基段,为明董项目节省约50万元保护涵建设费用;西海岸新区段220kV观铁线在马戈庄枢纽处连续跨越明董高速与董梁高速,为避免二次迁改造成的投资浪费及耽误建设工期,明董项目肩负企业担当,负责整体一次性迁改。在220kV观铁线招标时,虚心向经验丰富的前辈请教学习招标限价等相关业务知识,对220kV观铁线高压路迁改精准控制限价。同时,镇街政府要求旧导线拆除临时占地需按照4万元/亩标准,便主动与镇街政府经过多次反复协调磋商,列举电力迁改案例,灵活处置,最终镇街政府同意旧导线拆除临时占地按照3600元/亩进行清赔,为明董项目节省拆除旧导线落地征地拆迁费约210万元。

四、实地踏勘,妥善解决三改工程问题

高速修建的初衷是造福一方百姓,由于高速的修建阻断原有地方道路及河道,因此三改工程的修建事关民生问题,必须摆在工程建设的首要位置。前期协同设计单位、施工单位对施工现场进行摸排踏勘,利用近10天的时间积极对接各镇、各村,本着实事求是和为地方排忧解难的态度,现场根据行政村和村民的意见,制定可行的方案,并征得当地镇、村政府和村民的同意,成功解决三改工程设计问题。

“却顾所来径,苍苍横翠微”。回顾明董项目建设奋斗史,落在地上的“脚印”和扛在肩头的“汗水”,同样值得回味、值得纪念。我坚信,这一群人将承担起自己的使命与担当,始终秉承工匠精神,以“干一处工程、树一座丰碑”的理念,以专注负责的工作态度,尽善尽美,必能绘制外华内实的明董精品“蓝图”!

勇走新路、攻坚奉献

在明董公司领导的带领下,工程处以“高速高效、卓越明董”为工作理念,下沉项目一线,承担起明董项目建设过程中“急、难、险、重、新”的工作任务的“尖兵排”任务,始终以高标准严格要求自己,爱岗敬业,恪尽职守,下沉项目一线,服务好各参建单位,并且紧紧围绕年内通车目标,辟新路,攻坚克难创一流,现将他们的“明董故事”简述一二:

攻破“拦路虎”。明董高速上跨胶新胶济铁路两处涉铁桥为明董项目控制性工程,作为

省内首条采用代建模式修建的涉铁转体桥,无建设经验可借鉴。该部门带头成立铁路工作专班,认真研读前期建设框架协议协调,待铁路施工单位进场后面临只剩10个月的建设周期以及铁路公路交叉的复杂性,主动驻扎铁路一线,与铁路转体桥建设同频共振,将涉铁工程化整为零,根据铁路施工节点情况,逐项分解任务,共同编制了转体桥24h不间断施工计划,并安排专人每天督导计划执行情况,每周定期组织召开工作例会,协调推进"涉铁工程"进度,尤其期间受两会专列通行和春季铁路集中修影响,施工进度略有滞后,该部门员紧盯靠上,多方协调,为铁路施工单位争取了24h轮岗施工条件,转体桥顺利推进的过程,也是这个部门行走在一线的过程,过程是艰辛的,结果是快乐。

观摩"三步棋"。自接到山东高速集团2023年观摩会确定明董高速为观摩点后,该部门根据明董项目当前建设进展,通过对现场条件的分析,初步确定了两个观摩区,并提出观摩工地策划、观摩实体建立、观摩迎检彩排"三步棋"改进提升计划。例如,每日召开调度会分别安排专人从观摩路线设计、观摩展板样式设计、观摩实体样板内容设计等方面进行系统规划,反复研讨制订观摩活动的各项准备工作任务分工表,并组织各部门配合进行各板块展板的内容设计与讲解;针对室外实体展示区,确定相关实体展示内容,并指导现场观摩实体的设置,包括实体内容选择、实体布局、实体制作细节等;观摩会前,组织相关人员针对观摩的流程进行了排练,并针对存在的问题提出整改意见。观摩当天,观摩组对现场观摩样板、现场实体质量、迎检资料进行了详细检查,最终较好完成观摩会迎检工作。

一个篱笆三个桩。工程处现有4名青年员工均为90后,明董项目是他们的第一条高速公路项目,部门内建立了"比、学、赶、帮、超"良好氛围,在日常工作中他们更是向成为"有品格觉悟、有专业本领、有健康身心"一线工程管理的"三有人才"目标不断前进。首先,有思想。日常思考当下所处的内在环境、当下发展及成绩不足、高速公路行业产业布局及发展带来的挑战。其次,部门内同志们在实践中磨炼真本领,随工程进展定期研究质量、安全通病问题,开展隐患排查整治,提升工程建设品质,以劳动竞赛为引领标杆,全方位、多维度地历练"青蓝"品性。最后,对标先进、开阔视野,带头加强和先进单位、不同项目优秀青年之间的交流,紧盯项目建设目标,冲锋在前、增长才干。历经明董项目两年多建设过程,工程处的4名青年员工已初露尖尖角,成为明董项目中不可或缺的中坚力量。

征程万里风正劲,重任千钧再扬鞭。当前正是明董项目建成通车的关键时期,工程处当踔厉奋发,勇挑重担,为明董项目建设贡献青春力量。

招标小故事

2023年明董项目进入全面大干冲刺通车之年。但是年初时,摆在明董项目建设者面前一道难题是:交安、机电、绿化等附属工程相关单位均未进场,项目公司计划处的工作压力陡然递增,气氛也紧张了起来。

早在2022年11月份,计划处已经把交安、机电、绿化等项目的招标工作实施方案上传到了山东高速招标采购监督管理服务平台,原计划临春节前机电项目、绿化项目能开展开标工作,但是计划赶不上变化,因为疫情原因,招标方案、招标文件等流程环节审批滞后,导致了几乎所有附属单位的招标工作都集中到了2023年上半年。

一过完春节,计划处同事返岗,齐德龙处长强调面临的严峻形势,所有部门同事要立即结束节假日状态,积极投身到招标工作中去,并安排所有部门同事都集中在招标方面,齐心协力推进招标工作。交安、绿化、机电施工及设备采购总共十个合同段,每个合同段的投标单位几乎都在20家以上。全部门分工合作,紧密配合,有的负责绿化施工限价的对接编制工作,有的负责交安施工限价的对接编制工作,还有的负责邮寄招标文件和图纸等资料,整个部门连轴转动。

招标工作严谨、繁琐,从联系设计院对接图纸设计、联系咨询单位对接限价编制、联系投标单位邮寄清单图纸资料、联系财务核实投标保证金缴纳情况、联系上级单位推进招标方案会签单、联系中标单位缴纳履约保证金、对接合同签订……一环扣一环,同事们虽然紧张忙碌,但又有条不紊。这几个招标项目同时进展着,部门同事每天都要接几十个、上百个的咨询电话,那段时间大家的嗓子都是哑着。功夫不负有心人,在部门同事的精诚团结,协作配合下,经过两个月的奋战,终于完成了机电、交安、绿化等附属工程的招标工作。这两个月,虽然有苦有累,但更多的是团结、拼搏,因为大家一起奋斗的光荣时光,我们的心更齐了,劲更足了,团队意识进一步增强,向心力更加凝聚。后来,我们组织中标单位均按时顺利进场,积极投身到明董项目建设大干之中。

结　　语

你要写明董　你就不能只写明董

你要写明董,你就不能只写明董
你要写我们更好的明董
你要写“高速高效、尽善尽美”
写三月里的春季大干
写八月里的夏季攻坚
写一路青山绿水、一路花香蝶绕
这条大通道是贯穿南北的花样浪漫

你要写青年人才在这里成长
写明董课堂声声传授情意长
你要写从这里走出的一大代表
红船上的少年啊！志气比天高
写明董成千上万的青年们
时刻牢记“高速高效、卓越明董”
春来秋往,青年步履铿锵
大干的劲头,一浪还比一浪高

你要写千里沃野、蔬果飘香、明董巨龙纵横
写胶莱平原的小麦翻金浪
写董家口港的来往穿梭忙
是山东省建设强国的畅想
写无感支付的科技收费站
写绿意葱茏的桃园服务区
写跨胶济胶新的巨龙腾转
写山东交通样板缓缓展现身姿

你要写连续两年鳌头独占
几万人在这条路日夜奋战
写百尺河启动仪式前的小小灯光
写店子河旁灯火穿梭
写“大而全”的场站建设
写“小而美”的品质细节
写实体检测数据一路走强
为明董品质贡献数据支撑

你要写百尺河服务区的樱花绽放
写沿线边坡的富氧生态
写 2021 年的第一场雪落满超然台的黛瓦青砖
让人一下子穿越千年
你要写郑板桥的一枝一叶总关情
写超然台“明月几时有”的千古咏叹
你要写竹山苍苍、潍水泱泱
写常山上的苏东坡锦帽貂裘，千骑卷平岗
写马耳山里的雾霭缭绕
写董家口的海风温柔吹过

写胶济线传来高铁汽笛声
和志同道合的人在一起在诸城
在无数的寒夜一起奋战
你要写酥香满口的肉火烧
写烟火市井的朝天锅
写清澈甘甜的青岛啤酒
写辣里带甜的潍县萝卜
写桃园镇的阳光玫瑰葡萄、维纳斯苹果
写诸城的烧烤抚慰了下班后的碌碌饥肠
写西临扶淇,北濒潍河、障日润竹忘了返
写中国龙城、舜帝故里、玉脍金齑满市楼
你还要写在现场开沥青摊铺机的小赵
写夜晚还在明董公司加班的小刘
写周末烧烤摊上肉串滋滋作响
写啤酒瓶碰撞一起的叮铃咣啷
写疫情里“飞鸿来书”时嘴角忍不住的微笑
写十公里健身跑人群熙攘,冲刺后的酣畅淋漓

写这人间烟火、日子滚烫、奔准目标、勇往直前
这才是生活的模样工作的目标
你要写明董,你就不能只写明董
你要写我们更好的明董
你要写全力以赴拼通车的勠力同心
写“青年突击队”铸就明董青年榜样
写“创新工作室”为项目建设添翼增光
写劳动竞赛上的激情浩荡
写敢为先锋的挺膺担当

写质量强

写品质优写沿途美

所有的优秀加在一起就是我们更好的明董!